Ye 3838

30 CENTIMES LA LIVRAISON.

PARIS CHANTANT

ROMANCES,

CHANSONS ET CHANSONNETTES

CONTEMPORAINES.

Prospectus.

Ce n'est point une œuvre purement musicale que nous offrons au public, et nous ne venons pas faire concurrence aux publications spéciales qui alimentent les salons de romances et de mélodies nouvelles. Notre but, notre matière, c'est la chanson populaire contemporaine.

Le Parisien chante, mieux que cela, il chansonne, et fort bien. Il y a dans la population parisienne une étonnante puissance de verve ironique et moqueuse, qui, de sa pointe acérée, sait atteindre les ridicules de tous les états, frapper le vice sous la guenille ou sous le frac doré. C'est cette voix populaire, ou plutôt ce chant à mille et mille voix que nous voulons recueillir. Le refrain bachique, le couplet grivois ou sentimental, la rime frondeuse, la parodie maligne et spirituelle, dans sa joviale bêtise, la chansonnette sans gêne de l'ouvrier qui s'amuse, l'hymne philosophique du penseur qui rêve un avenir meilleur, tout sera de notre domaine. Tant de productions chaudes et nerveuses, d'une facture vive et folle, d'une allure légère ou grave, œuvres incorrectes quelquefois, mais souvent intéressantes, et toujours originales ; voilà ce que nous voulons sauver d'un injuste oubli. Le peuple a ses poëtes et ses trouvères, pourquoi n'aurait-il pas ses chroniqueurs?

Les romances, nocturnes, barcarolles, sans être exclus de notre recueil, n'y occuperont toutefois qu'une place secondaire.

A côté de chansons la plupart inédites, nous donnerons quelques pages de texte destinées à compléter le tableau de *Paris chantant*. Nous mettrons sous les yeux des lecteurs la physionomie de ces réunions lyriques connues sous le nom de *Goguettes*, qui se trouvent en si grand nombre dans la capitale, et, jetant un coup d'œil investigateur sur le passé, nous apprendrons à la génération actuelle comment chantaient ses pères, et par quelles formes mélodiques et poétiques se manifestait cette vieille gaieté gauloise, qui semble être un enfant du sol, et dont la naissance est perdue dans la nuit du passé.

Un dernier trait manquerait à notre tableau, si nous n'appelions à notre aide le crayon et le burin, si nos meilleurs artistes ne se chargeaient de dessiner et de faire voir le Paris qui chante, pendant que notre plume essayera de le faire comprendre, et que lui-même se révélera par ses joyeux couplets.

Cet ouvrage paraîtra par livraison toutes les semaines. Chaque livraison, imprimée sur papier vélin superfin, et formant *douze pages* d'impression, contient :

1° Un grand dessin hors texte, et plusieurs dessins dans le texte;
2° Trois romances ou chansons notées, et quatre ou cinq chansons sur des airs connus;
3° Quatre pages de texte, renfermant la matière d'une feuille in-8° ordinaire.

Il sera publié quarante ou cinquante livraisons dans le courant de l'année 1843.

PRIX DE LA LIVRAISON : 30 CENTIMES.

On souscrit à Paris :

AU BUREAU CENTRAL, RUE DES PRÊTRES-SAINT-GERMAIN-L'AUXERROIS, 11,

Et dans tous les Magasins de Publications Pittoresques.

Imprimerie de Schneider et Langrand, rue d'Erfurth, 1.

PARIS CHANTANT

ROMANCES, CHANSONS ET CHANSONNETTES

CONTEMPORAINES

IMPRIMERIE DE GUSTAVE GRATIOT, RUE DE LA MONNAIE, 11.

PARIS CHANTANT

Romances
CHANSONS ET CHANSONNETTES
CONTEMPORAINES

Texte

PAR MARC FOURNIER, FERTIAULT, BOURGET, FESTEAU, HÉG. MOREAU
EUGÈNE BRIFFAUT, ETC.

Musique

DE FESTEAU, SCUDO, A. HARQUERIE, ÉD. DONVÉ, J. VIMEUX
FRANÇOIS SCHUBERT, ETC.

PARIS
LAVIGNE, ÉDITEUR, RUE DU PAON-SAINT-ANDRÉ, 1.

1845

Le livre que nous présentons au public n'est pas un livre.

C'est une collection faite au jour le jour et au courant des circonstances. C'est Paris pris sur le fait de ses joies, de ses railleries, et de quelques-unes de ses tristesses. Celles-ci seulement tiennent la moindre place dans cet ouvrage, et la raison en est facile à concevoir.

Tout en laissant pour ce qu'elle vaut la vieille locution du *Français né malin*, il ne faut pas se dissimuler que dans le sang gaulois il y a pour la gaieté quelques molécules de plus que pour la mélancolie.

Et c'est tant mieux! Et s'il est quelque chose à regretter du haut de l'apogée où nous avons hissé la civilisation moderne, c'est ce vieux rire de nos pères, un peu trop dissimulé sous le pli boudeur de la gravité de leurs fils.

Quoi qu'il en soit, réjouissons-nous encore du peu qui nous reste de cette verte folie, prenons soin de ne pas en étouffer les éclairs, plaisons-nous quelquefois à les poursuivre, à les surprendre au sein des nuages sombres où se dérobent nos fronts.

Il ne faut pas donner à croire que nous ne savons plus rire.

Notre arme la plus invincible fut pendant bien des siècles la *furia francese*.

On ne saurait faire l'histoire de notre prépondérance en Europe, sans y mêler un peu celle de nos épigrammes et de nos bons mots.

Dieu me garde de viser ici au paradoxe, mais il me semble que la France n'est plus tant redoutée depuis qu'elle est devenue si sérieuse.

D'ailleurs il y a je ne sais quelle rare outrecuidance à prétendre l'emporter ainsi sur la gravité britannique. La partie n'est pas égale assurément, et nous en voyons les effets.

Et ce que j'insinue là touchant notre posture en face de l'étranger, comme parlerait M. Mauguin, je l'affirme en ce qui regarde plus particulièrement nos affaires de famille.

Ici et là, au-dedans comme au-dehors, la situation est la même. Nous avons pris les choses d'une maladroite façon. Nous nous imaginons, niais que nous sommes, que nos trente journaux graves sont plus graves, à eux trente, que l'imperturbable austérité, la parole solennelle, et je dirai presque le sang-froid britannique de monseigneur l'apôtre de la Doctrine. A d'autres ! Croyez-moi, ne combattez pas avec des armes qui vous sont étrangères, et que vos adversaires du dehors, comme vos ennemis du dedans, manient infiniment mieux que vous.

Sifflez davantage, et pérorez moins.

D'où je conclus que notre sérieux de fraîche date nous habille mal, et que c'est faire un métier de dupe que de lutter de morgue avec la morgue incarnée. Laissons-là les sermons, et retournons à l'épigramme.

Voilà toute la pensée des pages qui vont suivre.

Nous étions convaincus, en dépit de la médisance, qu'on pouvait, avec un peu de soin, retrouver encore sous le PARIS DISSERTANT, quelques traces précieuses du PARIS CHANTANT.

Faut-il le dire ? En nous amusant à rassembler ces bribes trop éparses, nous pensions un peu aux historiens futurs. Oui, nous songions avec effroi que la Clio des siècles à venir n'aurait à compulser, dans ses doctes loisirs, que le *Constitutionnel* ou le *Courrier Français*, et si nous avons persévéré jusqu'à la fin dans ce travail futile en apparence, c'est pour empêcher que la muse n'écrive un jour sur ses tablettes d'airain : En dix-huit cent quarante-quatre, le peuple français était le plus sérieusement lourd et le plus lourdement grave de tous les peuples connus.

Toutefois nous voulûmes, en face d'une mission si haute, appeler à notre aide toute la conscience dont nous étions susceptible. Nous jetâmes les yeux sur le champ que nous allions explorer, et nous reconnûmes qu'à côté de la *chanson* pure et simple, doux héritage de Collé, patrimoine charmant de l'école française d'Épicure, il y avait un autre domaine ouvert à d'autres adeptes, et consacré à d'autres dieux.

C'eût été donc ne montrer qu'un profil que de s'en tenir à la Chanson.

La Romance occupe une grande place dans nos mœurs musicales, et refuser à la Romance le droit de figurer à côté de sa joyeuse sœur, c'était laisser notre tâche inaccomplie. Puisque Paris soupire sur les pipeaux de M. Lemoine et de Mlle Puget, il faut bien, pour être justes envers tout le monde, ne pas laisser nos neveux ignorer ce côté sensible de nos âmes. Nous voulions être vrais avant tout.

Nous ne terminerons pas sans remercier les écrivains, les poëtes et les compositeurs qui ont bien voulu nous prêter généreusement leur concours.

L'idée de cette œuvre est à nous, mais l'œuvre entière est à eux tous.

Chacun d'eux, en nous offrant la page échappée à son caprice, nous apportait sans le savoir un trait fidèle, propre au tableau que nous prétendions esquisser, et c'est de l'ensemble de ces traits divers que jaillira, pour le lecteur, la physionomie réelle, naïve et originale de ce Paris qui chante encore, quoiqu'en disent d'obstinés Héraclites.

TABLE DES MATIÈRES.

Notices, romances, chansons et chansonnettes.	Auteurs.	Compositeurs.	PAGES.
Goguettes et sociétés chantantes (I).	Marc Fournier.		3
La Grisette.	Maurice de Saint-Aguet.	Scudo.	7
L'Ouvreuse de Loges et la Loueuse de Chaises.	Jules Leroy.		8
L'Archer du roi François.	Dollet.	Léopold Bougnol.	9
L'Artisan et les Oiseaux.	Madame E. Fleury.		1d.
Papillons et Jeunes filles.	Charles Regnard.		10
Un Loup de Mer chargé d'eau douce.	Léonard Schneitz.	Léonard Schneitz.	11
Goguettes et sociétés chantantes (II).	Marc Fournier.		15
Jean Chenu.	Charles Guillemard.	Adrien Field.	19
Marguerite, de la place Maubert, et Buridan, du même quartier.	Baptiste Lamône.		20
Lève-toi.	Charles Regnard.	Adolphe Desjardin.	21
La Vierge folle.	Charles Gille.		1d.
La Ronde des Travailleurs.	Ferrand.		22
Agence universelle de publicité, nouvelles affiches parisiennes.	Eugène D...	Dubois aîné.	23
La Prévoyance.	E. Berthier.		24
Goguettes et sociétés chantantes (III). — Les Animaux. — Les Joyeux.	Marc Fournier.		27
Une Mère.	Eugène Lesage.	Adrien Field.	31
Les Lorettes.	Rochefort.		32
L'Embarras du Choix.	E. Bourget.	E. Bourget.	33
L'Hôpital.	J. Legros.		34
Le Gamin.	Festeau.	Festeau.	35
Les Amours romantiques.	Chanu.		36
Origine du mot Goguette.	L.-G. (de B.)		39
Archives de la Chanson (I). — Le Pâtron des Chanteurs.	Léon G. (de Bern.)		41
Satanas.	Festeau.	Festeau.	43
Les Brigands.	Julien Legros.		44
L'Amour à cheval, romance sentimentale.	J. Leclerc.	M. Constantin.	45
Napoléon et ses vieux grognards, chant militaire.	Justin Cabassol.		46
L'Amour des Cloches.	Dollet.	Croisez.	47

PARIS CHANTANT.

Notices, romances, chansons et chansonnettes.	Auteurs.	Compositeurs.	PAGES.
Souvenirs d'Enfants.	Alfred Bouchard.		47
Projets de suicide.	Julien Legros.		48
Le roi Chicard (I).	Marc Fournier.		51
Fleur de Carotte! la Gouailleuse, dédiée à l'auteur des *Mystères de Paris*.	E. Bourget.	A. Marquerie.	57
Jeanne, Jeannette, Jenny.	Bignon.		58
Brulot, ou le Chiffonnier nôceur.	Édouard Donvé.	Edouard Donvé.	59
Berthe et le Chevalier.	P. Lachambeaudie.		60
Maigre chanson sur le Bœuf-Gras.	Justin Cabassol.		Id.
Le roi Chicard (II).	Marc Fournier.		61
Le Dernier Carnaval de Chicard, suivi de son abdication et de son allocution au peuple frrrancé.— Épopée carnavalesque.	E. Bourget.	A. Marquerie.	65
Scie funèbre exécutée sur la tombe du masque Chicard.	Id.	Id.	69
Complainte sur la mort du grand Chicard.	Dollet.		71
Archives de la Chanson (II). — Une Couronne pour un bémol.	Léon G. (de Bernières.)		75
Le Fauteuil du roi Dagobert. — (30 septembre 1841.)	A. Bouchard.		79
Les Chourineurs, épisode des *Mystères de Paris*,	Boutin.	Constantin (*) de Verdun.	80
Le roi des Antidotes.	J. D. Moinaux.		82
Job.	Alfred Bonamy.		83
Minuit.	E. F.		Id.
Ronde de l'Imprimerie (de *Thomas l'imprimeur*.)			84
Voyage autour d'un Fauteuil vide. Lettre à Roërich.	Marc Fournier.		87
Soupçon jaloux.	Joseph Vimeux.	Joseph Vimeux.	91
La Cinquantaine.	Delegorgue Cordier.		Id.
Les Enfants d'Édouard.	Charles Gille.		92
Le Chevrier.	Henri Erb.	Charles Lamy.	93
Surgite, mortui!	Hégésippe Moreau.		94
Le Marchand d'Antiquités.	Léonard Schneitz.		95
Pos' ta chique et fais l' mort.	Jules Leroy.		96
Le Caveau.	Albert Montémont.		99
Le Convalescent.	Jézéquel.	Charles Lamy.	103
Les Cancans des petites villes.	Delegorgue-Cordier.		Id.
Tu ne viens pas.	Émile Bertin.	Jules Derville.	105
Six Mois de veuvage.	Louis Voitelain.		Id.
A Médor.	Hégésippe Moreau.		106
Mouillard au pont des Arts.	Marc Constantin.	Victor Parizot.	107
Le Doyen des Chanteurs des rues.	Eugène Briffaut.		111
L'Archange.	L.-G. de Bernières.	Joseph Vimeux.	115
Hymne du Soir.	G.-C. Picard.		119
La Sonnette.	E. Hachin.		Id.
Les Fleurs et les Souvenirs.	Dollet.		120
Schubert et le roi des Aulnes (I).	Marc Fournier.		(161) 121

(*) Voir la note page 96. — (**) Dans la feuille 14 il s'est glissé une faute de pagination, que nous corrigeons ici, en donnant entre parenthèse les indications fautives. — L'ordre est rétabli dans la feuille 12.

TABLE DES MATIÈRES.

Notices, romances, chansons et chansonnettes.	Auteurs.	Compositeurs.	PAGES.
La Matinée orageuse.	L.-G. de Bernières.	François Schubert (165)	125
La Jeune Fille et la Mort.	Marc Fournier.	Id. (167)	127
Schubert et le roi des Aulnes (II).	Id.	(169)	129
Le roi des Aulnes.	Goëthe (traduction de Marc Constantin.)	François Schubert.	133
Scènes comiques et chansonnettes.	Marc Fournier.		141
Le Microscope du Diable, rêverie infernale de Pierre Caillou.	E. Bourget.	E. Norblin.	146
Chanteurs d'Intermèdes et Chanteurs de Salon.	Marc Fournier.		153
L'Art d'aimer.	***	Jules Belin.	157
Les Fleurs mourantes.	Rochefort.		158
L'Homme du Jour.	A. Baron.		159
Aventures du soprano Geronimo, chanson bouffe.	M. F.	Mogino.	160
La Quêteuse.	Id.	Id.	162
A Molière, couplets qui ne devaient pas être chantés à l'inauguration de son monument.	A. Baissey.		163
Une Manière de voir.	M. F.		164
Bourrées, Sauteuses, Rondes, Branles, et autres danses populaires.	F. Fertiault.	Tous les paysans.	165
L'Égoïste.	Paul Sirandy.		172
Comme quoi le chant peut parfois influer plus qu'on ne pense sur le moral de l'homme.	F. Fertiault.		173
L'Ange des Jeunes Filles.	Maxime Ducamp.		177
Le Roi pasteur.	Marc Fournier.	Cohen.	Id.
Isabelle.	Alfred des Essarts.	Lahausse.	181
Petite Fille et Grand'Mère.	F. Fertiault.		182
L'Amoureux cosmopolite, *styrienne*.			Id.
Pastorale.	F. Fertiault.		184
L'Enragé, ou les Tortures de Franchoi.	Id.	Alexandre Marchand.	185
Mes Souvenirs.	Pierre Lachambeaudie.		187
Ce qu'il faut faire.	Gagneux.		188
Y a-t-il Romance et Romance?	Marc Fournier.		189
L'Ange du Pêcheur.	Eugène de Mirecourt.	Auguste Mogino.	193
L'Amour et les Chansons.	J. Lagarde.		195
L'homme des Champs, chanson églogue.	Justin Cabassol.		196
N'ouvre pas ton Cœur.	F. Fertiault.	Alexandre Marchand.	197
C'est à peu près la même chose.	Eugène Désaugiers.		198
La Pénitence.	Un Pêcheur repentant.		199
Noémi.	F. Fertiault.		Id.
Les Cheveux blancs.	Salgat.		200
A qui l'Honneur? dialogue entre chanson et romance.	F. Fertiault.		201
La Manola, boléro (du voyage en Espagne.)	Théophile Gauthier et Paul Siraudin.	J. Nargeot.	205
Fleur des Champs, ou les Confessions de Simplette. Odyssée villageoise en 30 couplets.	Un paysan *éduqué* (sous la dictée de Simplette).		207

Notices, romances, chansons et chansonnettes.	Auteurs.	Compositeurs.	PAGES.
A la Brebis tondue Dieu mesure le vent.	Auguste Giraud.		210
L'Enfant du Caveau.	Veissier des Combes.		Id.
La Crique me croque, croquis lyrique.	Justin Cabassol.		211
Ça ne blesse personne.	Eugène Désaugiers.		212
Le Prince des Trouvères.	Marc Fournier.		213
Quand on a plus son cœur.	F. Fertiault.		217
Regardez, mais n'y touchez pas.	Eugène Désaugiers.		218
Mam'selle Pimbêche.			219
A M. Marc Fournier.	Amédée Parent.		224
La Vision.	Alfred Des Essarts.		228
Les Adieux de l'Ange.	Id.	P. Martin.	229
Aux Buveurs et aux Marchands de vin.	Lucien.		230
Les Grands Bohémiens de Paris.	Labie.		231
Dormeuse.	F. Fertiault.	Pitre Michel-Villeblanche.	232
Aux Iles Marquises.			233
Les Bâtons flottants.			234
Me m'aimez pas.	Id.	Pitre Michel-Villeblanche.	235
Le Bonheur.	Id.	Alexandre Marchand.	236

FIN DE LA TABLE DES MATIÈRES.

Tandis que cet Orphée au geste symbolique
Prêche à ses auditeurs un avenir heureux,
Ceux-ci, remplis du feu de sa voix prophétique,
Dégustent... par avance un repas somptueux;

Caressent... en espoir des femmes toujours belles;
Savourent... dans leur rêve un champagne à huit sous;
Jonchent de mille fleurs... le fond de leurs cervelles.
L'imagination a de si beaux joujoux!

C. R.

GOGUETTES
ET
SOCIÉTÉS CHANTANTES.

I

ous n'avons jamais eu qu'une fort médiocre estime pour la CIGALE de la Fontaine. Cette drôlesse, ayant chanté tout l'été avec l'insouciance qui la caractérise, nous paraît passablement sans cœur d'aller crier famine chez la Fourmi.

Nous ne nions pas qu'une des plus nobles façons de vivre soit de se suspendre en chantant aux touffes parfumées des orangers. Mais quand la bise est venue, envoyer sa muse grelottante mendier chez la Fourmi! exposer la poésie, la plus sainte des choses, à tout le mépris des riches! Non, non, dame Cigale, il faut avoir plus de respect que cela pour soi-même et pour l'inspiration que le bon Dieu nous donne. Il y a dans

Paris une foule de cigales qui n'ont pas votre soleil, qui n'ont pas vos grenadiers en fleurs et votre beau ciel de la Provence, mais qui ont le cœur assez haut placé pour souffrir et se consoler entre elles quand les mauvais temps sont venus. Cette foule-là, c'est le peuple.

Les historiens qui ont écrit près de six cents volumes sur l'histoire de France ont toujours oublié de mentionner ce fait, que, depuis plus de mille ans, le peuple, chez nous, se venge ou récompense, bâtit des trônes, creuse des gémonies, marche à la gloire, ou s'endort dans ses chaînes au bruit de la chanson.

On compte dans Paris plus de cinquante sociétés chantantes qui ont chacune un jour de réunion dans la semaine. Ces sociétés, que l'on connaît sous le nom générique de GOGUETTES, ne sont le plus ordinairement composées que d'ouvriers et de journaliers; mais ce qu'il faut remarquer, c'est que parmi ces ouvriers il y a des poëtes, et que, parmi ces poëtes, il y a des hommes de génie.

Le gouvernement, qui se rappelle le mot de Mazarin, délivre aux Goguettes, sans beaucoup de difficulté, la permission dont elles ont besoin depuis les lois d'avril; ce qui leur donne une existence légale sanctifiée par le préfet de police. Leur institution a pour base les règles les plus pures du suffrage universel; leurs lois émanent de ce qu'il y a de plus édifiant en fait de fraternité, de liberté, d'égalité et autres naïvetés touchantes du *credo* populaire. Elles ont un comité directeur, elles ont des insignes, des drapeaux et des devises; elles ont des lyres avec des marottes en sautoirs, elles ont particulièrement ce qui nous manque à tous, oui à tous, à vous, artistes, à vous, publicistes, à vous, gazetiers, orateurs, hommes d'Etat, à tous, vous dis-je..., elles ont une foi sérieuse dans ce qu'elles font. Chacun des membres d'une goguette a pour conviction inébranlable, qu'il goûte en y allant un plaisir peu commun; et comme la distraction, chez le peuple, est une chose très-grave, il en résulte que chacun prend sa part de l'agrément avec un flegme qui va souvent jusqu'à l'intrépidité. Ils chantent sans arrière-pensée. En outre, ils ont l'instinct de la liberté individuelle développé à un tel point, qu'un de leurs *bons camarades* (expression consacrée) chanterait faux à déplacer les montagnes et userait de la permission au delà de toute patience humaine, que l'assemblée ne tolérerait pas le moindre signe qui pût gêner le chanteur, parce que ce chanteur-là, voyez-vous, *c'est un citoyen qui s'amuse.*

J'imagine que la Goguette naquit un jour de cet axiome de philosophie française mis plus tard en musique par Champein : *Sans chanter peut-on vivre un jour ?* Piron et Collé s'étaient posé sans doute cette question charmante, un soir de ripaille, à la lueur d'un lampion de cabaret, et les deux coudes appuyés sur la table, parmi les pots renversés. Or la Goguette a eu cela de vertueux, qu'elle est demeurée fidèle à son berceau. Née au cabaret, elle y est obstinément restée, et bien lui en a pris; car le cabaret, sans elle, n'existerait plus. Mais qu'on se rassure, elle a mis sa gloire à nous conserver ce refuge bien-aimé de nos pères. Oui, nous l'avons encore, quoi qu'on en dise, et tel assurément que le légua Santeul, lui, le buveur sublime, aux Radet et aux Bauveset, autres ivrognes non moins dignes de l'épopée. C'est toujours le cabaret, le vrai, le vieux cabaret avec son vieil Olympe, son vieil Apollon, son Bacchus et ses Muses, des immortels passablement fripés, je le veux bien, mais, au demeurant, de bons diables de dieux, point fiers, point bégueules, point trop durs au pauvre monde, et toujours animés de ce fameux rire que vous savez, du rire inextinguible d'Homère... Allons! trinquons avec Vénus, et vivent les dieux qui sont morts!

Un moment pourtant... Parfois, du milieu des deux cents buveurs d'une Goguette, un homme tout à coup se lève. Cet homme a la figure mâle et énergique, l'œil doux et profond, la bouche calme, le geste sobre, le front sévère. Aussitôt tout bruit cesse, et les mains retombent sans achever de porter aux lèvres le verre qu'elles viennent de remplir. C'est qu'il ne s'agit plus ici de pampres ni de faux dieux, de croyances éteintes ni de hochets vieillis; ce n'est plus le passé qu'on va chanter, c'est l'avenir.

Qu'ai-je dit tout à l'heure? que le cabaret, le bon vieux cabaret de Santeul existait encore? Non, non, détrompez-vous. Est-ce que Santeul a jamais connu la poésie de cet homme qui est là debout et qui chante? Est-ce que les compagnons de Santeul virent jamais courir ces feux terribles sur leurs fronts transfigurés? La muse de Santeul, cette nymphe convertie du Latium, sut-elle jamais autre chose que moduler des psaumes sur le dactyle un peu aviné d'Horace? Allons donc! du temps de Santeul, il y avait de grands seigneurs et des manants; mais le peuple, où était-il? Or, celui-là qui chante ainsi debout au milieu de ses frères, c'est le poëte plébéien... Ne cherchez rien dans le passé qu'on puisse lui comparer. Entre le passé et lui tout un monde a croulé; tout ce qui fut, il l'ignore, mais il signale tout ce qui vient.

Ce que je raconte là ne forme jamais dans une soirée de goguette qu'un incident rapide. C'est un éclair qui passe, une traînée de feu qui s'allume, quelques regards qui flambent, et puis l'on se remet à boire et à chanter *Cupidon dans les vignes;* seulement le spectateur impassible peut en conclure ce fait purement géologique: que *les vignes* qui croissent près des cratères produisent un vin généralement capiteux...

Il y a presque autant de femmes que d'hommes dans une Goguette. Quelquefois même, et ce ne sont pas les séances les moins pittoresques, ce sont elles qui occupent le bureau. Nous en causerons un autre jour.

Mais qu'est-ce donc que ce bureau?

Je vais vous le dire. Nous avons d'abord un président décoré de ses insignes, lesquels sont, dans les jours solennels, le grand cordon de la Légion d'honneur, à moins que le capricieux dignitaire n'ait préféré le grand cordon de Saint-Louis. Nous avons ensuite un vice-président, personnage absolument muet et honorifique, dont la principale fonction est de verser du vin au président. Nous avons aussi un président *d'honneur,* personnage encore plus muet et encore plus honorifique, dont l'emploi présumé consiste à verser du vin au vice-président. Après cela, vient le maître des chants, qui donne la parole à tour de rôle aux amateurs qui se sont fait inscrire. Le maître des chants ne se verse généralement à boire qu'à lui-même. Le secrétaire marche ensuite; c'est lui qui a le soin des convocations et des procès-verbaux: personnage ordinairement très-ennuyé des grandeurs. Le trésorier est le dernier membre du comité qui soit de la magistrature *assise*. Il a tout l'embonpoint qui convient à sa sinécure. Enfin vient la magistrature *debout* dans la personne du maître des cérémonies, le Curtius de la Goguette, l'homme aux grands dévouements, celui qui déploie le plus audacieux courage pour obtenir qu'on ôte son chapeau, que les hommes ne fument pas trop, et que les femmes se taisent le plus possible. Mais il est un personnage bien autrement respectable que nous ne devons point passer sous silence, quoiqu'il ne soit pas précisément du comité : nous voulons parler du marchand de vin chez qui se tient l'assemblée. Ce digne industriel prend ce jour-là le nom de *pourvoyeur*. Il a pour privilége exclusif de se promener sans cesse autour des tables, surtout pendant que l'on chante, et de produire avec ses verres et ses bouteilles un accompagnement à la quinte qui ne manque pas de monotonie. De plus, il est autorisé à servir un litre de vin à chaque membre de la Goguette à mesure qu'il se présente. Le *pourvoyeur* interprète assez judaïquement cet article-là de ses franchises. Vous arrivez, par exemple, en compagnie de deux de vos amis ; vous demandez un litre et trois chaises, on vous apporte aussitôt une chaise et trois litres. Il est vrai que vous avez le droit de payer les trois litres d'avance.

Il nous serait difficile d'énumérer les noms de toutes les Goguettes de Paris. Voici ceux que nous avons pu recueillir ; le lecteur appréciera leur singularité quelquefois originale. *La Lice chansonnière ; les Gais Pipeaux ; les Enfants de la Halle ; la Couronne chansonnière ; les Enfants de Phébus ; les Enfants de la Goguette ; les Enfants du Vaudeville ; les Enfants de la Joie ; les Amis des Arts ; les Démocrites ; les Joyeux ; les Enfants de l'Avenir ; les Amis de la Chanson ; la Camaraderie ; les Soirées de Famille ; les Poissons de l'Hippocrène ; les Palefreniers du cheval d'Apollon ; la Pipe ; le Canif ; les Amis du siècle ; les Momusiens ; les Animaux ; les Disciples de Bacchus ; les Canotiers ; les Moissonneurs ; les Entonnoirs ; les Ermites ; les Nourrissons des Muses ; les vrais Soutiens de la gaieté française ;* etc., etc.

Nous demanderons la permission de terminer par un mot de notre ami Bancroche, un savant du plus haut mérite, quoique décoré, à qui nous demandions ce que pouvait signifier la présence du vieux coq gaulois dans les armes françaises.

« Vous portez un coq, me répondit-il avec sa brusquerie germanique, parce que vous êtes un tas de sans-souci qui braillez dès l'aurore et qui chantez comme des sourds. »

Marc Fournier.

LA GRISETTE.

Paroles de **M. Maurice Saint-Aguet**, musique de **Scudo** *.

Vous aimez la marqui-se fiè---re Au regard tris-te, au front pa-li Quit--tant son lit pour sa ber-gè---re A-près mi-di. Moi, c'est A--gla-é, ma gri---set--te, Ma ten-ta-tri-ce au nez mu--tin, Ma fol--le, du quar-tier La-tin, Que re-gret--te, Si ma--tin, Sa cou-chet-te De sa---pin.

La vôtre est chétive et légère,
Elle vit comme un végétal,
En buvant l'eau de la rivière
 Dans du cristal.
La mienne boit, sur ma parole,
Comme nous elle boit du vin ;
Je la grise comme un lutin,
 Et tout vole
 Sous sa main,
 Quand la folle
 Est en train.

Chante du haut de ta mansarde,
Que la dame aux pâles couleurs
Lève la tête et te regarde,
 Parmi tes fleurs !
Chante la joie et l'espérance ;
Si tu t'arrêtes en chantant,
C'est qu'un de mes baisers suspend
 Là romance,
 Que pourtant,
 En silence,
 Elle attend.

Oh ! reste, ma joyeuse abeille ;
Dans ton grenier cache ton miel,
Ange qui dort et se réveille
 Tout près du ciel.
Reste au soleil dans ta demeure ;
Laissons aux femmes des jaloux
L'amour qui ferme les verrous,
 Et qui pleure
 A genoux,
 Quand vient l'heure
 Des époux.

Elles ont des froideurs cruelles,
Des trahisons qui font mourir ;
Et n'ont pas, quand on meurt pour elles,
 Pas un soupir.
Toi, tu viendras avec mystère
Pleurer sur mon lit de douleurs ;
Tu viendras poser, si je meurs,
 Sur ma pierre,
 Tout en pleurs,
 Ta prière
 Et tes fleurs.

* Cette romance, avec accompagnement de piano, se trouve chez Janet frères, rue Neuve-Vivienne, 47.

L'OUVREUSE DE LOGES ET LA LOUEUSE DE CHAISES.

Air : Salut, ô mon pays !

Madame Pastoureau, ouvreuse de loges au théâtre de la Porte-Saint-Martin, et Mademoiselle Béchamelle, loueuse de chaises à l'église Notre-Dame-de-Lorette, se rencontrent : l'une vient d'acheter du mouron pour son serin, l'autre du mou pour son chat. Le dialogue suivant s'établit entre elles :

— Comment vous va, c' matin ?
— Toujours mon ostalmie...
— Croyez-moi, chère amie,
Mettez-y d' l'eau d' plantain.
Et l'commerce ? — Entre nous,
Nous gagnons quelques sous.
Mon théâtr', faut qu' je l' dise,
Va bien ; et votre église ?
— Ah ! madam' Pastoureau !
— Ah ! mamzelle Béchamelle !
— C'est le mêm' numéro !
— C'est la même séquelle !

— Monsieur l'abbé Simon
Hier a fait merveille ;
On était tout oreille
Pour son nouveau sermon.
— L' dram' nouveau, Dieu merci,
A très-bien réussi :
C'est là que se distingue
L' fameux acteur Mélingue.
— Ah ! madam' Pastoureau ! etc.

— On était enchanté
D' nos prêtres et d' nos vierges ;
On s' disputait les cierges...
La chaise a bien été.
— Nos acteurs sont flambants !
J'ai doublé mes p'tits bancs...
Ces messieurs et ces dames
S'arrachaient les programmes.
— Ah ! madam' Pastoureau ! etc.

— On r' marquait des premiers
Ceux qui mèn'nt la boutique :
Les membres d' la fabrique,
Et les gros marguilliers.
— Nos loges s' garnissaient,
Nos couloirs s'emplissaient
Des figur's débonnaires
De nos actionnaires.
— Ah ! madam' Pastoureau ! etc.

— Aux passag's les plus beaux
De c'tte œuvr', que l' ciel bénisse,
J'ai vu sangloter l' suisse,
Pleurnicher les bedeaux.
— Près d'un municipal
Qu'a failli s' trouver mal,
J'ai vu, succès plein d' charmes !
Deux sergents d' ville en larmes.
— Ah ! madam' Pastoureau ! etc.

— Pour nous sanctifier,
La grosse orgue en cadence
De jolis airs de danse
V'nait nous gratifier.
— L'orchestre, au grand compl',
Chez nous exécutait,
Dans les scèn's pathétiques,
Des hymnes, des cantiques.
— Ah ! madam' Pastoureau ! etc.

— Les plus beaux ornements,
Et les fleurs les plus belles,
Dans toutes les chapelles
Offraient mille agréments.
— Nous avions l' mêm' bonheur :
Des décors la fraîcheur,
Des costum's la richesse,
Enl'vaient encor la pièce.
— Ah ! madam' Pastoureau ! etc.

— Notr' curé rayonnait ;
Pour lui, quel jour de fête !
A l'offrande, à la quête,
Faut voir comm' ça sonnait !
— L' directeur est content ;
Notr' dram' fait de l'argent.
— Ma foi, viv'nt les loueuses !
— Ma foi, viv'nt les ouvreuses !
— Ah ! madam' Pastoureau ! etc.

Jules Leroy.

L'ARCHER DU ROI FRANÇOIS.

Paroles de **M. DOLLET**, musique de **M. LÉOPOLD BOUGNOL**.

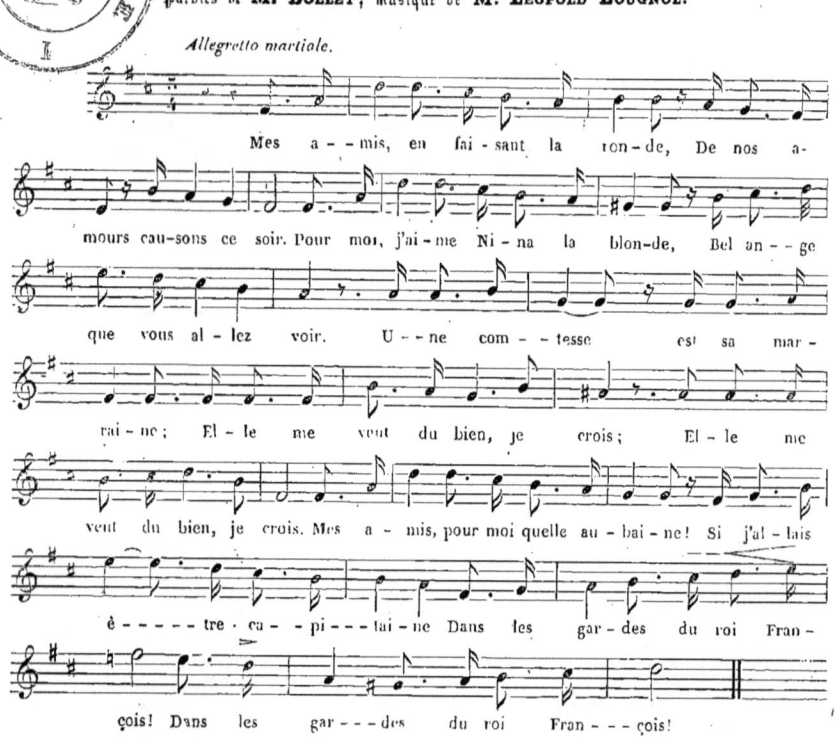

Mes a-mis, en faisant la ron-de, De nos a-mours cau-sons ce soir. Pour moi, j'ai-me Ni-na la blon-de, Bel an-ge que vous al-lez voir. U-ne com-tesse est sa mar-rai-ne ; El-le me veut du bien, je crois ; El-le me veut du bien, je crois. Mes a-mis, pour moi quelle au-bai-ne ! Si j'al-lais ê-tre ca-pi-tai-ne Dans les gar-des du roi Fran-çois ! Dans les gar-des du roi Fran-çois !

Nous voici devant sa demeure.
Que n'est-ce le toit conjugal !
Peut-être un doux rêve à cette heure
Passe sur son front virginal.
Vrai Dieu ! mon âme est fort en peine,
Car pour être époux de son choix,
Oui, pour être époux de son choix,
Il faut, comme dit sa marraine,
Être au moins un beau capitaine
Dans les gardes du roi François.

Elle est encor sur sa terrasse.
Quelqu'un près d'elle... Oh ! trahison !
Quel est ce manant qui l'embrasse ?
Entrez ! qu'on le jette en prison...
Grand Dieu ! c'est le roi qui dégaine !..
Pardon, sire... Il sourit, je crois...
Sa Majesté sourit, je crois...
Ah ! ma foi, tant pis pour la reine !
Nina me fera capitaine
Dans les gardes du roi François.

L'ARTISAN ET LES OISEAUX.

Air : Je n'irai pas à la cour (Charles Gille).

Doux chantres de la nature,
Petits oiseaux, tout l'été
Je vous donnais la pâture.
Vous m'apportiez la gaîté.
Les beaux jours vont disparaître,
Mais mon cœur vous est connu.

N'oubliez pas ma fenêtre
Quand l'hiver sera venu.

Nous avions de douces choses,
Pour déjeuner sans façons :
Vous du pain frais sous mes roses

Moi des fruits et vos chansons.
De notre commun bien-être
Pour toucher le revenu,
N'oubliez pas ma fenêtre
Quand l'hiver sera venu.

Qu'un peuple affamé s'ameute,
On l'emprisonne soudain.
Me faisiez-vous une émeute,
Moi j'apaisais votre faim.
Je n'eus jamais ni salpêtre,
Ni cachot, ni détenu.
N'oubliez pas ma fenêtre
Quand l'hiver sera venu.

Que de fois, pauvre malade,
J'ai quitté mon oreiller,
Pour vous payer d'une aubade
Qui m'aidait à travailler.
Vous qui jeûneriez peut-être
Sous les yeux d'un parvenu,
N'oubliez pas ma fenêtre
Quand l'hiver sera venu.

Un matin que vos louanges
Montaient vers le Créateur,
Je rêvais qu'avec les anges
Ma mère chantait en chœur.
O vous qui me semblez être
L'écho d'un monde inconnu,
N'oubliez pas ma fenêtre
Quand l'hiver sera venu.

Votre gaîté vive et franche
Peut combattre les autans,
Mais moi, dont le front se penche,
Verrai-je ou non le printemps?
J'attends l'arrêt du grand maître;
S'il ne m'est pas parvenu,
N'oubliez pas ma fenêtre
Quand l'hiver sera venu.

Madame E. Fleury.

Cette chanson a obtenu le premier prix au concours de la *Lice chansonnière* de novembre 1842.

PAPILLONS ET JEUNES FILLES.

Air : Jeune fille aux yeux noirs (de Théodore Labarre).

C'est plaisir de vous voir, ô blondes jeunes filles!
Courir à travers prés après des papillons.
C'est plaisir de vous voir, si jeunes, si gentilles,
Courber les mille fleurs qui couvrent les sillons!

  Vole, vole,
  Tête folle,
  Papillon
  Du vallon!
  Sur ton aile,
  Blanche et frêle,
  Le plaisir
  Semble fuir.

Il est doux, n'est-ce pas, dans la jeunesse heureuse,
Quand on ne connaît rien des peines d'ici-bas,
De folâtrer ainsi, l'âme toute rieuse,
Un air pur sur sa tête et des fleurs sous ses pas?
  Vole, vole, etc.

Courez, foulez encor l'herbe de la prairie;
Épanouissez-vous aux rayons du soleil;
Riez, car c'est pour vous que la terre est fleurie,
Riez, car c'est pour vous que le ciel est vermeil!
  Vole, vole, etc.

Oh! vos jours sont si beaux, si douces vos pensées,

Votre cœur est si jeune, et votre front si pur,
De tant d'enivrements vos âmes sont bercées,
Qu'on craint par un regard de troubler votre azur!
  Vole, vole, etc.

Je ne vous dirai pas, heureuses ignorantes,
Que les plus belles fleurs ont leur poison amer.
Vivez sans demander au doux parfum des plantes
Ce qu'il sera demain, ce qu'il était hier.
  Vole, vole, etc.

Folles, lorsqu'en jouant vous effeuillez des roses,
Vous ne savez combien en tombent de vos mains;
Ainsi, sans les compter, sans remonter aux causes,
Laissez couler vos jours si purs et si sereins.
  Vole, vole, etc.

Comme de vos cheveux les boucles déroulées
Se laissent caresser par l'haleine des vents,
Ainsi laissez tomber vos heures effilées,
Et ne demandez pas ce qu'en fera le temps.
  Vole, vole, etc.

Charles Regnard.

Cette chanson a obtenu le premier prix au concours des *Gais Pipeaux* de novembre 1842.

UN LOUP DE MER,

charge d'eau douce,

Paroles et musique de M. Léonard Schneitz.

(NOTA: La scène se passe sur la Seine.)

Voici de quoi il s'agit : M. Jean-Bar-du-Bec, clerc d'huissier (surnommé *le Loup de mer*, à cause de ses brillantes dispositions maritimes), a loué, pour un dimanche entier, le vaisseau *le Forban*, pouvant contenir près de... trois personnes ; son équipage se compose du saute-ruisseau Gripet, faisant fonctions de contre-maître et de mousse, auquel il a promis, pour stimuler son zèle, de lui laisser baptiser la première île déserte qu'ils découvriront. On peut les voir sur la rive ; Jean-Bar-du-Bec surveille l'embarquement, en s'écriant avec enthousiasme :

Vents, souf - flez ! gronde, o - ra - ge ! Je bra - ve vo - tre ra - ge, Et pars, dès le ma - - tin Pour un pa - ys loin - tain Ah ! ah ! ah ! ah ! ah ! ah ! ah ! ah ! Vou - lant trou - ver une i - le A - vant la fin du jour, J'ai quit - té mon a - - si - le Pour un nou - veau sé - jour. Des sau - - va - - ges la hor - de sous mes coups va tom - ber, Et d'or - gueil si j'a - bor - de, Mon cœur va dé - bor - - der.

On parle.

(*Parlé*.) Eh ! quoi, Gripet, tu ne tressailles pas à cette pensée glorieuse ?

GRIPET. — Pour parler franchement, j'aimerais mieux une île déserte sans sauvages ; c'est moins dangereux.

JEAN-BAR. — Tais-toi, poltron, et dépêchons !... Nous commençons aujourd'hui le tour du monde.

GRIPET. — Est-ce que c'est bien loin ?

JEAN-BAR. — Nous nous arrêterons à Saint-Maur... A propos, tu n'as pas oublié l'encre ?

GRIPET. — L'encre ?... J'ai cassé la dernière bouteille hier soir ; mais voilà les munitions de bouche... une flûte et un bondon.

JEAN-BAR. — Comme c'est nautique !... Mais à moi, marin, il fallait du thon, beaucoup de thon... mariné... C'est égal, embarque ! embarque ! Prends un ris... au large... Nous voilà partis... psss... psss... comme ça file... 75 nœuds à l'heure !... Haut les gabiers ! Prends garde de tomber, Gripet... montrons-nous dignes de monter *le Forban...* En voilà un qui n'est guère solide... je ne pourrai jamais m'asseoir là-dessus... Qu'importe! Dans ma noble ardeur, je ferais le tour du globe sur mes jambes, en répétant :

Vents, soufflez! gronde, orage! etc.

Si j'avais été maître
De choisir mon état,
Je me serais fait naître
Matelot de l'État.
Au lieu d'un soleil pâle,
La zone m'eût brûlé ;
Et puis, à fond de cale,
Je serais plus calé.

(*Parlé.*) C'est vrai ; j'aurais beau être en panne, je m'amuserais gratis... car je dois te l'avouer, Gripet, tous mes appointements passent en circulation pour la navigation. Je veux mettre mon père à contribution en lui faisant la relation de mes excursions, expéditions et pérégrinations ; j'en suis pour mes frais de narration et de description. Cela ne hausse pas mes actions, et chaque embarcation qui contente ma passion et flatte mes dispositions, en donnant de l'extension à ma vocation, me coûte des réflexions qui ne me laissent nulle satisfaction... Oh! ciel parâtre!... Plutôt que de me vouer à l'étude... d'un huissier, tu devais me faire pirate ; c'était presque la même chose .. d'huissier à corsaire, il n'y a que la main... Du moins, mes exploits ne seraient pas sur papier timbré..... Une fièvre nautique s'empare de moi! Je ne vois plus que flots irrités... que vagues mugissantes... Je nage au sein des mers de toutes les parties du monde ; j'en vois de toutes les couleurs... Dans ma soif d'eau salée, je changerais toutes mes plumes et celles de mon patron contre une simple paire de nageoires ; oui, je voudrais être... cétacé... C'est assez réfléchi! J'y suis décidé ; dès demain, je pose la première pierre... d'une frégate... Je la lance à la mer, et là, sur le pont neuf... de mon bâtiment, je m'écrie, une hache d'abordage à la main :

Vents, soufflez! gronde, orage! etc.

Je fume mon cigare,
Bercé par le roulis,
Et ma tête s'égare
Au chant des bengalis.
De plaisir dans le vague
Mon esprit va vaguer...
En glissant sur la vague,
Je me sens divaguer.

(*Parlé.*) Oui, morbleu! vive la marine!... Pourtant, dans mon bonheur, quelque chose me manque, c'est ma Barbe... Figure-toi, Gripet, que ce matin, en mettant le pied dans la rue, Barbe s'offre à mes yeux, portant une énorme baleine... de corset. Elle voulait me faire voguer avec elle vers l'Ile d'Amour, en citadine ; mais j'ai refusé. Alors elle a fui (toujours avec sa baleine) en me traitant de monstre... marin. Malgré cela je la regrette... Oh! que n'es-tu là, ma jolie, ma sainte Barbe! je te ferais sauter... sur mes genoux.

UNE VOIX. — Ho! hé! du *Forban*! ho! hé!

JEAN-BAR. — Qui me hèle? Serait-ce elle?... Non, c'est un vaisseau marchand... marchant avec la plus grande vitesse... Passe-moi ma longue-vue... ah! voici mon lorgnon!... *Le Cyclope*, monté par Jules Leborgne et Achille Grosdos... En forçant de voiles, ils me dévoilent leurs projets : ils voudraient nous passer, nous allons les combattre... Tout le monde sur le pont! Branle-bas général!... canonniers, à vos pièces!

ACHILLE GROSDOS. — A toi, Jean-Bar; gare la bombe!

JEAN-BAR. — Merci, bombé!.. oh! c'est un bout de saucisson ; je ne puis digérer cela, vengeons-nous!..... Feu de bâbord!... Ils sont démâtés! La victoire est à nous!.. Gripet, célèbre notre triomphe par un air guerrier, maritime...

GRIPET, chantant. — En avant, marchons...

JEAN-BAR. — Non, non, non, c'est tombé dans l'eau. Redis plutôt avec moi :

Vents, soufflez! gronde, orage! etc.

Mais bientôt la tempête
Me fera tempêter ;
L'ouragan qui s'apprête
Me dit de m'apprêter.
Au loin projetant l'ombre,
Le ciel vient de s'ombrer,
Et rend le jour si sombre,
Que je crains de sombrer.

(*Parlé.*) — Voilà le moment critique ; c'est sur les écueils que nous allons cueillir les palmes de la gloire... Grand Dieu! que vois-je? Un ours blanc se dirige vers nous... Donne-lui un coup de *croc* sur les *dents*..

GRIPET. — Eh! non, c'est un caniche qui se baigne...

JEAN-BAR. — Silence! Il approche, il va monter... C'en est fait, nous coulons..... Adieu, Gripet, nous tombons dans les profondeurs de l'abîme..... Tiens! j'ai pied... Ce ne sera qu'un bain... Remorque le bâtiment sur le sable... Mais dans quelles contrées sommes-nous?... Ah! voici un habitant, demandons... Vénérable insulaire, apprenez à des Européens naufragés dans quels parages les flots inconstants les ont conduits.

UN PAYSAN. — A Charenton.

JEAN-BAR, étonné. — Charenton!

UN COCHER, de loin. — Paris! Paris!

JEAN-BAR. — Bon! voilà mon affaire! Je termine mon voyage maritime en coucou... Pilote, deux places..

LE COCHER. — Il n'y a plus que des lapins, bourgeois.

JEAN-BAR. — Va pour des lapins!... Gripet, hisse le navire sur l'impériale..... Embarque! embarque! Pilote, la barre au vent; cingle, ton cheval, et voguons... vers Paris... En voilà pour la semaine..... Dimanche, je veux redire encore :

Vents, soufflez! gronde, orage! etc.

SOIRÉE DE GOGUETTE PRÉSIDÉE PAR DES DAMES.

L'illustre Saint-Simon, le père du progrès,
    Le grand Enfantin, son apôtre,
Nous disent que la femme au sein de vos congrès
    Doit être admise un jour ou l'autre.

Ce triomphe si beau, l'objet de nos désirs,
    Plus d'un vieillard encor l'éloigne et le redoute.
Mais n'est-ce pas déjà nous mettre sur la route
    Que présider à vos plaisirs ?

Madame Paméla.

GOGUETTES
ET
SOCIÉTÉS CHANTANTES.

II

Voyez-vous cette dame coiffée à l'enfant, avec une couronne blanche posée à la vierge?...

A propos, il serait convenable que nous dissions deux mots du lieu de la scène. C'est une salle de trente à quarante pieds de long, sur vingt de large, dont les quatre murailles sont pavoisées de drapeaux, d'écussons et de devises. Autant de devises, autant de chaleureux appels à la décence. Au fond de la salle s'élève le bureau. Ce bureau est occupé par quatre dames, un bol de vin chaud, quatre litres à douze, et un nombre de *coupes* à l'avenant, car, ce que j'ai peut-être oublié de vous dire, c'est que cette séance, consacrée à l'honneur des dames, est présidée par la plus belle moitié du genre humain. En considération de la solennité, nombre de goguettes ont envoyé leur députation, et chacune de ces députations se distingue par un petit drapeau dont le manche est planté dans le goulot d'une bouteille, ce qui présente à la vue l'agréable aspect d'un parterre émaillé de chiffons bicolores et de pipes culottées. La salle est déjà tellement remplie, que l'on se tient debout entre les tables, vers la porte et contre les murailles. *Le chef des cérémonies* fait des prodiges de valeur pour se procurer des tabourets, et *le pourvoyeur*, dont l'importance est poussée ce jour-là aux dernières limites du possible, va, vient, rampe, se glisse comme un lézard dans l'herbe, profite du moindre passage pour insinuer un litre à douze, et de la plus légère issue pour en retirer le prix.

Mais revenons à la dame coiffée à l'enfant. Cette dame, qui n'est rien moins que la première présidente, porte une robe blanche agréablement décolletée, un cordon bleu pour écharpe, et se distingue par l'air on ne peut plus solennel de toute sa personne. Elle boit un coup, s'en verse un second, puis elle se lève.

Ici, le silence qui commence à s'établir est brusquement interrompu. Les deux battants de la porte du fond se sont ouverts, et l'on voit s'avancer en bon ordre un drapeau de quinze pieds de long sur douze pieds d'envergure, suivi de vingt messieurs ornés de moustaches, de chemises de couleur et de chapeaux cirés. Le drapeau est placé diagonalement du parquet à la muraille, ce qui coupe la salle en deux triangles égaux, et les messieurs à moustaches, résolus à mourir de chaleur et d'asphyxie, se pressent bravement autour de leur pavillon. Ces héros sont les *canotiers du Cormoran*, joli brick non ponté de deux tonneaux et demi ; ces marins intrépides, généralement connus par leurs voyages de circumnavigation dans le bassin de Bercy, se sont particulièrement illustrés par la découverte de l'île *Saint-Piqueton*, qu'ils abordèrent par quarante-deux degrés de latitude nord-est, entre Charenton et Choisy-le-Roi. Cette île, qui a trois mètres de tour, est excessivement fertile en sable fin de rivière. On y trouve en abondance des coquilles d'huîtres, de vieux tessons de bouteilles, des chats crevés, et pas mal de trognons de choux. Les *canotiers du Cormoran*, non moins familiers avec l'*ut* de poitrine qu'avec les hasards de la Seine, forment une société chantante pour l'exhibition des barcarolles, nocturnes, chœurs, balancelles, et tout ce qui concerne leur état. On comprend dès lors que c'est en qualité de chanteurs qu'ils honorent la goguette de leur présence.

La dame est donc coiffée à l'enfant, disions-nous plus haut, avec une couronne blanche posée à la vierge. Elle est debout, la coupe en main. Une fois pour toutes, on saura que dans le vocabulaire lyrique des goguetiers, une *coupe* signifie un verre à boire de la forme la plus primitive, et vulgairement nommé casse-noisette. La bouteille prend également le nom de *flacon*, à moins que les exigences du couplet n'obligent le poëte à donner une rime à *treille* ou à *liqueur vermeille*, auquel cas la *bouteille* rentre dans la plénitude de ses droits.

La dame élève la coupe à hauteur de l'œil, et dit :

« Mes bonnes amies, mes joyeuses camarades,

« Nous commencerons cette agréable séance par porter une santé à nos aimables « vainqueurs. J'invite donc tout le sexe présent à vouloir bien se lever pour répondre « à cette honorable santé. »

Le sexe obéit à ce galant appel. Les aimables vainqueurs demeurent assis à culotter leur pipe.

« Mes bonnes amies, continue la présidente, tâchons d'exécuter le commandement « en dames expérimentées, et prouvons qu'il n'y a pas de conscrites parmi nous. At-« tention !... Enlevons la coupe à deux doigts de la bouche, approchons-en les lèvres, « tarissons-la jusqu'à la *lie*... et, en la reportant à un pouce de la table, prouvons par

« un feu bien nourri le tendre unisson de nos cœurs par l'accord de nos verres.
« Un !... deux !... trois !!! »

Roulement général.

« Sacredieu ! » dit un aimable vainqueur.

Le maître des cérémonies. — Qu'est-ce qui s'est permis de dire sacredieu ?

L'aimable vainqueur. — C'est moi.

Le maître des cérémonies. — Alors je vous rappellerai... à la pudeur.

L'aimable vainqueur. — Plus souvent ! j'ai dit sacredieu, parce que le mouvement de nos dames a été un peu ficelé dans le premier genre, et que ça flatte un homme, vu le motif de la chose.

Le madrigal étant généralement saisi, les aimables vainqueurs applaudissent à tout rompre, et la présidente croit devoir accorder un sourire à l'interrupteur. Le maître des cérémonies, battu pour cette fois, retourne à ses tabourets. Cependant la présidente, avant de reprendre le fil de son discours, pense qu'il est de sa dignité de relever cet incident par une courte exhortation :

« J'aurai l'honneur de vous dire, mes bons camarades, continue-t-elle, que nous ne sommes pas du tout ici pour nous amuser. »

Un aimable vainqueur. — Oh ! oh !

Le maître des cérémonies (qui veut prendre sa revanche). — Silence, les *chevaux d'A-pollon* !

Un cheval d'Apollon (indigné). — C'est pas un cheval d'Apollon qui a causé, c'est un *animal*.

L'animal coupable. — C'est vrai que j'ai dit *oh !* mais je maintiens mon *oh !*

Un ami de la gaieté française. — Alors motus, et bois sans *oh !*

Le maître des cérémonies, les *chevaux*, les *animaux*, les dames et les demoiselles, tout le monde part d'un éclat de rire qui fait trembler le plafond, après quoi la présidente continue en ces termes :

« Quand je dis que nous ne sommes pas ici pour nous amuser, je m'entends. On ne
« doit pas s'amuser à empêcher les autres de s'amuser, parce qu'alors il n'y aurait plus
« d'amusement, voilà. Pour lors, il s'agit de chanter. Mais à propos, vous n'êtes pas *sans*
« *ignorer*, mes bons camarades, que les statuts obligeant les dames du bureau à ré-
« péter les refrains, si ces refrains... étaient, sauf votre respect, indélicats et... trop
« légers, vous comprenez, mes bons camarades, que... suffit, nous sommes des dames,
« et vous êtes tous Français. (Vifs applaudissements.) Enfin, mes bons camarades, vous
« savez que les chansons qui attaqueraient la pré-ro-ga-ti-ve roy... (Ici, les conversa-
« tions particulières couvrent la voix de l'oratrice.) La parole est à notre maîtresse des
« chants, pour la donner à qui de droit. »

La maîtresse des chants, petite brune au regard batailleur, s'éclaircit la voix d'un verre de vin chaud, et fait claquer ses lèvres d'un air formidablement exercé.

« Mes amis, dit-elle, la parole est en premier à madame Paméla, et en second à nos
« braves compagnons du *Cormoran*. »

Au nom de madame Paméla, on dirait que les deux cents poitrines de cette assemblée ont cessé de respirer. Tous les regards sont fixés vers le fond de la salle, et, d'une table à l'autre, on se montre un groupe privilégié où paraît se dérober encore l'objet de cet empressement. Qu'est-ce donc que madame Paméla? Nous allons le savoir. La voilà! Elle est debout, la tête légèrement inclinée, l'œil petillant d'une gaieté sympathique. Madame Paméla peut avoir vingt ans. Elle est petite, faite au tour, fine, souple et déliée. C'est une blonde aux yeux noirs. Elle a sur ses épaules une mantille noire, mise de façon à ne rien voiler des lignes serpentines d'un cou charmant, sorte de coquetterie que la lorette affectionne et qui lui sied à ravir. Est-ce que madame Paméla est une lorette?

Madame Paméla est une Muse, monsieur, une Muse fort jolie, fort spirituelle, fort gracieuse et fort tendre, quatre particularités fort rares chez une Muse, excepté la dernière. Madame Paméla fait des chansons, les met en musique et les chante. Elle a une voix nette, cambrée, sonore, une de ces voix qui ont plus d'esprit que d'âme, mais qui ont de la verve, de l'allure et du montant. Madame Paméla, monsieur, telle que vous la voyez ainsi campée sur ses hanches, bien en point, l'air moqueur et satisfait, est la goguette incarnée. Madame Paméla a un nom de guerre parmi les gais buveurs; ils l'appellent *la Faridondaine*. Quand elle se prend, la divine folle, à débiter ses couplets, c'est un délire, c'est une fièvre parmi les auditeurs. On l'accompagne de la voix, du geste, du choc des verres et des battements de mains. On s'agite, on trépigne, on boit, on se grise, on devient fou. Je ne sais quel souffle passe sur les fronts et fait tournoyer les têtes. Je ne sais quel dieu tous ces buveurs subissent, mais c'est un branle entraînant qui étourdit, qui enlève, et qui arracherait un rire à Tisiphone elle-même, et, qui plus est, un rire de belle humeur!

Et qu'ose-t-on dire aujourd'hui? que nous devenons tristes, que nous pensons, que nous spéculons, que nous bâillons? Qui dit cela? Des journaux sérieusement lourds et gravement ennuyeux, des buveurs d'eau. Laissons-les divaguer, ce sont des pleutres atrabilaires qui ne savent pas que sous le soleil de France, tant qu'il y aura des vignes et de jolies femmes, le roi d'Yvetot sera un grand roi, et la mère la Joie une grande reine.

Cela convenu, lecteur, je vais écouter *la Faridondaine*, et rire à la barbe de... Mazarin...

Marc Fournier.

Madame Paméla, ou autrement dit *la Faridondaine*, étant une créature aussi désordonnée que fantasque, ce serait peut-être nous exposer plus tard à des embarras que de promettre sa collaboration régulière à nos lecteurs. Cependant, M. Marc Fournier a bien voulu s'engager à nous servir d'intermédiaire pour obtenir de cette Muse capricieuse quelques feuillets épars qui forment, à ce qu'on croit, une partie assez intéressante des mémoires de *Faridondaine*. Si cette bonne fortune nous échoit, et que nous puissions en outre nous procurer, par tradition orale (Faridondaine n'écrit jamais ses vers), quelques-unes de ses chansons devenues si populaires dans les goguettes, et qui ont fait la célébrité de madame Paméla, nous nous tiendrons pour infiniment heureux de mettre le lecteur de moitié dans ces trésors. Quoi qu'il en soit, néanmoins, nous pouvons annoncer, dès aujourd'hui, que nous publierons le portrait de la Faridondaine dans une de nos prochaines livraisons. — Note de l'éditeur.

JEAN CHENU.

Paroles de M. CHARLES GUILLEMARD, musique de M. ADRIEN FIELD.

Je suis Jean Che-nu, L'gros meu-nier du vil---la-ge, De tous bien con---nu Pour être un gar--çon sa-ge. J'ai des champs, j'ai du vin, J'ai mai-son neuve et blanche, Et l'on vient chaqu' di-man-che Dan-ser près d'mon mou-lin, Quoi qu'i t'faut d'plus, Ma--ri-e? Don-ne-moi donc ta main, Et viens, je t'en sup--pli-e, Met--tre un terme au cha-grin D'un cœur plein d'ten--dres--se Qui pour toi sans ces-se M'fait dans l'es--to---mac, Tic--tac, tic-tac, tic-tac.

Dans notre maison
On 'n' criera pas famine,
Car jusqu'au menton
J' nage dans la farine.
Ton destin s'ra brillant,
Car mon âme est jalouse
De combler mon épouse
D'amour et de pain blanc.
Quoi qu'i' t' faut d' plus, Marie?
Donne-moi donc ta main,
Et viens, je t'en supplie,
Mettre un terme au chagrin
 D'un cœur plein d' tendresse,
 Qui pour toi sans cesse
 M' fait dans l'estomac
Tic-tac, tic-tac, tic-tac.

Si t'aim' la grandeur,
Nous aurons, je l'espère,
Toi le banc d'honneur,
Moi l'écharpe de maire.
Je t'ach't'rai de Paris
Les modes les dernières,
Et tout's les autr's fermières
F'ront damner leurs maris.
Quoi qu'i' t' faut d' plus, Marie?
Donne-moi donc ta main,
Et viens, je t'en supplie,
Mettre un terme au chagrin
 D'un cœur plein d' tendresse,
 Qui pour toi sans cesse
 M' fait dans l'estomac
Tic-tac, tic-tac, tic-tac.

MARGUERITE, DE LA PLACE MAUBERT, ET BURIDAN,

DU MÊME QUARTIER.

Air : Parlez-nous de lui, grand'mère.

Marguerit', j' connais ta haine,
J' sais qu' tu m' conserv' une dent,
Et moi, comme Buridan,
Je te garde un p'tit chien d' ma chienne.
Par un satané guignon,
J'ai mis, comme un imbécile,
Ma pauvre chambre à ton nom ;
Fallait-il que j' sois Bazile !
A présent que me voilà
Sans l' sou, tu veux que j' te quitte,
    Que je te quitte ;
J' te r'connais bien là.
    Marg'rite,   (bis)
J' te r'connais bien là (bis).

J' viens d'apprendr' par un ivrogne,
C' que j' devais attendre d' toi.
Quand j' fus rossé près d' l'octroi,
Tu commandais cette besogne.
Ce fut toi qui dirigeas
La fureur de ce Macaire
Qui, pour c' que tu lui donnas,
M' tordit l' cou dans une ornière.
Puis un sapin vous roula
Chez lui vite, vite, vite,
    Et vite, vite.
J' te reconnais bien là, etc.

Traiteras-tu d' calomnie
C' que j'appris encor' de plus.
Celle par qui je le sus
Passe pour ta meilleure amie.
L' bruit partout en a couru,
Tu n'as pas, la s'main' dernière,
Passé la nuit, comm' j'ai cru,
A travailler, ma commère.
Tu m'as dit : J' vas chez Irma,
Quand t'allais chez Hippolyte,
    C' gueux d'Hippolyte.
J' te r'connais bien là, etc.

Que vois-je sous cette lampe ?
Le billet d'un inconnu.
Juste ciel ! ah !... qu'ai-je lu !
Un rival veut que j' décampe.
Oh ! c'est par trop fort de café !
Tu l' réchauff'rais à mon âtre !
Mam'zell' Georg', monstre fieffé,
N'est pas plus noire au théâtre !
Chasser pour un falbala
Un amant chez qui l'on gîte !
    Chez qui l'on gîte.
J' te r'connais bien là, etc.

C'en est fait ! j' tends une embûche
A c' rival qu'on nomme Lili.
Si j'le rencontr' dans ton lit,
Je l'aplatis d'un coup de bûche.
Ton complice, c'est certain,
Est caché. Faut que j' te fouille !
Quoi ! tu m'appell' assassin,
Tu fais signe à la patrouille !
Un trait pareil à c'lui-là
Est digne de ton mérite,
    De ton mérite.
J' te r'connais bien là, etc.

Avant qu' la garde m'emmène
J' vas t'casser la barr' du cou.
Attrap', c'est le premier coup !
Tiens, voilà comme je t'étrenne,
Si tu voulais n' pas crier !...
On croirait que j' te maltraite.
J'entends monter l'escalier.
On va m' couper la retraite !
Bien joué !... Si, malgré moi,
J' couche au violon, femm' maudite !
    Femme maudite,
J' me r'souviendrai d' toi, etc.

BAPTISTE LAMÔME.

LÈVE-TOI.

Paroles de **M. Charles Regnard**, musique de **M. Adolphe Desjardin**.

Nous irons sur la colline
Voir resplendir le soleil,
Et vers l'horizon vermeil
L'astre des nuits qui décline.
    Lève-toi, etc.

Et, les pieds dans la rosée,
Nous descendrons dans les champs,
Entendre les joyeux chants
De l'oiseau sous la feuillée.
    Lève-toi, etc.

Nous prierons la marguerite
De nous dire à notre tour
Qui de nous deux à l'amour
Sera fidèle, petite !
    Lève-toi, etc.

Allons, ma capricieuse,
Vite, sors de l'édredon ;
Le soleil à l'horizon
Montre sa face joyeuse !
    Lève-toi, etc.

LA VIERGE FOLLE.

Air : De Philoctète.

Fille du peuple, ô toi qui désertas
L'étroit sentier que la vertu nous trace,
Envisageant ton destin face à face,
Compte les pleurs que depuis tu versas.
Si de nos sœurs le sort te fait envie,
Viens : mais pourquoi ce cruel embarras?
Viens, nous t'ouvrons notre cœur et nos bras ;
Viens parmi nous recommencer ta vie.

Que je te plains ! esclave de plaisirs
Que le mépris à chaque heure empoisonne,
Il faut, pour l'or qu'à regret l'on te donne,
Rire sans joie et feindre des désirs.
Ces libertins, leur faiblesse assouvie,
N'ont plus pour toi que des rires moqueurs.
Tu ne connus jamais de nobles cœurs :
Viens parmi nous recommencer ta vie.

Jette à tes pieds les roses de ton front,
Fuis !!! fuis ce lit qui berça ta mollesse !
Fuis ces longs jours d'ennuyeuse paresse !
A nos travaux tes mains se formeront.
Lève ta tête à jamais asservie,
Le monde hier te poussait de l'orteil :
Nous t'avons fait une place au soleil,
Viens parmi nous recommencer ta vie.

Pour bien sentir de quelle volupté
Dieu sait payer la douleur d'être mère,
Place, à côté d'un plaisir éphémère,
Un bonheur vrai, rempli de sainteté.
Avec l'époux que nous t'offrons, Sylvie,
Ce rêve heureux peut se réaliser.
Viens rajeunir sous son chaste baiser,
Viens parmi nous recommencer ta vie.

Tu vieillirais... et le vice brutal
Avec dégoût détournerait la tête ;
Plus de baisers, plus de fleurs, plus de fête,
Et puis, pour fin, la Morgue ou l'hôpital.
A tant de maux tu peux être ravie,
Suis le chemin que ma voix t'a tracé.

Par des vertus efface ton passé,
Viens parmi nous recommencer ta vie.

CHARLES GILLE.

Cette chanson a obtenu le premier prix au concours des Gais Pipeaux de novembre 1842

LA RONDE DES TRAVAILLEURS.

AIR : De la grande orgie (de Béranger).

Allons, travailleurs, en avant,
    Du courage
    A l'ouvrage,
Et formons un concert vivant,
Forgeant, coupant, roulant, frappant,
    Pan !

    Debout ! allons,
    Détalons ;
Voici le jour, volons
Où le devoir appelle,
    Quand la liqueur,
    Dans le cœur
Répand d'un trait vainqueur
Une force nouvelle.
Allons, travailleurs, en avant, etc.

    Nous, menuisiers,
    Charpentiers,
Estampeurs, chaudronniers,
Compagnons de tout ordre ;
    Dormant encor
    Sur son or,
Mettons, par notre accord,
L'égoïsme en désordre.
Allons, travailleurs, en avant, etc.

    A nous, cristaux.
    Et marteaux,
Enclumes et métaux !
Du travail c'est la fête ;
    Qu'à l'atelier
    L'ouvrier,
Fier de son tablier,
Relève enfin la tête.
Allons, travailleurs, en avant, etc.

    Démolissons,
    Bâtissons,
Sans cesse embellissons ;
Enrichissons la terre
    De monuments,
    D'ornements,
D'or et de diamants.

Dieu s'est fait prolétaire.
Allons, travailleurs, en avant, etc.

    Oui, transformer,
    Réformer,
Broyer, tailler, limer,
Sont des œuvres divines.
    A son appel
    Paternel
Ouvrons à l'Éternel
Chantiers, forges et mines.
Allons, travailleurs, en avant, etc.

    Point de blasons,
    D'écussons,
Pour nous qui repoussons
L'intrigue et la mollesse !
    Nos parchemins
    Sont nos mains,
Nos travaux surhumains
Nos titres de noblesse,
Allons, travailleurs, en avant, etc.

    Pour nos neveux,
    Par nos jeux,
Dans le chaos poudreux
D'un vieux monde qui croule,
    Sur maints lambris
    En débris,
Qu'en tous lieux à nos cris
Le char du progrès roule.
Allons, travailleurs, en avant, etc.

    Au fainéant
    Le néant.
Le peuple est un géant
Immortel en sa race.
    Les rois fuiront,
    Passeront,
Nos travaux survivront
Bravant le temps en face.
Allons, travailleurs, en avant, etc.

FERRAND,
Président de la société des *Templiers*.

AGENCE UNIVERSELLE DE PUBLICITÉ,

NOUVELLES AFFICHES PARISIENNES.

Paroles de **M. Eugène D.**, musique de **M. Dubois ainé**.

(*Parlé.*) Messieurs et mesdames, nous vous offrons, avec notre publicité universelle, la gloire et la fortune; parlez, demandez, commandez. Auriez-vous par hasard une maison à vendre, une fille à marier, un fils à établir, une charge à acheter, une mauvaise affaire à poursuivre ou une place à offrir? donnez-vous seulement la peine de desserrer les dents, et un petit peu les cordons de votre bourse.

Par l'entremise de nos affiches, vous pouvez vous placer, vous marier, vous habiller, vous restaurer, et vous ruiner même, si cela vous fait plaisir, et tout cela pour rien ou presque rien. Craignez-vous le feu, nous avons les assurances contre l'incendie. Redouteriez-vous les chiens enragés, les voitures, les fluxions de poitrine, la vapeur, les maux de nerfs, les explosions sur les chemins de fer ou les coliques d'estomac, venez à nous! Nous avons les assurances sur la vie, au moyen desquelles vous pouvez mourir sur les deux oreilles sans craindre pour l'avenir de vos héritiers; vous pouvez même, grâce à l'intervention d'une autre société, régler vous-même votre programme d'inhumation, et arranger votre cérémonie funèbre d'une manière confortable et même fashionable, ce qui est toujours agréable. Enfin, aimez-vous le thé, le café ou le nafé, le chocolat, le kaïffa, le tapioka, ou tout autre produit exotique ou indigène? parlez, faites-vous inscrire; il y a place pour tout le monde!

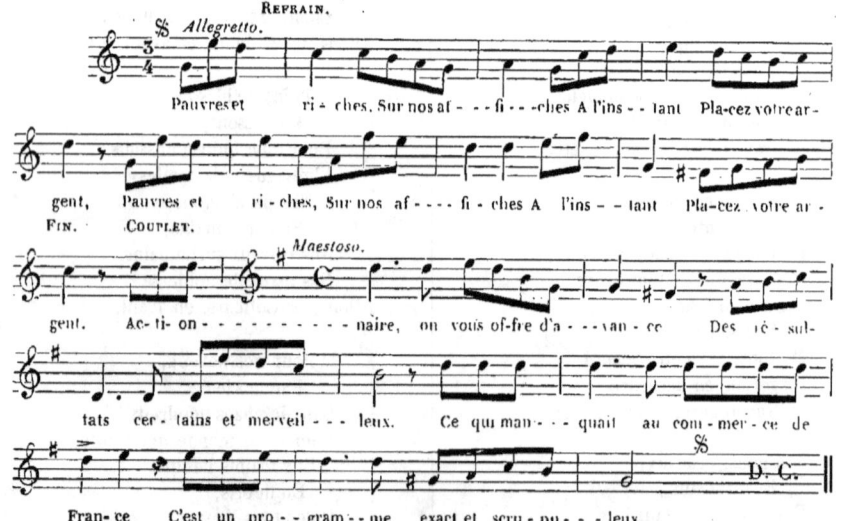

(*Parlé.*) En effet, quoi de plus utile que cette fabuleuse publicité! car, messieurs, nous tirons chaque jour à cent milliards neuf cents millions trois cent quatre-vingt-dix-sept mille cinq cent soixante-quinze exemplaires, que nous allons répandre jusqu'aux antipodes les plus reculés du monde civilisé!

Depuis longtemps, MM. les membres de toutes les facultés se les épuisaient à trouver un plan quelconque pour redresser les vues louches : il s'agissait, comme vous voyez, de rendre à une partie de l'espèce humaine son plus bel ornement! Frappé de cet inconvénient, le docteur Louchœil résolut de détruire jusque dans sa racine ce mal défigurant, cet inconvénient inconvenant, sous ce rapport surtout que les yeux étant le miroir de l'âme, on concevait des personnes louches une opinion fausse et détournée, en remarquant qu'elles vous voyaient d'un mauvais œil, et qu'elles avaient sans cesse un air de vous regarder de travers. Le docteur Louchœil a donc résolu cet étonnant problème, ce qui lui a valu trois médailles d'or et cinq brevets d'invention !!!

          Pauvres et riches, etc.

On trouve ici des biens et des richesses,
Et des emplois dans de bonnes maisons;
Aux vieux garçons nous offrons des duchesses,
De grosses dots avec ou sans blasons.

(*Parlé.*) M. Vuillaume fait savoir aux personnes qui désireraient se marier, qu'il tient un incomparable assortiment de veufs, de veuves, de fils et de filles de famille, bruns, blonds, roux, noirs, châtains ou cendrés, au choix des demandeurs, et qu'il se contente d'une légère commission, tout en garantissant la vertu des épouses et la moralité des maris, au moins pour une année, selon l'usage du commerce!

Pommade du Lion! Prodige de la Chimie! pour faire pousser instantanément les cheveux, moustaches, favoris, etc.; avis aux personnes qui voudraient convertir un chien à poil ras en épagneul, ou un simple matou en magnifique angora. Se bien méfier de la concurrence qui exploite la réputation de cette pommade en vendant à la place de la graisse de dromadaire, qui fait pousser des bosses à la tête au lieu de cheveux, ce qui présente un grand inconvénient, surtout pour les personnes mariées.

Pauvres et riches, etc.

Par ce moyen, sans aucun préambule,
Nous publions des secrets importants;
Pommade, essence, avec ou sans formule,
Trouvent leur place en ce livre étonnant.

(*Parlé.*) Qu'on le dise aux personnes atteintes de phthisie, d'hypocondrie, de pulmonie, de paralysie, d'hydropisie, d'ophthalmie ou d'hydrophobie. Rien ne résiste à l'effet prodigieux de la graine de moutarde blanche: qui convient aux moutards, comme généralement à tout individu des deux sexes ou autres.

La moutarde monte au nez quand on entend vanter les produits de la médecine usuelle! les purgatifs les plus noirs pâlissent de honte à l'aspect de la moutarde blanche, de cette moutarde, la reine des antidotes, l'impératrice des contre-poisons.

La duchesse de Blaguinski avait depuis longtemps son domicile infecté de rats, qu'elle cherchait à détruire au moyen de boulettes empoisonnées. Mais l'infortunée, ayant eu la maladresse de placer un sac de graine de moutarde à proximité des boulettes, non-seulement l'effet du poison fut détruit par cet antidote, mais les rats devinrent d'une telle grosseur, qu'ils défièrent les chats les plus aguerris, et qu'au bout d'un mois, cette malheureuse duchesse fut obligée d'abandonner son domicile.

Pauvres et riches, etc.

Enfin, messieurs, nous ouvrons nos colonnes
Aux vieux tendrons qu'on cherche à marier,
Aux remplaçants, aux portières, aux bonnes,
Au gros marchand, au notaire, au banquier.

(*Parlé.*) M. Gannal prévient les personnes qui désireraient se faire embaumer, qu'il a découvert un procédé chimique avec lequel on va remplacer les statues des grands hommes qui ornent nos jardins publics, par le personnage lui-même, embaumé au moyen d'une légère incision pratiquée au gras de la jambe.

Ce procédé, qui empêche toute espèce de corruption, convient éminemment à messieurs les journalistes, députés, pairs de France, ministres ou autres hommes d'État, qu'on voudrait conserver purs et intacts à l'histoire et à la postérité.

Pauvres et riches, etc.

LA PRÉVOYANCE.

Air : *De la neige* (de Debraux).

Assez longtemps, en joyeux sans souci,
J'ai fait sauter ma vaisselle de poche :
Je suis garçon; mais demain, Dieu merci,
J'épouse Lise, et Lise est sans reproche.
Que parmi vous, messieurs, plus d'un vaurien
Jette sur moi la maligne épigramme;
Pour s'amuser, qu'il mange tout son bien;
Moi, maintenant, qui n'ai presque plus rien,
    Je le conserve pour ma femme.

Dans nos salons, comme au quartier latin,
Grâce au progrès qui tous nous émancipe,
Le bon ton veut que le sexe lutin
Fume aujourd'hui son cigare ou sa pipe.
O mes amis! que je serais flatté
Si ma moitié singeait la grande dame!
Aussi quelqu'un, l'autre jour, m'a prêté
Un brûle... bouche assez bien culotté :
    Je le conserve pour ma femme.

Ma vieille tante, en mourant, m'a laissé
Un sansonnet pour unique héritage;
Un savetier m'en offrait l'an passé
Trois francs dix sous, et me laissait la cage.
Vendre un oiseau qu'on apporta du Pecq,
Pour le priver du peu d'air qu'il réclame,
Oh! non, jamais! j'aurais le cœur trop sec;
Il dit si bien : « Veux-tu taire ton bec! »
    Je le conserve pour ma femme.

J'avais jadis un caniche à poil ras,
Et vous savez si l'espèce en est rare.
Nous nous aimions; mais un matin, hélas!
Mon chien se noie au milieu d'une mare.
Les souvenirs parfois savent toucher :
Il m'en reste un de mon pauvre Pyrame,
C'est un gourdin que j'ai soin de cacher,
Qui l'empêcha bien souvent de broncher :
    Je le conserve pour ma femme. E. BERTHIER.

LES JOYEUX.

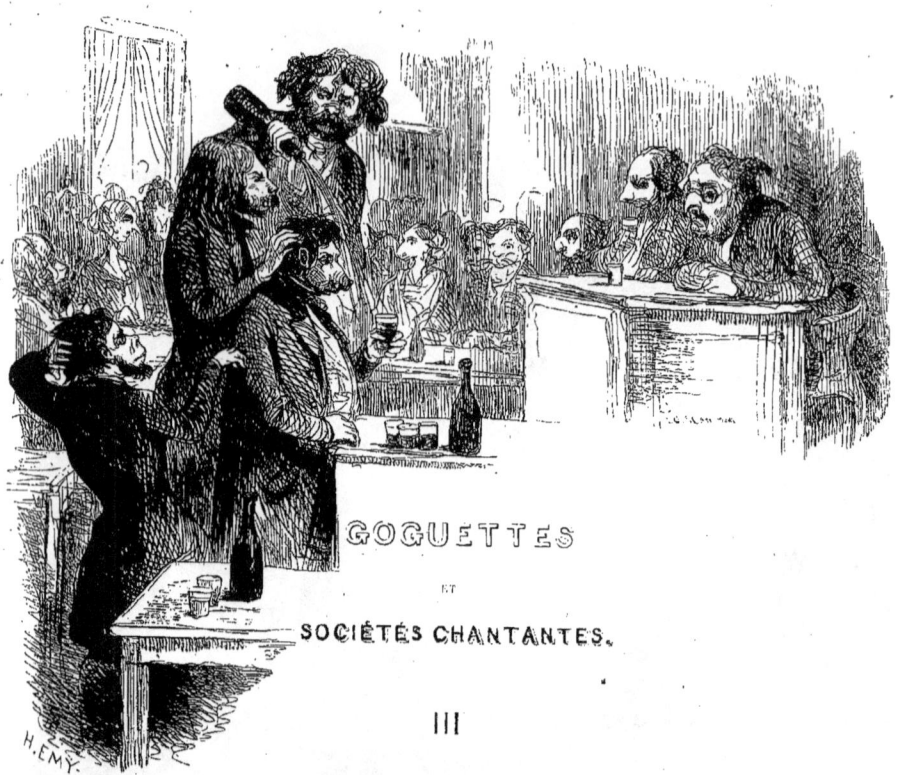

GOGUETTES
ET
SOCIÉTÉS CHANTANTES.

III

LES ANIMAUX.

L'homme est un animal à deux pieds, sans plumes.

Cette maxime de haute psychologie n'a guère été professée que par deux écoles philosophiques, aussi dignes l'une que l'autre de vivre dans la mémoire de tous les amis de la raison.

Ce fut dans les jardins d'Académus, à Athènes, que les platoniciens révélèrent pour la première fois, au monde étonné, les rapports intimes et nombreux qui lient la race humaine à la race animale, et malgré les épigrammes de Diogène, cette proposition ne laisse pas que d'être soutenue avec beaucoup d'honneur.

Néanmoins, les traditions de la saine philosophie s'étant affaiblies, la bestialité humaine allait perdant peu à peu de ses adeptes, lorsque tout récemment, dans un cabaret borgne de la rue de la Vannerie, des philosophes en blouse et en casquette ressuscitèrent l'axiome posé plus de vingt siècles auparavant sous les portiques athéniens. Mais plus rigoureux que Platon, ils ont accepté bravement le nom de la chose, et, se reconnaissant bêtes, ils se sont appelés *Animaux*. Cet événement nous paraît devoir dater dans l'histoire des idées, et nous le recommandons à Messieurs de la Sorbonne comme un des plus beaux cas de philosophie cataleptique qu'on ait observé depuis Nabuchodonosor jusqu'à ce jour. La goguette des *Animaux* est, d'ailleurs, une protestation précieuse contre les subtilités de M. Cousin.

Les philosophes de la rue de la Vannerie n'ont pas craint de reconnaître dans l'homme tous les instincts qui font du roi de la création le plus animal des animaux connus.

« L'homme, ont-ils dit, est un animal de toutes les manières, par la figure comme par les passions. Il embrasse, dans ses variétés innombrables, les quatre grandes divisions zoologiques ; il est vautour ou hibou, rat ou lion, vipère ou hareng saur, car nul animal n'est plus animal que l'homme! »

C'est par suite de ces magnifiques découvertes que le bouchon de la rue de la Vannerie recèle dans la personne de ses habitués une ménagerie qui eût fait pleurer d'attendrissement défunt M. de Jouffroy lui-même. Les *Animaux*, admettant, d'ailleurs, avec Descartes, toute l'importance du langage philosophique, ont étayé leur système d'un argot aussi riche que figuré. Le président du cénacle s'appelle le *Moucheron*, en vertu du privilége dont il jouit de bourdonner beaucoup pour ne rien dire. Le marchand de vin chez qui se tient l'assemblée se nomme le *Terrier*, parce que son local ressemble plutôt à une cave qu'à un boudoir. Le *Cricri*, c'est le maître des chants, animal monotone et soporifique. *Carter*, ce fameux dompteur de bêtes féroces, est devenu le plus impérieux des commandements, et signifie *silence!* La séance s'ouvre par ces mots : *La grille est ouverte!* La formule des libations est celle-ci : *Du vin dans les auges!* Les battements de mains sont proscrits comme indignes de tout animal honnête, et la satisfaction s'exprime en frappant sur la table, de la patte ou du sabot. Le visiteur, par un sentiment d'hospitalité fort remarquable, a été nommé *Rossignol*. Quand un *Rossignol* veut passer bête, on ferme la grille et l'on procède à la cérémonie du baptême. Le *Moucheron* monte sur la table, tenant dans ses pattes un verre de trois-six médiocrement coupé, et le néophyte est introduit. Il faut que le jeune aspirant vide l'*auge* sans la plus légère grimace, en récompense de quoi le *Lion* lui impose les griffes et le *Sapajou* le consacre au râtelier par un geste sublime, ce geste qui déploie si bien les grâces du gamin de Paris! La cérémonie se termine par une aspersion d'eau fraîche que le nouvel animal reçoit sur les oreilles, après quoi on l'émancipe par ces mots : *Va, tu es bête!* — Les *Animaux*, pensant avec Figaro que la femme est une créature aussi décevante que perfide, ne lui infligent jamais le baptême et ne l'admettent qu'à titre de visiteuse sous le pseudonyme de *Fauvette*. Du reste, comme toutes les sociétés plus ou moins symboliques, celle des *Animaux* a son rituel et ses mystères, dont on peut voir les traces dans quelques rimes de leurs chansons.

> De bons principes tous imbus,
> Et du progrès suivant la marche,
> Nous fondons une nouvelle arche,
> Dans le déluge des abus.

Bornons-nous à ces quelques traits rapides, car le soin d'un dernier croquis nous réclame. Et, en effet, nous pardonnerait-on d'avoir parlé des goguettes sans que le nom des *Joyeux* soit venu de lui-même se placer sous notre plume ? Les *Joyeux* sont aujourd'hui la plus ancienne des sociétés chantantes. Ils datent d'une époque où il fallait rire à tout prix, sous peine de mourir de peur... Ils sont nés aux vendanges de septembre 1792.

LES JOYEUX.

Connaissez-vous le savant Matheüs Kleper? Le savant Matheüs Kleper vivait au seizième siècle ; c'était un sceptique de l'école d'Érasme et de Mélanchton, un brave homme au demeurant, mais un peu paradoxal, comme tous les rêveurs de la Germanie.

Ce Matheüs Kleper écrivit donc un in-folio de six cents pages, d'une fort belle latinité, qu'on peut encore voir dans la bibliothèque de Cronstadt.

Il prouva, dans cet in-folio de six cents pages, que c'était une erreur, un préjugé, une hérésie damnable et digne de la géhenne, *gehenna digna heresia*, que d'insinuer, comme on l'avait fait depuis une soixantaine de siècles, que la jeunesse était préférable à la vieillesse, et que le bel âge d'un homme se comptait depuis trente jusqu'à quarante ans. Il établit, lui, cent quatre-vingt-dix-huit chefs de preuve, qu'il subdivisa chacune en trente demi-preuves ou présomptions, *res probatæ*, lesquelles toutes déduisirent de la façon la plus triomphante cette vérité désormais inattaquable, à savoir : qu'un homme, pour peu qu'il se respecte, ne peut décemment se réjouir d'être en ce monde qu'au moment de le quitter, et que

> Les vieux, les vieux,
> Sont des gens heureux,
> Vivent les vieux !

Nous avons de justes motifs pour croire que c'est en vertu des cinq mille neuf cent quarante raisons du digne Matheüs Kleper, de Cronstadt, que s'est fondée, à Belleville, la goguette connue sous la dénomination de *Joyeux*. Pour faire partie de cette société, éminemment amie de la *vieille* gaieté française, il faut prouver, par acte de l'état civil, ou par notoriété publique, qu'on a passé l'âge de la soixantaine, et produire comme pièces à l'appui :

1° Une mâchoire veuve de toute espèce de molaire ou incisive ;
2° Un crâne du poli le plus incontestable.
La perruque est tolérée.

Ils sont là une quarantaine de vénérables lurons qui passent leur temps à déblatérer contre ces impertinents blancs-becs dont les dents tiennent encore, marauds qui n'ont même pas la cinquantaine, et qui se permettent de fumer ou de boire tout comme de grandes personnes. Les *Joyeux* n'apprécient Béranger que depuis dix ans, et déplorent qu'un aussi grand homme se soit tu juste au moment où une caducité convenable lui permettait de se produire. Mais ils professent pour Anacréon une admiration sans bornes, attendu que ce *Joyeux* antique est représenté pinçant de la lyre avec une barbe antédiluvienne. Convenons, au surplus, que les roses ne vont pas du tout mal sur une chevelure d'argent.

Quoi qu'il en soit, les *Joyeux* de Belleville ont ceci d'heureux, pour la plupart, vu leurs infirmités requises, qu'ils chantent comme des sourds et rient comme des bossus. Leur plus bel apanage est l'esprit de fraternité qui règne parmi ces doyens du Parnasse.

Les statuts de la réunion portent en termes formels que ceux de MM. les membres atteints de cécité sont tenus de se montrer aveugles pour les faiblesses de leurs dignes camarades, et que les borgnes ne doivent rien voir que d'un bon œil. Du reste, ce qui fait le charme de ces assemblées, c'est que les *Joyeux*, revenus pour le plus grand nombre des vaines ambitions du monde, et travaillés de la goutte ou des rhumatismes, courent très-peu après les honneurs, et ne se donnent aucun mouvement pour être du comité. De là, point de cabales, point de brigues, point de déchirements intérieurs, et si, par hasard, un agitateur se manifeste, on sait fort bien qu'une quinte de toux fera tôt ou tard justice de ses prétentions oratoires.

Cependant, il faut tout dire, une fois, une seule fois, à l'origine du club, surgit une discussion bruyante, et le malheur voulut que l'assemblée criât longtemps sans pouvoir s'entendre ; on se doute bien pourquoi. L'objet de la querelle portait sur un point passablement délicat : *Admettra-t-on des dames dans la goguette?* et le principe une fois établi, les JOYEUSES *devront-elles faire la preuve de leurs douze lustres accomplis?* Trois partis se formèrent. Parmi ceux qui voulaient l'admission des dames, les uns prétendaient qu'elles fussent encore ingambes et sortables... On appela ces bons vieux gaillards, les *Boutons de rose* ; les autres, qu'on nomma les *Juste-milieu*, plaidaient pour qu'on admît seulement les dames douées de leur quarantaine ; mais les *Intraitables* prêchaient pour le maintien des mœurs, et s'obstinèrent à ne vouloir d'autres pucelles parmi eux que les neuf sœurs d'Apollon, filles on ne peut plus majeures et vertus éprouvées, qui offraient toutes les garanties désirables de chasteté de cœur et de maturité de corps. Comme dans beaucoup d'autres circonstances, ce fut le juste-milieu qui l'emporta ; mais lorsqu'on voulut appliquer le règlement et convier aux *Joyeux* tout le sexe de Belleville prouvant quarante hivers bien comptés, on attendit vainement ces dames ; aucune ne se présenta. Les recherches les plus minutieuses eurent pour effet de constater qu'il n'y avait pas dans tout Belleville une seule dame ayant atteint cette honorable quarantaine. Chacune, au contraire, affirma sous serment qu'elle était indigne de faire partie du club, et, depuis ce jour, il n'est pas d'exemple qu'aucune d'elles ait cessé de prétendre à cette indignité.

Les *Joyeux* se sont vus forcés de s'en tenir donc aux neuf femelles hors d'âge de l'Hélicon, et les *Intraitables* triomphent. Mais les *Boutons de roses* et les *Juste-milieu* se consolent de ce régime forcé en répétant avec les bons habitants du Maine :

> Exempts du tendre embarras
> Qui maigrit l'espèce humaine...

ce qui est fort bien, mais ce qui n'empêche pas les dames de Belleville de laisser chanter ces Nestor et ces Mathusalem, sans, pour leur compte, se trop presser de vieillir.

Marc Fournier.

UNE MÈRE.

Paroles de M. EUGÈNE LESAGE, musique de M. ADRIEN FIELD.

Chantée par Mlle Méquillet, de l'Académie royale de Musique, au concert de l'Hôtel-de-Ville.

Viens, mon en-fant, viens, ma fil - - - - le ché- - ri - - e, Toi dont la vie est vier-ge de tour-ments; Viens re-po- - -ser ta tê-te si jo-li-e Sur ces ge-noux qui t'ont ber-cé long-temps. Fer-me tes yeux, et sans crain-te som-meil-le; Comme au-tre-fois je t'en-dors en chan-tant, Et près de toi ta mère est là qui veil-le; Sur mes ge-noux dors en paix, mon en-fant. Au-près de toi ta mère est là qui veil-le; Sur mes ge-noux dors en paix, mon en-fant.

Mais quand un jour dans ton âme si pure
Tu sentiras naître un feu dévorant,
La fleur des champs qui sert à ta parure
Ne saura plus rendre ton cœur content.
Ta bouche alors ne sera plus vermeille,
Tes yeux perdront leur éclat séduisant,
Mais près de toi ta mère est là qui veille;
Sur mes genoux dors en paix, mon enfant.

Tu dors déjà, quel magique délire
Vient captiver ton sommeil innocent?
J'ai vu glisser sur ta bouche un sourire;
Ton cœur peut-être à moi pense à présent.

Ton front pâlit... Quelle crainte t'éveille;
Dans tes beaux yeux l'effroi se peint, pourtant
Auprès de toi ta mère est là qui veille;
Sur mes genoux dors en paix, mon enfant.

Le plus beau jour n'est jamais sans nuage,
Près du plaisir est placé le chagrin.
Sur toi jamais si grondait quelque orage,
Viens déposer tes peines dans mon sein.
Mais bannissons une crainte pareille,
Car l'avenir pour toi sera brillant;
Puis, près de toi ta mère est là qui veille,
Sur mes genoux dors en paix, mon enfant.

LES LORETTES.

Air : Du Páris de Surène.

On m'a dit que des phalanges
De grâces et de péris,
Sous des figures d'archanges,
Ont volé jusqu'à Paris;
Sans préjugés, sans collerettes,
Vivant dans le demi-jour,
Et que baptisa l'Amour
Du joli nom de Lorettes.

Ces charmantes pèlerines
Laissent surprendre leurs cœurs,
Et, pareilles aux Sabines,
Pardonnent à leurs vainqueurs.
Un bon lit, une chaufferette ;
Cinquante écus de loyer,
Son amant pour mobilier...
C'est le bien de la Lorette.

Créoles par caractère,
S'occupant dans leur réduit,
Tout le jour, à ne rien faire,
Soupirant après la nuit !
Lisant des chroniques secrètes,
Ou faisant un entrechat,
Et puis caressant leur chat,
C'est le travail des Lorettes.

Lionnes, très-peu barbares,
Sur le sein de leur Giaour,
Elles fument dix cigares
Entre vingt baisers d'amour !
Puis illuminant leurs chambrettes
Des feux d'un punch éclatant,
Elles boivent en chantant
La royauté des Lorettes.

Pour que le ciel les protége,
Elles suivent le sermon ;
Dans l'église, sur son siége,
Chacune a gravé son nom.
Quêtant pour doubler la recette,
Leurs beaux yeux font tant donner !...
Qu'on choisit, pour se damner,
Notre-Dame de Lorette.

J'en sais une adroite et fine,
Qu'un président adora.
Et sous son manteau d'hermine
La friponne se fourra.
Il épousa notre grisette..
O Nabuchodonosor !
Qui croit avoir un trésor,
Et qui n'a qu'une Lorette.

Femme à vertus rétrogrades,
Désirant céder son fonds,
Elle offre à ses camarades,
Cinq ou six bruns et trois blonds ;
En jouissance, si l'on traite,
Ce soir même on entrera...
Mais dans six mois on rendra
Ces amants à la Lorette !

Dans ce temps où la morale
Expire sous le sifflet,
Ne criez pas au scandale,
Au refrain de mon couplet.
Mais plutôt, conteurs de fleurettes,
Qui buvez du vin sans eau,
Plantez tous votre drapeau
Dans le boudoir des Lorettes.

ROCHEFORT.

L'EMBARRAS DU CHOIX,

Chansonnette chantée par Mlle Léontine au théâtre de la Gaieté.

Paroles et musique de **M. E. BOURGET**.

Épous'-rai-j' Grand-Pierre ou P'tit Pierre? É-pous'-rai-j' Gros-Jean ou P'tit Jean? É-pous'-rai-j' Grand-Pierre ou P'tit-Pierre? P'tit-Pierre ou Grand-Pierre, Ou ben, ou ben... ou ben P'tit-Jean, Ou Gros-Jean?

1er Couplet.

En tr'eux quatre je balotte, Car tous quat' ils m'font la cour, Et moi, qui ne suis pas sotte, J'les écoute tour à tour; Avec l'un j'vas à la danse, De l'autr' j'accepte le bras; A Pierr' j'donn' de l'espérance A Jean je ne l'ôte pas.

(*Parlé.*) Dame, c'est embarrassant tout de même... ils sont si gentils chacun dans son genre... et aimables donc!... Seigneur de Dieu, que ces êtres-là sont aimables à eux quatre!... Petit-Jean surtout qui me flanque des tapes toutes les fois qu'y me rencontre, que je finirai par en devenir *pomonique*... Ah! ben oui, mais il a un trop grand nez... faut être juste, il a un nez affligeant... j'ai toujours peur qu'y se crève un œil avec... ce qui fait que je me dis:

Épous'rai-je, etc.

Grand-Pierr' dans un' compagnie
Pourrait êtr' tambour-major;
Il jou' du cor d'harmonie,
Et moi j'aim' fièr'ment le cor.
Les doux regards qu'y m'envoie
Sont ben aimabl', sur ma foi,
Et mêm', lorsqu'il tire à l'oie,
Ses yeux sont fixés sur moi.

(*Parlé.*) Il est vrai qu'y louche... mais c'est égal, c'est un gars bien adroit. Toujours il gagne le prix et y m'apporte c'tte bête... je l'empaille avec des marrons... tout partout. Et comme y découpe! et qué galanterie! y m'offre toujours l' morceau l' plus délicat... le *gigier* ou ben l' cou... mais c'est égal, foi d' Nanette, ça ne me décide pas...

Épous'rai-je, etc.

* Se trouve, avec accompagnement de piano ou de guitare, chez M. Nadaud, rue Vivienne, 32.

On dit comm' ça qu' la meunière
Appell' P'tit-Pierr' son chéri...
Moi je sais ben que P'tit-Pierre
Voudrait ben êtr' mon mari.
Mais l'autr' soir, à la veillée,
Gros-Jean, d'un air douloureux,
M' disait qu' ma mine éveillée
Lui f'sait fair' des rêv' affreux.

(*Parlé.*) Et y a pas à dire, c'est que Gros-Jean, c'est l' coq du village... il est pus finaud qu' not' bédeau... y jase queuque fois avec M. le curé, et même avec l' brigadier d' la gendarmerie... Oh! y sait causer!... et malin, quoi!... toujours le mot pour rire... l'autre soir encore, v'là t'y pas qu'y s'était déguisé en *Loup-garou*... avec un grand drap blanc sur la tête... et puis qu'il arrive par derrière moi, en criant : Hou! hou! hou! que j'ai tombé à la renvarse, et que j'ai manqué en mourir de peur... Et au lavoir donc, pendant que j'échangeais not' linge, n' m'a t'y pas vidé un grand sciau d'eau tout plein à raze sur la tête, que j'en ai eu la fièvre pendant plus d' quinze jours... En v'là un fameux farceur!... eh ben! malgré tous ses agréments j'hésite et je m' dis :

Épous'rai-je, etc.

Mais y a trop longtemps qu' ça traine,
Sur moi l'on f'rait du cancan :
A la Saint-Martin prochaine
J' s'rai Mam' Pierr' ou ben Mam' Jean.
Si j' continuais davantage
A fair' des difficultés,
On croirait dans le village
Que j'ai des difformités.

(*Parlé.*) C'est dommage que j' puisse pas les épouser tous les quatre à la fois... mais le *Coq civil* ne l' permettrait pas... Tiens! que j' suis simple... et le veuvage donc?.. y n'a pas été inventé pour les nentilles... ma tante Potichou s'est bien remariée cinq fois... Allons, allons v'là qu'est dit :

Commençons d'abord par Grand-Pierre,
Après ça j'épous'rai P'tit-Jean,
Après ça j'épous'rai P'tit-Pierre,
J'épous'rai P'tit-Pierre,
Et puis... Et puis, j' finirai par Gros-Jean.

L'HOPITAL.

Air : Gai! Gai!

Gai! gai! qu'un coup fatal
 Vous condamne
 A la tisane;
Gai! gai! rien au total,
Rien n'est tel qu'un hôpital.

L' roi qui vint nous visiter,
Rien qu'en voyant la cuisine,
Fut si content d' sa bonn' mine
Qu'i' n' voulut plus la goûter.
 Gai! gai! etc.

Dans ma salle il traversa,
En disant à l'économe :
Mosieu, j' n'ai, foi d'honnête homme!
Jamais rien mangé comme ça.
 Gai! gai! etc.

Pour vous prouver qu'on est bien,
Au pied j'avais un' eng'lure,
On m' coup' la jambe, et j' vous jure
Qu'à présent j' n'en sens plus rien.
 Gai! gai! etc.

Avec sept ou huit pruneaux
On dîne au moins quinze ou seize!
Et pour dormir à son aise,
On soupe avec les noyaux!
 Gai! gai! etc.

L'autre jour, près de mon lit,
Le numéro deux expire;
On s' trompe, et sans me rien dire,
C'est moi qu'on ensevelit!
 Gai! gai! etc.

« Mes enfants! d' peur que l' démon
« N' vous tent', nous dit sœur Marie,
« Celui qui f'ra l' plus d' charpie
« Dimanche entendra l' sermon. »
 Gai! gai! etc.

J'ai du bouillon pour souper,
Et cett' bonn' sœur avec grâce
Me dit, chaq' fois qu'ell' m'en r'passe :
« Mon enfant, faut vous l' couper. »
 Gai! gai! etc.

J' voudrais vous y voir vraiment,
Avec la fièvr', la rougeole,
Et j' suis sûr, sur ma parole,
Qu' chacun d' vous serait content.
 Gai! gai! etc.

J. LEGROS.

LE GAMIN.

Paroles et musique de M. FESTEAU.

Mon immeuble est pas grevé,
J' fais la nique au garnisaire,
Pourtant j' suis propriétaire...
De la borne et du pavé.
   J' suis gamin, etc.

Philosophe de carr'fours,
L'or ne souille pas ma poche ;
Ma toupie et ma pigoche,
Voilà mes dieux, mes amours.
   J' suis gamin, etc.

Comptant j' solde mon écot
Où la faillousse m' transporte,
Maint' restaurateus' m'apporte
D' la friture et du coco.
   J' suis gamin, etc.

Dieu créa pour mon bonheur
Les disputes, les aubades,
Les bobêches, les glissades,
L' tapin et l'escamoteur.
   J' suis gamin, etc.

Parmi le peuple moutard,
J' suis juge et j' fais la police ;
C'est toujours avec justice
Que j'administre... un pétard.
   J' suis gamin, etc.

Bravant le qu'en dira-t-on,
Je spécule avec finesse,
Et j' fais la hausse et la baisse
Dans l' commerce d'hanneton.
   J' suis gamin, etc.

C'est pour moi, parol' d'honneur !
Qu' les sapins ont par derrière
Un siége, ousqu'à ma manière
J' m'étal' comme un grand seigneur.
   J' suis gamin, etc.

Pour mes croquis tout est bon ;
Sur les murailles j'expose ;
Mon muséum se compose
D' tableaux d'histoire au charbon...
   J' suis gamin, etc.

Mon civisme est renommé ;
C'est moi qui, du coin d' la rue,
J'ta l' premier trognon d' laitue
A c' pouvoir qu'est dégommé.
   J' suis gamin, etc.

Les dimanches, les lundis,
Aux acrobates j' m'élance ;
J' suis l' soutien, la providence,
Et le roi du paradis.
   J' suis gamin, etc.

LES AMOURS ROMANTIQUES.

Air : Vive le vin, et les grisettes en avant.

De l'amour selon le drame,
Voulant aussi filer la trame,
  J'ai pris pour cela
    Paméla,
  Qui tient à ce goût-là.
Mais aimer de la sorte,
Est un métier d'enfer ;
Mon âme est trop peu forte,
Mon corps n'est pas de fer.
  S'il faut être aussi
    Poétique,
    Merci !
Au diable l'amour romantique !
  Pour charmer mes jours,
    Lise, accours !
    Et toujours
En avant les folles amours !

Comment veux-tu que je t'aime ?
Me dit-elle, tu n'as pas même
  Sous un teint jauni,
    L'œil terni
  De monsieur Antony.
Ton embonpoint profane
Voudrait me plaire en vain ;
Ah ! deviens diaphane,
Et tu seras divin.
  S'il faut être aussi, etc.

Repoussant ma gaillardise,
Elle ajoute : Comme Héloïse,
  J'aimerais vraiment
    Un amant
  Qui fût tout sentiment ;
Mais ce qui meut ton âme
N'est qu'un mondain ressort.
Pour épurer ta flamme,
Veux-tu subir son sort ?
  S'il faut être aussi, etc.

Aime-t-on sans jalousie !
Reprend-elle avec frénésie.
  Offre à tel ou tel
    Un cartel,
  Pour un combat mortel.
Tu seras, s'il succombe,
Quitte pour un remord ;
Si c'est toi, sur ta tombe
J'irai pleurer ta mort.
  S'il faut être aussi, etc.

Homme, veux-tu mon estime ?
Pour moi commets un petit crime,
  Et puis d'un banal
    Tribunal
  Subis l'arrêt fatal ;
Et si, loin de ta belle
Tu languis en prison,
N'as-tu pas la ficelle,
Le fer ou le poison ?
  S'il faut être aussi, etc.

Au lieu d'un chant de bombance
Il faudrait rimer la romance,
  Chanter nos douleurs,
    Nos malheurs,
  Les yeux mouillés de pleurs ;
De la mélancolie
Afficher le bon ton,
Ou passer, pour folie,
Six mois à Charenton.
  S'il faut être aussi, etc.

Pour être heureux, ma Lisette,
Vivent le vaurien, la grisette !
  Reviens ! nos désirs,
    Nos loisirs
  Seront tout aux plaisirs.
Jouir par fantaisie,
Ne s'affliger de rien,
Voilà la poésie
D'un franc épicurien.
  S'il faut être aussi, etc.

CHANU.

LES MOINES DE SAINT-JEAN-DES-VIGNES.

Notre bon abbé s'y résigne,
Sommelier, ferme à la consigne !
Apporte, apporte, et du meilleur ;
C'est aujourd'hui la Chandeleur !

Fêtons vaillamment nos insignes,
Frères, et chantons tous en chœur :
« Les moines de Saint-Jean-des-Vignes
« Sont dans les vignes du Seigneur ! »

ORIGINE DU MOT GOGUETTE.

Le célèbre Ménage, qui fait dériver le mot *laquais* du mot latin *verna*, donne *goguette* comme un dérivé de *gogue*; or, comme il le prouve admirablement, avec du latin de Scaliger et du grec d'Érotien, *gogue* signifie *du boudin*. Une goguette est donc...... le reste va de soi. Un autre étymologiste tire ce mot du vieux breton *gog*, qui veut dire satire. Trop d'érudition est parfois un mal.

     Faut du *savoir*, pas trop n'en faut :
     L'excès en tout est un défaut.

Nous pensons, comme Val-Hébert, que goguette vient du latin *gaudium* (joie), et voici par quel chemin. Au temps de Philippe Ier, appelé vulgairement Philippe le Farceur, dans la seconde moitié du onzième siècle, il y avait devers Tours un rude et fier capitaine, du nom de Hugues, lequel s'était permis certaines forfaictures et félonies à l'encontre des religieux tourangeaux, et de plus maintes privautés et gaillardes apertises sur les gentes Tourangelles. Bons vins, sacs d'or et baisers mignons, le sire prenait toujours quelque chose. Il était lieutenant du roi, et sentait que bien des choses lui étaient permises. Les dames souffrirent et se turent, elles étaient si indulgentes (c'était en 1074) ! mais les moines furent moins patients. Le pape reçut des plaintes, et, un beau matin, le terrible soudart fut mandé en cour de Rome. Dans ces temps-là on

ne plaisantait pas avec l'autorité du saint-père; il lui fallut se soumettre et convenir de ses faits. Le pontife Grégoire VII lui imposa, en expiation de sa vie licencieuse, l'obligation de fonder une abbaye, et de prier Dieu, jour et nuit...... par procuration.

Le noble sire obéit, en vrai catholique, et, comme Philippe venait de le nommer gouverneur de Château-Thierry, il fonda une abbaye à Soissons, sous les yeux de monseigneur Théobald, son évêque. Hélas! faut-il le dire, le dynaste de Château-Thierry ne s'était pas converti. L'habitude est une seconde nature, pour ne pas dire une première, et l'homme est bien faible, surtout quand il est fort et puissant, comme le fondateur de Saint-Jean-des-Monts. Pendant que les révérends pères adressaient au ciel

> Maintes dévotes oraisons,
> Et des psaumes, et des leçons,
> Et des versets, et des répons;

le sir Hugo continuait à rançonner clercs et vilains, à pourchasser les gentilles Champagnoles, comme il avait fourragé les agaçantes Tourangelles. Mais tout a une fin dans ce monde; Hugues se fit vieux et impotent, et, cédant aux sollicitations de son évêque, il quitta sérieusement la voie du péché : c'est toujours comme cela. De plus, comme il avait certains remords de conscience, comme il avait tant pillé, tant ripaillé et tant cajolé, qu'il se sentait en avance sur les bonnes œuvres des moines d'au moins cinquante pour cent, en débiteur équitable, il voulut se mettre au pair. D'immenses terrains qui entouraient l'abbaye, et qu'il avait volés, furent plantés de vignes et concédés aux religieux. Ceux-ci donnèrent, en échange, au gouverneur la plus belle des absolutions. Sir Hugues eut une mort sans trouble, et les moines burent le vin sans eau. De là Saint-Jean-des-Monts s'appela Saint-Jean-aux-Vignes. Un pieux abbé, voyant avec douleur que les bons pères vidaient les futailles beaucoup plus consciencieusement qu'ils ne récitaient les offices, fixa des limites à la dépense journalière, et créa la *pitance*. Les religieux durent s'y soumettre, mais ils obtinrent, en échange, qu'à certains jours de l'année (on eut soin de les désigner assez fréquents), il serait permis de se régaler à *joyeuseté*, et de boire sans compte et sans contrôle. Les moines, qui ne parlaient que latin, appelaient ces repas *gaudiata*, ou *godiata* (joyeusetés). De là est venu le mot *godièle* ou *goguette*.

La règle de Saint-Jean-des-Vignes fit école; on s'empressa de l'adopter, et même les couvents se régalèrent réciproquement de la *goguette*, aux saints jours, bien entendu, et pour la plus grande gloire de Dieu. Un vénérable abbé de Saint-Jean, Pierre Legris, rapporte dans ses chroniques, écrites au quatorzième siècle, qu'il a retrouvé dans les archives de l'abbaye un vieux *memorandum*, où se lisait cette phrase : *Hodie, dominus abbas debet vinum gaudiatæ canonicis sancti Gervasii* (aujourd'hui M. l'abbé régale du vin de goguette les chanoines de Saint-Gervais). Or, cet *aujourd'hui* était le jour de la Purification de la Vierge! Qu'on dise encore que fréquenter les goguettes n'est pas une œuvre sainte.

.... L. G. (*de B.*)

ARCHIVES DE LA CHANSON.

LE PATRON DES CHANTEURS.

C'était à la fin du cinquième siècle, alors que le redouté Clovis venait de laisser à chacun de ses enfants un lambeau de sa vaste monarchie. Un vénérable religieux chevauchait paisiblement à l'amble de sa monture sur le chemin qui conduisait à Brives-la-Gaillarde. Dans un moment où la pente du terrain le forçait à mettre au pas, il entendit, non loin, la voix d'un adolescent cheminant comme lui, mais dans un sentier parallèle au chemin et séparé par une haie. Cette voix, remarquablement sonore et pure, jetait au vent des champs une *laisse* vive et gaie, en langue romane, modulée, par contraste, sur un de ces airs mélancoliques et tendres qu'affectionnaient alors les précurseurs des troubadours. Invinciblement attiré par la suavité de cette cantilène, l'abbé de Cornom écouta, l'âme tout entière à l'audition, les octains qui suivent, et dont nous donnons une *imitation*, pour ceux des lecteurs qui ne comprendraient pas le français embryonnaire de l'époque.

Auiez romancelle De gente pucelle; Onc n'haut quem' icelle Ue Dus n' Empreor; Ue ueid ill' Hespaigne, Au Franc au Bretaigne, Borgond ne Behaigne, Bard ne jugleor.	Écoutez chanson gentille D'une belle jeune fille, Effaçant l'éclat qui brille Chez les dames de la cour; Chez le Frank, chez l'Anglais à la lèvre vermeille, Des plaines de Grenade aux rives de la Seine, Jamais ne vit telle merveille Ni jongleur, ni troubadour.

Le sujet était un peu mondain pour l'ouïe de sa Révérence, mais la romancelle lui semblait gracieuse, et Dieu ne damne pas pour si peu les gens. L'abbé écouta encore :

Li geine est rosée, Labelle ambrosée, Lie ciere basée D'oros zephyrot; Arde cler visée, Tettine alosée, Dolce reposée Del fin arcierot.	Voyez, elle sourit d'aise; Sa lèvre, petite fraise, Et son front de lis que baise Le souffle léger des bois; Sous le feu du désir, son œil pur étincelle, Sur sa gorge s'endort la raison qui chancelle, Et son sein de neige recelle Le malin dieu du carquois.

La chansonnette prenait un peu d'aise, et l'abbé délibérait, *in petto*, si la règle monastique permettait d'en entendre davantage, pendant que l'insoucieux paysan commençait le troisième octain, que nous allons traduire du bout des doigts et en y touchant le moins possible.

Pel aubr, essaurée, Spine camerée, All' amor parée; Ueyr ha gardinet, Mais brach nif et lisse, Rondine coïsse, Dorette faitisse, Polli sadinet.	Vois cette peau blonde et blanche, Le doux contour de sa hanche, Cette taille qui se penche, Pour demander de l'amour; Vois son bras de Junon, sa démarche de reine, Puis au temple d'amour l'albâtre sous l'ébène, La tiède sœur de l'Hippocrène, Et le bosquet d'alentour.

A ce dernier trait l'abbé bondit comme un léopard blessé d'une flèche, et saisissant le bras de l'enfant :

« Veux-tu bien te taire, malheureux, et ne pas chanter ainsi ! »

Le paysan, plus surpris qu'effrayé, leva vivement la face, et, montrant au religieux un front qui eût fait l'admiration d'un galliste, lui répondit nonchalamment :

« Mon père, je m'ennuie quand je suis seul, et je chante pour abréger le temps. »

A la vue de cette physionomie candide, de ce grand œil bleu au regard placide et calme, image d'une intelligente innocence, l'abbé sentit mourir tout son courroux ; l'enfant pouvait comprendre les mots de sa chansonnette, mais évidemment il n'y attachait aucun sens. Prudent comme un confesseur, le sage religieux fit dévier la conversation, et sut bientôt que cet enfant, marchant ainsi par le pays les pieds nus et vêtu de haillons, était un rejeton de noble race, le fils d'un seigneur gaulois du nom de Georges, et de Léocadie, patrice romaine, de sang grec, et issue de Vettius Épagathe martyrisé à Lyon, sous Marc-Aurèle. C'est que les conquérants sicambres laissaient de cruelles traces de leur passage !!!

A quelque temps de là, il n'était bruit dans la contrée que du jeune enfant de chœur qui chantait si bien à l'abbaye de Cornom. Un chroniqueur, presque contemporain, dit positivement que sa voix admirable *enlevait* les assistants. Quintien, évêque de Clermont, eut nouvelle de ce phénomène, et voulut juger par lui-même. Le jeune Gallus (Gaulois) le séduisit au point qu'il l'emmena à l'évêché, résolu à ne plus s'en séparer. Il le fit instruire et l'ordonna diacre ; mais, hélas ! — « l'évêque propose et le roi dispose. » — Théodoric, roi d'Austrasie, possédait l'Auvergne, et la reine, dit-on, possédait Théodoric, comme cela doit être. Elle aussi, elle connut de réputation le talent merveilleux du diacre Gal (*Gallus*) et voulut l'entendre.

Désir de femme est un feu qui dévore.

Le chantre si mélodieux vint à la cour ; la reine l'entendit et le garda ; tant pis pour l'évêque ! Le diacre fit donc les délices de la reine par ses chants, pendant qu'il servait le roi en secrétaire habile et zélé. Mais l'évêché de Clermont vint à vaquer ; l'Auvergne en masse demanda le secrétaire royal pour pasteur. Théodoric s'y refusa d'abord, mais des députés venus de Clermont avec pas mal de sacs d'or firent valoir des arguments si péremptoires, que la reine elle-même dut céder. Celui qu'un moine avait enlevé à sa famille, qu'un évêque avait ravi à un couvent, qu'un roi avait soufflé à un évêque, fut arraché à la cour par un diocèse, en attendant que Dieu l'appelât au ciel. Après avoir édifié les hommes par ses vertus, et surtout par une continence qu'on dit avoir été absolue, l'évêque passa dans une vie meilleure, et jusqu'à nos jours on a honoré saint Gal comme le patron des chanteurs. *Tout finit par des chansons*, dit un refrain ; dans cette vie étonnante, au contraire, la chanson s'est trouvée au commencement.

.... LÉON G. (*de Bern.*)

SATANAS.

Paroles et musique de **M. FESTEAU**.

Hier dans un ardent délire, Satan m'apparut soudain, Sur sa face on voyait luire L'ironie et le dédain. Plein d'effroi je lançai vite Au séducteur hypocrite Mon goupillon par le nez. Eh! eh! eh! eh! eh! eh! eh! eh! eh! Mais en léchant l'eau bénite Satanas a ricané. Sa — ta — nas a ri — ca — né.

Puis des tableaux, des squelettes
A moi s'offrent vaguement ;
Le diable met ses lunettes
Et prend l'ancien Testament.
Voyant dans certain passage :
Dieu fit l'homme à son image,
Au ciel l'ayant destiné,
Eh! eh! eh! eh! eh! eh! eh!
En égratignant la page,
Satanas a ricané.

J'entrevois une chapelle
Où s'unissent deux époux ;
La conjointe est tendre et belle,
Le conjoint, vieux et jaloux.
Le flambeau sacré s'allume ;
Sans briller il se consume
Pour un hymen suranné :
Eh! eh! eh! eh! eh! eh! eh!
Et sur la mèche qui fume
Satanas a ricané.

La scène change... et dans Rome
J'entre au milieu du sénat ;
Là, maint fœtus de grand homme
Disait : *J'ai sauvé l'État.*
Plein d'ardeur patriotique,
Chacun, du laurier civique,
S'est lui-même couronné,
Eh! eh! eh! eh! eh! eh! eh!
Dans la tribune publique,
Satanas a ricané.

Sur un pré, je vois Fanchette
Qu'un lourdaud vient d'attaquer,
Dans sa chute sur l'herbette.
J'entends son sabot craquer ;
En vain elle dit au drille
De couvrir la peccadille
D'un contrat bien griffonné.
Eh! eh! eh! eh! eh! eh! eh!
Quand tu tombas, pauvre fille !
Satanas a ricané.

Écoutez, le canon gronde!
L'empereur possède un fils ;
L'heureux père, au sort, au monde
Jette de hautains défis ;
En sa somptueuse échoppe
Plus d'un roi tombe en syncope
Grâce au bambin nouveau-né.
Eh! eh! eh! eh! eh! eh! eh!
En tirant son horoscope,
Satanas a ricané.

Je vois trépasser l'élève
Du fameux Machiavel ;
Sur une estrade, on élève
Le transfuge de l'autel :
Dans un pamphlet apocryphe,
Je vois Talleyrand pontife
D'auréole couronné,
Eh! eh! eh! eh! eh! eh! eh!
Mais, en aiguisant sa griffe,
Satanas a ricané.

Pour un combat héroïque
On illumine Paris...
Monarchie et république
Confondent leurs vœux, leurs cris ;
On se dit de proche en proche :
Quel beau jour! puisqu'il rapproche
Gouvernant et gouverné.
Eh! eh! eh! eh! eh! eh! eh!
Au son lointain de la cloche,
Satanas a ricané.

D'un vieux portefeuille il tire
Les archives du trépas,
Où le destin vient inscrire
Les mortels sautant le pas.
Pesant les vertus, les vices,
Et triant avec délices
Chaque élu, chaque damné,
Eh! eh! eh! eh! eh! eh! eh!
En comptant ses bénéfices,
Satanas a ricané

Enfin, une main m'éveille,
En écartant mon rideau,
Et l'on crie à mon oreille :
C'est le docteur Sangrado...
Soudain, comme un coup d'optique,
Le prestige diabolique
A l'enfer est retourné.
Eh! eh! eh! eh! eh! eh! eh!
En me montrant l'empirique,
Satanas a ricané.

LES BRIGANDS.

Air : Faut d' la vertu, etc.

Dans les romans, les mélodrames,
Quand je vois brigands ou bandits
Posséder châteaux, bijoux, femmes,
Presque en soupirant je me dis :
Ah! que les brigands sont heureux!
Le bonheur n'est fait que pour eux.

Les brigands ne sont jamais chiches
De beaux traits, d'élans généreux,
Et lorsqu'on les voit prendre aux riches,
C'est pour donner aux malheureux.
Ah! que les brigands, etc.

D'honnêtes gens ont six étages
Pour arriver dans leurs grabats !
Mais les brigands, pour leurs usages,
Ont des appartements par bas.
Ah! que les brigands, etc.

A l'honnête homme sans ressource
On prête, mais impoliment ;
Aux brigands on donne sa bourse
Sans attendre un remerciment.
Ah! que les brigands, etc.

D'honnêtes gens sont près des femmes
Reçus parfois avec courroux ;
Les brigands ont de grandes dames
Qui se jettent à leurs genoux.
Ah! que les brigands, etc.

Bref, qu'un pauvre homme à pied voyage,
Un fourgon le prend en passant ;
Le brigand veut-il équipage,
Soudain tout le monde en descend.
Ah! que les brigands, etc.

L'honnête homme écrit des histoires,
Mais son nom n'est pas en crédit.
Le brigand écrit ses mémoires,
Chacun les achète et les lit.
Ah! que les brigands, etc.

Si ma chanson a su vous plaire,
Quoique avec un refrain volé,
Trop heureux de vous satisfaire,
Je me dirai tout consolé :
Ah! que les brigands, etc.

JULIEN LEGROS.

L'AMOUR A CHEVAL,

romance sentimentale,

Par Mlle Verginie, cuisinière à l'usage des dragons, cuirassiers, hussards et lanciers.

Paroles de **M. Jacinthe Leclere.** Musique de **M. Constantin.**

La cava-l'rie c'est pas des char-ges. Et ça s'rait, j'crois, mon vrai ba-lot, Moi qu' j'a-dor' les mous-tach' lar-ges Et l' senti--ment m'né z'au ga-lop... Et l'senti-ment m'né z'au ga--lop... D'rès qu' jen--tends un air de trom-pét-te V'là qu' tout' d' suit' mou cœur le ré--pè-te, Mais c'est le trom-bo-le sur--tout Qui rou-coul' le plus à mon goût. Aus-si j'veux d'un lan--cier, Hus-sard, dra-gon ou cui-ras-sier Aus---si j'veux d'un lan--cier, Hus-sard, dra--gon ou cui--ras---sier.

J' crois pourtant qu' c'est l' lancier que j'aime.
Un jour que j' lardais un foi d' veau,
Sa lance à mon cœur en fit d' même.
Qu'il était beau sous son drapeau !
Mais le lancier c'est bien cosaque ;
On prétend qu'y vous tourn' casaque,
Sitôt que c' joli fripon-là
Vous a pris le peu d' chos' qu'on a.
   Tant pis, etc.

Au dragon mon âme est ouverte,
Sa couleur m'irait joliment ;
Mais souvent c't' uniforme *verte*
Cache un lézard, un vrai serpent.
Près de vous huit jours il frétille,
Puis tout à coup comme un' anguille
Son amour vous coul' de la main.
C'est si peu t'nace un cœur humain !
   Tant pis, etc.

L' cuirassier a soin de vous dire
Qu'il est ferré sus l' sentiment,
Et qu' s'il se montre dur à cuire
Ça tient à son habillement.
Il mène avec la mêm' rudesse
Son poulet d'Inde et sa maîtresse.
Aussi jamais ne se piqu'-t-il
D'êtr' bien à ch'val sus l' Coq civil.
 Tant pis, etc.

Viv' l'huzard pour aimer un' fille !
Ce n'est pas grand, mais c'est adroit.
Près d' sa bell' si queuqu' z'un s' tortille,
Son bancal le fait marcher droit.
Mais d' peur de se rendre infidèles,
Ils prenn'nt à la fois sept, huit belles.

Des fois mêm' ces fameux lurons
Se les r'pass'nt par demi-quart'rons.
 Tant pis, etc.

Mais j'entends un' voix qui me crie :
Contente-toi de ton piou-piou.
N' te lanc' pas dans la caval'rie,
Pour un' fill' c'est un vrai cass' cou.
Avec eux t'en verrais des bleues,
Sans compter les tours et les queues.
D'ailleurs un' fill' d' bonnes maisons
Doit bien prendr' garde à ses liaisons,
 Surtout en fait d' dragons
 D'huzards, de cuirassiers
 Ou lanciers.

NAPOLÉON ET SES VIEUX GROGNARDS,

chant militaire.

Air : J' veux d' la morale à bon marché (Festeau).

« Pour l'Italie, il faut qu'on parte !
« Grenadiers, reformez vos rangs, »
Disait le jeune *Bonaparte*
A ses belliqueux vétérans.
« Inactifs, l'affreuse détresse
« Vous laisse sans pain, sans secours :
« Venez chercher gloire et richesse !... »
Les vieux grognards marchaient toujours !

« Votre tâche n'est pas remplie :
« Soldats, pour illustrer vos noms,
« Quittez la fertile Italie
« Pour les déserts des Pharaons.
« Bientôt l'écho des Pyramides
« Dira le bruit de nos tambours ;
« Battez les enfants des Numides !... »
Les vieux grognards marchaient toujours !

Au vieux coq de la république
Succède l'aigle impérial ;
Et la consulaire tunique
Se change en un manteau royal.
« Votre empereur, sourd aux alarmes,
« Réclame encor votre concours ;
« Sur le Rhin, reportez vos armes !.. »
Les vieux grognards marchaient toujours !

« Soldats, il reste encore à faire !
« Nous avons pris Vienne et Berlin ;
« Moscou m'est aussi nécessaire :
« Il nous faut camper au Kremlin !... »
Mais du Nord le climat l'arrête :
Hélas ! viennent les mauvais jours !
Napoléon bat en retraite !...
Les vieux grognards marchaient toujours !

Dans le fourreau rentre le glaive,
Car le géant est renversé !...
Plus menaçant il se relève ;
Sur son trône il s'est replacé.
« Enfants, dit-il à ses vieux braves,
« Pour nous venger, ici j'accours !
« Du pays, brisons les entraves !... »
Les vieux grognards marchaient toujours !

De *Waterloo*, de *Sainte-Hélène*
Taisons les revers, les douleurs :
Les restes du grand capitaine
Ont trouvé de glorieux pleurs !!!..
Quand, dans sa France bien-aimée,
Revint la victime des cours,
On vit encor la grande armée !...
Les vieux grognards marchaient toujours !

Justin Cabassol.

L'AMOUR DES CLOCHES.

Paroles de **M. Dollet**, musique de **M. Croisez**.

C'é-tait jour de Pâ-ques-Fleu-ri-e; La clo-che ca-ril-lon-nait, Et dans sa dou-ce rê-ve-rie, U-ne jeu-ne fille é-cou-tait. C'é-tait Jean-ne la va-ga-bon-de, Qui chante au coin des car-re-fours, Qui chante au coin des car-re-fours; Jean-ne qui n'ai-me rien au mon-de Que les clo-ches ses a-mours; Jean-ne qui n'ai-me rien au mon-de Que les clo-ches ses a-mours.

Près d'elle passé un capitaine,
  Seigneur favori du roi,
Qui lui dit : Sois ma souveraine,
Viens, tous mes trésors sont à toi.
Mais le doux carillon résonne.
Elle répond aux beaux discours :
Non, je ne veux aimer personne
  Que la cloche mes amours.

Enfin vint le grand jour de Pâques;
  Jeanne monte au vieux clocher,
Puis elle dit au sonneur Jacques :
Jusqu'ici je viens te chercher,

Pauvre ange privé de mes ailes,
J'ai monté dans tes vieilles tours
Pour mieux voir les nids d'hirondelles
  Et les cloches mes amours.

Il était laid, pauvre et sauvage,
  Mais comme il était sonneur.
Il n'en fallait pas davantage,
  Pour elle c'était le bonheur.
Aussi quelques jours après Pâques,
  La chanteuse des carrefours
Se fit nommer madame Jacques,
  Pour vivre avec ses amours.

SOUVENIRS D'ENFANT.

Air : Du vaudeville du *Château perdu*.

Je l'aperçois cet humble toit de chaume
Où le bonheur guida mes premiers pas;

Ma vieille église et son modeste dôme,
Oh! pour mon cœur que ces lieux ont d'appas!

Mon front, ridé par de longs jours d'orage,
Plus radieux voit ce vallon charmant.
Soucis, fuyez, je revois mon village !
Oh ! laissez-moi mes souvenirs d'enfant !..

La voilà bien, cette vieille chaumière,
Asile heureux avec ses murs tout noirs ;
C'est sur ce banc, près du seuil, que ma mère
Sur ses genoux m'endormait tous les soirs.
Age paisible où la moindre caresse
Peut dissiper le chagrin le plus grand,
Vers toi nos yeux se retournent sans cesse ;
Ils sont si doux les souvenirs d'enfant !

Du vieux château je revois les tourelles ;
Quel est ce bruit ? je l'entendis souvent,
C'est le moulin, je vois ses grandes ailes
Tourner au loin sous le souffle du vent.
Là, du ruisseau la course vagabonde
Creusant son lit le transforme en torrent.
Combien de fois j'ai joué dans son onde...
Rien n'est si doux qu'un souvenir d'enfant !

Combien ces champs que la moisson couronne
Furent par moi dépouillés de leurs fleurs !
Je crois encor, quand arrivait l'automne,
Entendre ici le chant des vendangeurs.
Là, je venais sur le bord de la route
Voir nos soldats passer tambour battant.
Chut ! taisez-vous, que mon oreille écoute...
Non !.. ce n'est rien qu'un souvenir d'enfant !

Arbres touffus, qui vîtes mon jeune âge,
Ainsi que moi déjà vous voilà vieux !
Je me berçais d'une riante image,
Mais sur mon front blanchissent mes cheveux !
Moment si doux où notre âme ravie
Dans le passé revoit un ciel brillant...
Heureux qui peut au déclin de la vie
Avoir encor des souvenirs d'enfant !...

ALFRED BOUCHARD.

PROJETS DE SUICIDE.

Air : Gai ! gai ! marions-nous !

Gai ! gai ! c'est trop souffrir !
   Mon Adèle
   Est infidèle !
Gai ! gai ! c'est trop souffrir !
C'en est fait, je veux mourir.

Le charbon pourrait fort bien
Terminer ma triste vie ;
Mais j'ai peur d'un incendie,
Cherchons un autre moyen.
   Gai ! gai ! etc.

Des tours Notre-Dame, hélas !
Si je faisais la culbute,
Non, je craindrais, dans ma chute,
D'assommer quelqu'un en bas.
   Gai ! gai ! etc.

On peut trouver le trépas
En se brûlant la cervelle,
Mais tu dois savoir, ma belle,
Que tes amants n'en ont pas.
   Gai ! gai ! etc.

Hier, je vis un flacon
Oublié dans une armoire ;
C'est du poison ; — j'en veux boire !
J'en bois, c'était du mâcon.
   Gai ! gai ! etc.

Irai-je encore, entre nous,
Me pendre ? — la corde casse.
Me noyer ? — un bateau passe,
On vous sauve malgré vous.
   Gai ! gai ! etc.

Il est un remède enfin !
Grâce au commerce, à la gêne,
On peut aujourd'hui sans peine
Mourir aisément de faim.
   Gai ! gai ! etc.

Je commençais à jeûner,
Lorsqu'un ami de bamboches,
Sans égard pour mes reproches,
Vint m'inviter à dîner.
   Gai ! gai ! etc.

Enfin je mangeai, je bus,
Et je vins à la goguette,
Pour attendre une comète
Ou le choléra-morbus.
   Gai ! gai ! etc.

JULIEN LEGRÓS.

TYPES CARNAVALESQUES.

Madame Angot. — 1804.

Jocrisse. — 1810.

Cadet Buteux. — 1820.

Le Débardeur. — 1840.

LE
ROI CHICARD.

Ceci n'est absolument qu'une préface écrite pour une chansonnette. Notre confrère et spirituel collaborateur M. E. Bourget a bien voulu destiner aux lecteurs du *Paris chantant* une de ces charmantes parades qu'il trouve et qu'il arrange si bien ; et, comme cette plaisanterie doit avoir pour objet les tribulations de M. Chicard, sa mort et son enterrement, on nous a prié d'initier auparavant le public à l'existence de cet illustre Chicard, dont le règne a duré plusieurs années, et durerait peut-être encore, si nous n'étions pas tous un peu comme le paysan d'Athènes qui se sentit un jour fort ennuyé des mérites d'Aristide.

Nous chercherions vainement dans les fastes du carnaval un nom plus justement célèbre que celui de Chicard. Madame Angot, cette personnification satirique des parvenus du directoire, le Malin, cet autre symbole de l'orgueilleuse naïveté du peuple, le Merlan, le Jocrisse, le Cadet Buteux, tous ces types, en un mot, où se reproduisaient, assez vivement du reste, les prétentions d'une classe nouvellement affranchie, n'étaient, après tout, que des êtres de raison, dont la consistance s'arrêtait au costume. L'homme qui se costumait ainsi ne participait que fort peu à l'idée que son extérieur réveillait; on se mettait en Merlan comme on se fût mis en Pierrot. Il en résulta que l'acteur, manquant presque toujours au rôle, peu à peu le rôle se perdit et s'oublia, si bien que de l'acteur, du rôle, de l'idée, il ne resta bientôt que l'habit défiguré.

Mais Chicard, lui, est non-seulement une vérité morale, c'est surtout, et de plus, une réalité physique. Chicard, comme le Malin, résume toute une série d'idées, toute une classe d'individus; mais où Chicard l'emporte sur le Malin, c'est que Chicard est une personne avant d'être une personnification, un homme en chair et en os avant d'être une idée. De là cette conséquence naturelle que le costume de Chicard n'ayant pas été livré au caprice ou à l'ignorance du premier venu, ce costume est demeuré jusqu'à présent fidèle à son sens originel, et que c'est à ce respect de la forme que Chicard a dû sans doute la durée de sa puissance. La forme est tout, dit Brid'Oison.

Mais, enfin, qu'est-ce que Chicard et que signifie Chicard? C'est ici que notre tâche commence, et nous ne dissimulerons pas notre embarras. Non que nous ne sachions que répondre aux deux chefs de cette question délicate, mais trouverons-nous des expressions assez adroitement combinées pour être compris de tout le monde et pour ne choquer personne? Nous en doutons un peu, nous en doutons même beaucoup; mais nous avons promis d'écrire... Écrivons.

Ceux qui firent une révolution, en 1830, pour avoir un gouvernement à bon marché, comme on disait alors, et pour dîner à la cour, du même coup se donnèrent un *roi citoyen* dans le domaine du plaisir, pour mettre ce plaisir à juste prix et pour que ce plaisir fût accessible à tous. On sait que la bourgeoisie débutait alors dans le monde, et que la bourgeoisie n'est pas dépensière; c'est même là son plus léger défaut. Quoi qu'il en soit, on voulut régner, s'amuser, bavarder et danser, faire des lois, voter, régenter, brailler et se travestir, devenir ministre et débardeur, titi, pair de France, paillasse et député, le tout dans les conditions voulues d'une économie *citoyenne*. Le droguiste décréta qu'il irait au bal de la cour tout aussi bien qu'au bal de l'Opéra. Les marchands de chandelles s'assirent au Luxembourg. On convint d'être de tout, de goûter à tout, de s'emparer de tout. Il y avait encore quelques débris de noblesse, tout le monde se fit baron; il y avait un Louvre, on encombra Versailles; il y avait Molière, on divinisa M. Scribe; il y avait des courtisanes, on créa des lorettes; il y avait la danse, on inventa le cancan. La statue se fit statuette, Pradier céda le sceptre à Dantan, et le marbre devint carton-pierre. Nous étions dans la demi-fortune jusque par-dessus les yeux.

Alors Chicard parut, et Chicard fut salué roi! Devant le grand Chicard, devant Chicard Ier, les deux battants de l'Opéra s'ouvrirent, de l'Opéra où la veille encore régnaient les gentilshommes de la chambre et M. de la Rochefoucauld! Mais le roi

Chicard était le roi de notre choix, le roi de la révolution, mieux encore, c'était le roi des vainqueurs... Vive le roi Chicard !

Qu'est-ce à dire? que regrettez-vous? que demandez-vous? Hier, dans ce foyer, dans ces couloirs, au fond de ces loges, sous ce masque et sous ce domino, l'esprit pétillait, dites-vous, et courait d'une bouche à l'autre, en croisant mille traits et mille éclairs....Qu'est-ce que cela nous fait?

Hier, on avait encore pour dieux et pour déesses, l'amour, la galanterie, le beau langage, le savoir-vivre... Qu'est-ce que cela nous fait?

Hier, il y avait par là des femmes ravissantes de grâces que l'intrigue mêlait à des cavaliers accomplis, à des seigneurs de belle noblesse et d'excellentes manières... Qu'est-ce que cela nous fait?

Aujourd'hui, messieurs, nous avons le roi Chicard, type complet, vivante allégorie, miroir fidèle où toute l'époque se regarde et se reconnaît. Chicard a, lui aussi, sa cour et ses courtisans. Chicandards et Balochards, tous se pressent autour de cette majesté crasseuse, dont le costume est lui-même une révélation piquante. Il n'y a pas une guenille dans cet accoutrement qui ne soit une allégorie ou une allusion. Le casque de pompier que porte Chicard rappelle, dit-on, un singulier épisode des douze dernières années, que l'histoire transmettra peut-être accompagné de commentaires sur l'emploi de la seringue en matière de pathologie politique. L'habit de Chicard, dont l'exagération ridicule parodie assez bien l'ancien frac à la française, offre dans sa physionomie quelque chose du Bourgeois et du Robert Macaire, touchant mélange de bassesse, de bonhomie, d'astuce et d'impudence qui se reproduit jusque dans les accessoires du costume. Chicard porte des gants à *la Crispin*, des bottes de *Matamore*, et une épaulette *citoyenne* suspendue sur sa poitrine en guise de décoration... On ne saurait être plus flatteur !

M. Chicard, ainsi accoutré, eut tout de suite autant de succès parmi certaines gens qu'en put avoir M. de Roquelaure au dix-septième siècle, et M. de Fronsac au dix-huitième : on voulut le voir, l'entendre, l'imiter, on se passa ses calembours, on se redit ses jeux de mots, on ne parla plus que de lui. Il fit fureur.

Peut-être s'étonnera-t-on que ce soit en France, à Paris, dans la patrie du bel esprit, dans l'Attique moderne, à ce qu'on prétend, que s'est accompli ce phénomène d'un homme charmant toute une ville avec des gestes crapuleux, un costume ignoble, des yeux hébétés et des mains rouges. Le mot du problème est dans ceci : Roquelaure faisait rire Louis XIV, ce qui avait bien quelque mérite alors, mais M. Chicard a fait rire Georges Dandin, et l'on sait que Georges Dandin est aujourd'hui un seigneur bien autrement puissant que Louis XIV.

Il est résulté de là que Georges Dandin, ne se sentant pas d'aise, et voulant donner à son favori quelque marque de sa munificence, lui donna le sceptre des beaux esprits parisiens. Ce n'était pas la première fois que Georges Dandin faisait un roi. C'est même une de ses plus chères habitudes, que de jeter une couronne à la tête de quiconque sait le flatter ou l'amuser.

Chicard, ainsi couronné roi, comprit fort bien que de l'élégance, de belles manières, de la distinction le perdraient dans l'esprit de ceux qui ne détestent le passé que parce qu'ils en sont jaloux. Cela lui allait à merveille, et Chicard n'eut pas de peine à se donner un air satisfaisant de balourdise et de vulgarité. Dès sa première invasion dans le foyer de l'Opéra, son allure avinée, ses trois ou quatre gros mots invariables, tracèrent un vide respectueux autour de sa personne sacrée, et cet isolement charma les Balochards... Il ne lui fallait plus qu'un mot pour devenir illustre. Ce mot, il eut le bonheur de le trouver et l'à-propos de le dire. Apercevant dans un coin retiré du foyer un jeune cavalier engagé dans un colloque fort vif avec un domino : « En v'là deux, dit-il, qui ne se tiennent plus qu'à *cinq sous*... » Un seigneur d'autrefois eût peut-être dit cent louis, et eût été hué ; les *cinq sous* triomphèrent.

Tout cela était bel et bon, mais si le roi Chicard avait eu le malheur de n'être après tout qu'un de ces rapins joyeux, vivant de pain sec et de génie, Chicard eût été perdu. Mais loin de là ; Sa Majesté fit tout de suite savoir qu'elle possédait deux des plus belles vertus cardinales, — une signature escomptable, — des rentes sur le grand-livre, — et que pas un bourgeois au monde ne lui en eût remontré sur la façon de traiter les affaires et de gagner de l'argent. Chicard, envisagé comme personne privée, était marchand de cuirs, s'amassait de gros bénéfices, faisait la petite banque, et eût écorché une puce pour en tanner la peau. Dès que ce prodige fut connu, l'on ne se borna plus à l'estime, on passa de l'engouement au fanatisme. On apprit que Chicard, dans les plus folles nuits du carnaval, alors que les pièces de vingt francs ne valent plus vingt sous, s'en venait au bal en socques et en riflard, confiait le riflard et les socques à une ouvreuse de sa connaissance, et que ce prince des fous, qui n'était point le plus fou des princes, *chaloupait* toute la nuit, aux yeux de la foule émerveillée, sans dépenser au delà de soixante-quinze centimes, prix d'une flûte et d'un petit verre... Une de ces nuits-là, le roi Chicard se promenait suivi de ses courtisans dans les couloirs de l'Opéra ; un masque pris de vin, qui portait, dit-on, le costume de la marine anglaise, vient à lui, le reconnaît et l'insulte. Chicard savait par cœur le catéchisme poissard, et le débitait avec assez d'à-propos. La querelle s'échauffe ; l'Anglais s'approche jusque sous le nez de son antagoniste, et là, se posant en personnage tragique, il lui dit de l'air de don Fracasse : Chicard, as-tu de la valeur? — De la valeur, peut-être, mais *des valeurs*, toujours, répondit en pirouettant Sa Majesté Chicarde. Ce jour-là fut son apothéose.

On a vu plus d'une fois Chicard se soustraire, vers six heures du matin, aux séductions du quadrille, reprendre ses socques et son parapluie, et s'acheminer à pied, comme le dernier des titis, vers une maison du quartier Saint-Martin où il possède une chambre qu'il appelle *sa Tour de Nesle*. Il donne ordinairement le bras à un petit débardeur femelle d'assez pauvre tournure, dont il a conquis les bonnes grâces en admettant la pauvrette au partage de ses soixante quinze centimes de consommation. En fait de conquêtes, nul n'est plus modeste que le roi Chicard. On monte cinq étages, on arrive, on introduit le tendre objet dans une pièce mal meublée de douze pieds carrés, et comme la matinée est froide en diable, que l'eau de la carafe est gelée, et que Chicard n'allume jamais de feu sous l'insidieux prétexte que sa cheminée fume, *le dieu de la gaieté parisienne* invite sa moitié passagère à se mettre au lit, et à tâcher de dormir en attendant son retour. Chicard va donc sortir? Où peut-il aller par ce temps et à cette heure? Vous ne devinez pas? M. Chicard ôte soigneusement son habit, son casque, ses bottes et ses gantelets. Il endosse un paletot sac assez généralement connu, chausse de gros souliers à doubles semelles, se coiffe d'un chapeau gris presque traditionnel, souhaite le bonjour au débardeur stupéfait, et s'achemine vers... — Vous ne devinez pas encore? — Vers les Abattoirs. Là, M. Chicard se fait représenter ses peaux, visite les bêtes abattues, compte ses cornes, examine, calcule et devine à un sou près l'état de ses affaires. Une heure auparavant, Chicard tenait cour plénière sous les trente lustres de l'Opéra, foulait les fleurs échappées dans le tourbillon des galops, étalait orgueilleusement son cynisme, et, dédaigneux sous ses guenilles souveraines, répondait à peine aux dix mille regards attachés à ses pas; une heure après, Chicard est ici, à la voirie, parmi des bœufs égorgés, les pieds dans une boue sanglante, entouré de ses *chourineurs* stupides, et troquant avec délices tous les parfums du bal contre un des miasmes de cette arène infecte. Et cet homme, répondez, n'est pas l'incarnation d'une époque où le négoce est roi! Ce mélange bizarre, inexplicable, impie de tout ce que le plaisir a de dévergondage, avec tout ce que le lucre a de ténacité, ce dédain affecté ou plutôt cette ignorance réelle du sens poétique au profit de Barême, cet escompteur, ce chiffre habillé qui danse, ce marchand de cuirs plus connu peut-être dans l'univers entier que Robert ou Géricault, tout cet assemblage de petitesse et d'importance, de calcul au milieu du rire, et de folie sans esprit, tout cela, répondez encore, ne représente pas en bloc cette majorité tyrannique, ce pouvoir victorieux dont les agents de change, les banquiers, les industriels, les épiciers et les droguistes sont la monnaie courante! Allons donc! Je vous le dis en vérité, il y a deux écussons en France, deux écussons souverains: le coq pour les braillards ambitieux, et les socques en sautoir sous le riflard de notre homme pour les boutiquiers en goguette!

Il ne faut pas croire que le Carnaval parisien, lorsqu'il vint offrir inopinément la couronne à M. Chicard, trouva ce garde national (Chicard est porte-drapeau dans sa légion) peu préparé à cette royale destinée. Chicard avait de longue main ambitionné le sceptre, et travaillait à se l'assurer depuis les premiers jours de la restauration. On le voit, dès 1820, ouvrir un bal et se faire une assez bonne clientèle parmi les garçons bouchers auxquels vinrent se joindre plus tard quelques fils de pairs de France. Grâce à ceux-ci, boudeurs d'un autre régime, et ralliés d'avance à la révolution future, ces bals acquirent un certain renom. Les femmes y étaient faciles, on y soupait à bon compte, on y coudoyait des ducs et pairs. C'en fut assez pour charmer le tiers état des rues Saint-Denis et Saint-Martin. On accourut en foule. Chicard n'a jamais eu d'esprit, mais dès cette époque il possédait le catéchisme poissard comme pas un, et vous le crachait aux oreilles avec une volubilité sans exemple. C'est peut-être, de tous les personnages augustes de ce monde, le bavard le plus déterminé. Rien ne résistait à ce flux de paroles accablant; Chicard n'était encore qu'un pauvre Sire, qu'il régnait déjà par l'intrépidité de sa langue. Ce fut bien autre chose lorsqu'une inspiration soudaine lui révéla le *cancan!* C'était une nuit, la salle regorgeait de billets payants, les femmes poussaient à un extravagant *béquillage*, Chicard rayonnait... Une velléité galante le saisit au milieu d'une pastourelle, il étreint sa danseuse, elle résiste, il la serre, l'enlève, et... et la *chaloupe* est trouvée! — Mais finissez donc, Chicard, murmure la fauvette effrayée, on va faire des cancans... — *Cancan!* répéta Chicard en délire, eh bien, que le *cancan* soit! — et le *cancan* fut!. . . . .

. . . . Il était dans la destinée de ce grand homme d'être le père de toute une génération de grimaciers et de sauteurs!

Au milieu de cette décadence du jeté battu de nos pères, et de l'élévation de Chicard au rang suprême, une idée se fit jour parmi les garçons bouchers de 1820, devenus pour la plupart électeurs patentés, capitaines de la garde nationale et membres du jury. Ils se dirent qu'ils étaient, eux, les maîtres de l'état de choses actuel, comme la gent nobiliaire l'avait été d'un autre siècle. Ils songèrent que cette gent blasonnée avait eu le Parc aux Cerfs et la Régence, les petites maisons et les petits soupers. Alors ils prièrent M. Chicard de leur fournir, à des conditions honnêtes, des petits soupers *régence*, et des nuits *Pompadour*; et Chicard, enchanté de faire quelque chose pour ses bouchers, leur donna *la Chicorée*.

Voici comment se pratique *la Chicorée*.

Vous allez au bal Mabille, ou au Prado d'été, lieux de délices où fleurissent les culottières en chambre et les brunisseuses de boutons. La première venue qui vous tombe sous la main se laisse prendre infailliblement à l'appât combiné d'un gigot à l'ail et d'un plat de haricots blancs. Vous enlevez cette Sabine affamée, vous la conduisez faubourg du Temple, au coin du boulevard ; vous pénétrez avec elle dans un salon de trente couverts déjà garnis de quatorze couples, et vous et votre Ariane vous formez le quinzième en prenant place à table. *La béquillade*, présidée par un amateur émérite, ne doit jamais dépasser le prix fixé de deux francs vingt-cinq centimes par tête... On raconte qu'un président fut destitué pour avoir, un soir de *Chicorée*, exposé les convives à une dépense de trois francs ! Du reste, liberté pleine et entière de serrer les genoux de sa dame et de se griser *comme un mousquetaire*. Ceux qui ont des peines de cœur sont seulement priés de passer au jardin. La chose se renouvelle tous les huit jours, et chaque année, au Carnaval, *la Chicorée* donne un bal qui prend le nom du patron. Cette nuit-là, on a des filles.

Marc Fournier.

(*La fin à la prochaine livraison.*)

La chansonnette de M. E. Bourget, accompagnée de *Scie funèbre*, complainte, épitaphe et illustrations, paraîtra dans la livraison prochaine, et fera suite à l'article ci-dessus, dont la fin précédera la parade, et servira de mise en scène pour l'intelligence du lecteur.

FLEUR DE CAROTTE! LA GOUAILLEUSE.

Dédiée à l'AUTEUR DES MYSTÈRES DE PARIS, et chantée par M. Gozora.

Paroles de **M. E. BOURGET**. Musique de **M. MARQUERIE**.

Comm' la timid' Fleur de Marie
J'aime le règne végétal,

J'aime surtout l' ciel de la Brie
Et son fromage national

Qui ne pousse jamais au mal.
Les échalot's et la civette
Sont pour moi d'un charme infini,
Et je préfèr' la ciboulette
A son petit rosier fleuri,
  Car (1), etc.

Je rêve un' belle hôtellerie
Où je ferai mes embarras ;
Ce n'est pas le rêv' de Marie.
Mais mon enseign'! comm' tu brill'ras.
Au *Bras d'Or!* je f'rai les beaux bras.
D'après le mien, je veux qu'on l' peigne,
Car dans l' pays quand on verra

Prendre mon bras pour une enseigne,
Tout l' mond' chez moi s'arrêtera...
  Car, etc.

Tous les goûts sont dans la nature;
Je deviendrai maîtress' d'hôtel :
Ce s'ra le seul moyen, je l' jure,
Le seul de m' conduire à l'autel,
J'en fais le serment solennel!...
Oui, c'en est fait, je me marie
Avec le chef du *Grand Croissant*!!!
Je m'établis, et je l' parie,
Tout ira, chez nous, en croissant.
  Car, etc.

JEANNE, JEANNETTE, JENNY.

Air : *Ma belle est la belle des belles.*

Jeanne à quinze ans était charmante :
Air de candeur, regard touchant,
Une fraîcheur éblouissante !
Elle était sage cependant.
Eh ! que lui faut-il davantage ?
Pourtant derrière elle on sourit,
Et chacun dit : C'est grand dommage
Qu'elle n'ait pas un grain d'esprit !

Jeanne à seize ans devint rêveuse;
Au magister elle eut recours ;
Ce jeune gars, d'humeur joyeuse,
La mit au fait en peu de jours.
Elle avait grand désir d'apprendre ;
Tant et si bien elle comprit,
Qu'elle eut du savoir à revendre,
Et qu'on disait : Qu'elle a d'esprit !

Ce n'est plus Jeanne l'innocente,
Enfant au timide maintien ;
C'est Jeannette la sémillante
Dont on recherche l'entretien.
Un jour le seigneur du village
Lui dit un mot : cela suffit.
Jeannette, hélas! n'était plus sage...
Elle avait déjà trop d'esprit.

A la ville il faut que je brille,
Se dit-elle, et déjà Paris
Se dispute l'aimable fille
Que l'on élève au plus haut prix.
Ce n'est plus Jeanne ni Jeannette
C'est *Jenny* que l'on applaudit ;
Point ne donne ce qui s'achète...
Chaque jour elle a plus d'esprit.

A la cour même elle est connue,
Ses moindres mots sont des arrêts ;
Elle écrit dans une Revue.
Décide à son gré des succès.
Cependant sa beauté se fane,
Dans son triomphe elle gémit ;
Elle voudrait être encor Jeanne,
Et n'avoir eu jamais d'esprit.

Contre nous quand l'âge s'avance,
Du temps le pénible progrès
Clôt la porte de l'espérance,
En ouvrant celle des regrets.
Fillettes, l'arbre de science
Ne vous donne qu'un fruit maudit ;
Conservez bien votre innocence ;
Simplicité vaut mieux qu'esprit.

BIGNON,
Membre du *Caveau*.

---

(1) Dans cette chansonnette, le couplet doit être chanté prétentieusement comme le couplet d'une romance, et le refrain très-rondement.

BRULOT, OU LE CHIFFONNIER NOCEUR.

Paroles et musique de **M. Édouard Donvé.**

En tout lieu j'roul' ma bos-se, En bra-vant l'tiers et l'quart, J'bou-lotte et j'fais la no-ce, J'bou-lotte et j'fais la no-ce Tout comm' monsieur Chi-cart, Tout comm' mon-sieur Chi-cart. Tan-tôt du vin d'Su--rè-ne, Ou du vin d'Ar-gen---teuil, Je fais mon Hip-po-crè-ne. On m'ap---pell' Pompe-à---l'OEil.

Sans pal'tot, sans capote,
Sus l'pavé, j'dors en r'pos;
Ma fortun', c'est ma hotte,
Et j' l'ai toujours sus l' dos.
En tous lieux j' roul' ma bosse,
En bravant, etc.

Je chante quand tu veilles,
Toi que l' destin fit roi!
Entouré de bouteilles,
Je suis plus roi que toi.
Car sans peur j' roul' ma bosse,
En bravant, etc.

Quand l' pouvoir fait la mine,
Grand, t' as l' nez rabattu ;
J' n'ai qu'un maît' qui m' domine,
C'est l' vin, quand j'ai trop bu.
Avec lui j' roul' ma bosse,
En bravant, etc.

Sans regret, j' vous l'atteste,
L'aut' soir au grand salon

J'ai dévoré ma veste
Et bu mon pantalon.
V'là comme j' roul' ma bosse,
En bravant, etc.

Entre nous plus d' ménage,
Dit ma femme en courroux ;
Gueusard, tu m' laiss's en gage
Pour un litre à quat' sous.
— Tais-toi ! fé' Carabosse,
Sinon j' tap' sus l' bécard.
J' boulotte et fais la noce
Tout comm' monsieur Chicard.

Pèr' Chicard qu'on renomme,
T' es môn Napoléon,
Pour la soif, ô grand homme !
On t' doit le Panthéon.
On lira sur ma fosse :
Ci-gît un vieux pochard
Qui finit f'sant la noce
Tout comm' monsieur Chicard.

BERTHE ET LE CHEVALIER.

Air : De l'Ermite.

« Berthe, au sommet d'un noir coteau,
Où l'aquilon mugit et gronde,
On voit les débris d'un château
Où les sorciers forment leur ronde.
A s'égarer seul en ces lieux
Malheur, malheur à qui s'expose...
Berthe, j'admire vos beaux yeux.
— Monseigneur, parlez d'autre chose.

— A ses vassaux le châtelain
Fit plus d'une guerre cruelle ;
Pour la beauté son chapelain
Brûla d'une ardeur criminelle.
Jamais du prêtre et du seigneur
L'âme en peine ne se repose...
Berthe, vous voir est mon bonheur.
— Monseigneur, parlez d'autre chose.

— Berthe, les hibous et les vents
Mêlent leurs cris dans les ténèbres,
Et des cyprès les fronts mouvants
Font craquer leurs rameaux funèbres ;
Les ronces couvrent les chemins ;
Il n'y fleurit aucune rose...
Berthe, j'aime vos blanches mains.
— Monseigneur, parlez d'autre chose.

— Assez, dit Berthe, et sans retard
Quittez le castel en silence !
— Non, jouvencelle, il est trop tard,
La tempête aux cieux se balance. »
Le chevalier ne descend pas ;
A son bonheur rien ne s'oppose,
Quoique Berthe dise tout bas :
Monseigneur, etc. P. LACHAMBEAUDIE.

MAIGRE CHANSON SUR LE BOEUF GRAS.

Air : Ma grand' mère, un soir, à sa fête. (BÉRANGER.)

Combien je regrette
Ses beaux pieds fendus,
Sa tête bien faite
Et ses reins dodus.
Ce bœuf si fort, si respectable,
Pesait deux mille ! — C'est fort beau !
Sa perte est vraiment regrettable :
Ici, j'en pleure comme un veau.
   Combien je regrette, etc.

En admirant sa vaste forme
Tout patenté se demandait :
« Quel est enfin le plus énorme
« Ou de ce bœuf, ou du budget ?...»
   Combien je regrette, etc.

Admire ses cornes, ma femme !
Disait le naïf *Cocardeau*,
— J'en connais (lui répond la dame)
Dont l'effet est vraiment plus beau.
   Combien je regrette, etc.

Un Anglais d'appétit honnête
Beuglait en se léchant le bec :
« Goddam ! on ferait de ce bête
« Un très-confortable *bifteck* ! »
   Combien je regrette, etc.

Je vis la gentille Charlotte,

Cordon bleu d'un homme puissant,
Sur un morceau de la culotte
Jeter un œil appétissant.
   Combien je regrette, etc.

Un gros ventru faisait entendre
Ces mots : « Allonge le jarret ;
« Bœuf, lasse-toi pour être tendre :
« Je dois manger de ton *filet*. »
   Combien je regrette, etc.

O vous que la hausse ou la baisse
Fait danser auprès d'un trésor,
Pour peu que l'appétit vous presse,
Le *bœuf gras* vaut bien le *veau d'or*.
   Combien je regrette, etc.

Tous les ans dans la vieille France
Le bœuf trône et vient abdiquer.
Avec lui la *réjouissance*
Ne pourra jamais nous manquer.
   Combien je regrette, etc.

Comme on fêta la pauvre bête,
Quand dans la rue on la montra ;
On lui fera bien plus de fête
Quand sur la table on la verra.
   Combien je regrette, etc.

JUSTIN CABASSOL.

LE
ROI CHICARD.

II.

Il ne faut pas croire que le bal Chicard, dont on a tant parlé dans les vaudevilles écrits pour mademoiselle Esther, soit à la hauteur de sa réputation. Les choses s'y passent assez médiocrement, et sont bien loin de ressembler le moins du monde aux écrits plus qu'extravagants dont les commis-bonnetiers se sont monté la tête à cet égard. D'abord, le bal ayant lieu aux *Vendanges de Bourgogne*, c'est-à-dire dans un lieu public, la moralité du sergent de ville a dû nécessairement déteindre sur ces essais de saturnales, et mitiger ce qui aurait pu s'y rencontrer d'un peu trop fantastique. Ensuite, c'est un fait à constater pour l'édification de nos petits-neveux, que l'époque actuelle, par cela même qu'elle est aux prises avec la classe moyenne, est incontestablement plus bête que libertine. L'un des éléments de l'orgie, c'est l'esprit. Mademoiselle Guimard fut un des beaux esprits du dix-huitième siècle, et brillait dans un monde où le *parlage* assaisonnait les soupers. Les filles d'aujourd'hui ne lui ressemblent en rien ; ce sont des *marchandes* patentées, et voilà tout. Elles ne vont pas au bal Chicard pour prodiguer des mots lestes ou pour agréer l'hommage d'un madrigal ; elles y vont pour servir de *réclame* aux maisons dont elles dépendent, pour faire des affaires, pour obtenir des commandes, et se gardent bien de compromettre leur *position* en chagrinant la police. On est donc généralement plus grossier que débauché au bal Chicard. Il y a là un tas de malappris qui hurlent, qui braillent, qui se gourment, et qui se figurent être de charmants polissons parce qu'ils jurent comme des charretiers. Enfin, qu'on nous passe deux expressions de leur vocabulaire, il y a plus de *pochards* que de marquis de Sade, et plus de *gouapeurs* que de Faublas.

L'engouement pour ce bal a néanmoins été porté si loin, que l'an dernier les billets d'entrée furent négociés à la Bourse. Peut-être Chicard, en sa double qualité d'entrepreneur du bal et de marchand de cuirs, fut-il lui-même pour quelque chose dans cette intrigue à la hausse.

Ce qu'on va voir surtout au bal Chicard, c'est Chicard ; nouvelle déception. Chicard se montre peu, ne danse presque pas, et ne s'occupe guère qu'à faire ses comptes avec le marchand de vin.

Mais ce bal n'a pas laissé d'avoir une influence énorme. Le costume Chicard, la danse Chicard, le langage Chicard, l'air Chicard, le geste Chicard, le vaudeville Chicard, tout cela s'est multiplié de telle sorte que la première voix courageuse qui oserait déclarer aujourd'hui que Chicard est monotone, rencontrerait l'écho d'un million de voix... On ne sait plus où se mettre pour éviter Chicard. Les frères Cogniard ont érigé sa statue à la Porte-Saint-Martin ; les Variétés ont forcé Levassor à danser le cancan ; au Palais-Royal, la troupe *bahute* tous les soirs, et l'on pense que madame Ancelot fera répéter un de ces jours quelque pas *chicocandard* à madame Doche.

L'ennui naquit un jour d'une plaisanterie infiniment trop prolongée. Chicard a beau être le roi Chicard, un roi assomme toujours à la longue. Par suite de cette fatalité qu'on s'explique, Chicard, condamné à un carnaval perpétuel, s'est fatigué du carnaval, comme le carnaval, condamné à un Chicard sempiternel, s'est fatigué de Chicard. Voilà le plaisir indigéré de son roi, voilà le roi saturé de plaisir. Ce sont deux esclaves rivés à la même chaîne et qui s'envoient mutuellement au diable.

Le jour que Chicard s'est ennuyé d'être roi, le martyre a commencé pour lui. Le pauvre homme, comme tous les rois de ce monde, a eu dès lors ses angoisses et ses accablements profonds. La peinture de cette lente consomption royale ferait pleurer le bœuf gras lui-même comme un jeune veau de deux mois. Chicard n'est plus que l'ombre lamentable de ce qu'il était jadis. Ce n'est plus qu'une âme en peine que vous voyez errer, triste et sombre, dans les lieux même où il apparut triomphant !

Hélas ! pourquoi voudriez-vous que Chicard eût l'âme plus énergiquement trempée que celle de Danton, par exemple, qui finit un jour, lui aussi, par être las de sa tyrannie ! Chicard est repu de gloire, rassasié de despotisme. Il est le chef suprême de tout Paris, depuis le lendemain des Rois jusqu'au mercredi des Cendres, cela est vrai. Il est le législateur du pas de deux risqué, je le veux encore ; il manie le pataquès avec un succès sans égal, il brille comme un météore dans une pastourelle équivoque, j'en conviens ; Chicard est toujours Chicard, mais c'est là son supplice !

Avoir été Chicard, être Chicard et demeurer Chicard jusqu'à extinction de toute chaleur naturelle !

Être condamné au calembour à perpétuité !

Ne plus être un homme parmi les hommes, ne plus être de la foule, ne pouvoir être ni bon père, ni bon époux, ni même rien du tout, si cela lui plaît, mais être Chicard, toujours et rien que Chicard !

Être une chose sacrée, traditionnelle, immuable !

Avoir sur la tête un casque de pompier qui ne changera point !

Être unique en son espèce, éternel et solitaire comme le sphinx au désert !

Chicard est taciturne, on sourit ; Chicard est désespéré, on rit ; Chicard est fou de rage, on se tord. Où se cacher, où fuir ? nulle part. Ici, là-bas, partout il est reconnu, suivi, lapidé de rires, assassiné de gaieté. Chicard, amuse-nous ! Chicard, danse le fandango romantique ! Chicard, fais-nous un calembour ! Chicard, sois chicard ! Torture intolérable qui devrait finir avec le mercredi des Cendres, mais qui de ces cendres même ressucite encore !

Le carnaval passe, et Chicard demeure. Les lilas bourgeonnent, les primevères fleurissent, on va courir les champs, oublier l'Opéra, oublier Musard, oublier tous les dominos du monde, on n'oublie pas Chicard. Qu'il ôte son casque, ses gantelets, sa culotte de peau, son épaulette, qu'il se mette dans un paletot vulgaire, qu'il se sauve, lui aussi, vêtu comme tout le monde, évitant jusqu'à l'ombre d'un calembour, jusqu'au plus petit geste, jusqu'au soupçon du plus léger *bahutage ;* c'est égal, il passe, et l'on dit : Tenez, voilà cet insupportable Chicard, on le rencontre partout.

Chicard, autant pour son repos que pour le nôtre, devrait prendre un parti violent qui serait de se faire trappiste. Il devrait considérer que Charles-Quint, qui, après tout, le valait bien, abdiqua pour entrer au couvent, et que Christine de Suède, autre renommée royale, déposa la couronne pour étudier la grammaire. Que Chicard étudie aussi la syntaxe, s'il le croit utile à son salut, mais qu'il délivre le monde de son habit à queue de morue. Il y a toujours pour les grands hommes une heure solennelle où ils doivent quitter la scène, sous peine de s'exposer à recevoir des trognons de choux et des pommes cuites.

Chicard Ier, je veux bien le croire, a senti cela comme un sage roi qu'il est ; mais la passion de régner est une implacable passion !

Vous allez en juger.

Plus d'une fois, il est arrivé à Chicard de prendre dans le jour une sainte résolution, d'enfermer son casque sous clef, avec sa culotte de peau, et de jeter la clef par la fenêtre. Cette précaution soulage l'esprit de Chicard. Il va se coiffer de nuit, boire quelque chose de moelleux, s'enfoncer douillettement sous la plume, et s'endormir débarrassé de ses grandeurs. Ces petits préparatifs rendent Chicard tout guilleret. Le voilà redevenu comme tout le monde, il n'est plus du tout Chicard, il est marchand de cuirs, et se couche à ses heures.

Déjà les premiers caprices du sommeil pèsent sur ses yeux engourdis ; sa respiration devient douce, uniforme, tranquille... tout à coup il tressaille. Un lointain murmure s'élève, il grandit, il approche, il éclate. Des cris remplissent la rue, c'est un tourbillon de rires, de mots joyeux et d'appels, puis plus rien ; les masques viennent de passer !

Mais Chicard ne dort plus; il est là, hagard, haletant, les yeux ouverts, voyant dans l'ombre défiler des saturnales moqueuses qui le provoquent et l'appellent. Sa prunelle se dilate, ses oreilles bourdonnent, sa tête s'allume, la fièvre revient, l'enlace, le soulève, l'entraîne ; il bondit, pousse un cri de terreur..... mais il n'est plus temps, le malheureux vient de retomber au pouvoir de son casque et de sa culotte de peau !

Une heure après, il est au bal, et on se le montre en disant : Tiens, c'est encore cet inévitable Chicard. Que diable a donc cet homme d'être toujours Chicard ?

Vous l'entendez, Sire. Allons, un bon mouvement, et puisque vous êtes roi, soyez réellement le bienfaiteur de la patrie. Abdiquez, et qu'on n'en parle plus.

Marc Fournier.

Il paraît que M. Chicard a profité du conseil qui lui est donné à la fin de l'article ci-dessus, et que le sceptre est enfin glissé de sa main fatiguée. Chicard s'est retiré d'un monde qui se retirait de lui, du moins est-ce là ce que nous apprend le petit poëme suivant, écrit, nous assure l'auteur, d'après un récit authentique et des témoins oculaires. Il n'en faut plus douter, Chicard est mort désormais aux pompes carnavalesques, et l'on est reçu à se demander quel est celui des débardeurs modernes qui osera relever cette couronne gisante aujourd'hui dans un ruisseau de la Courtille... Le monarque est passé, mais la monarchie subsiste. Il y aura longtemps encore des commis droguistes et des fabricants bonnetiers. La petite bourgeoisie est plus que jamais florissante, et ce sont là des sujets débonnaires qui seraient plus désolés que les grenouilles de la Fontaine de ne pas posséder un roi. Nous devons donc désirer pour eux que le vieux cri français soit remis en vigueur, et qu'à la mi-carême prochaine on puisse se dire encore : Le Roi est mort, vive le Roi !

LE DERNIER CARNAVAL
DE
CHICARD

suivi de son abdication et de son allocution

AU PEUPLE FRRRANCE !

~~~~~~

ÉPOPÉE CARNAVALESQUE

De M. E. BOURGET, musique de M. A. MARQUERIE.

 Larouflet, dit *Biblot*, jeune *marcassin* [1] voulant faire assister son *pays* Potin au carnaval, qu'on annonce comme le dernier du Roi-Chicard, appelle son camarade à l'aide du cri en usage chez messieurs les peintres en bâtiments. « Prrrou !... Prrrou !... ahais ! Potin, ahais. Prrrou !... Arrive donc, p'tit feignant... toi qu'a si soif du « bœuf gras et d' Chicard ! c'est des bêtises d' bétifier comme ça... crrré Potin, va !... »

[1] Le *Marcassin* est le rapin du peintre d'enseigne.

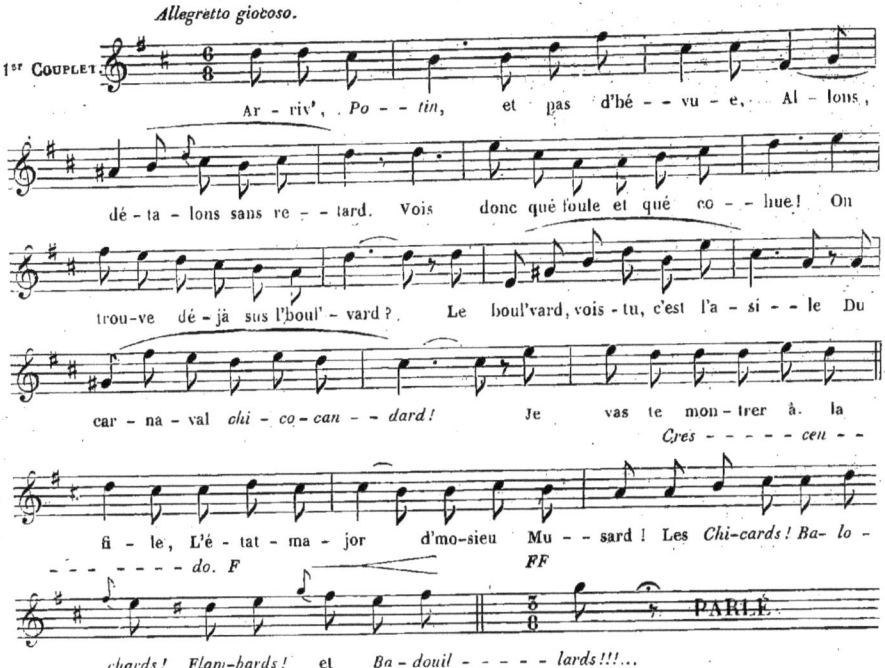

Ohé! les masques, ohé!!..

Un cocher. — Gare là!...

Un autre. — Ohé!... hop!...

Un autre. — Garrrrrre!...

Biblot. — Minute!.. que j'passe!... tiens, c'est Loriquet, un cocher que j'connais... fais-t-y son fier sur son édredon numéroté... il a l'air d'un pacha sur un divan à quatr' roues... comment qu' ça va, Loriquet? fume ta pipe et suis l'boul'vard, mon bonhomme.... t'as encore un fameux ruban d' queue...

Un municipal, à Loriquet. — Hé! cocher... prenez la file, on ne va pas sur la chaussée...

Biblot, prenant fait et cause pour le cocher. — Oh! mon cipal! laissez-le passer... je l'connais... c'est un ami...

Le municipal — Allons, tais-toi, polisson...

Biblot — Oh! guerrier! faut pas faire l'méchant.. d'abord j'vous connais aussi, vous, vu que c'est moi pendant que vous étiez de faction avant-z'hier à la *Royale de Musique*, qui vous a été chercher pour deux sous de tabac à... *croquer*... à preuve qu'y a une belle dame et qui sortait d' l'Opéra, qu'a dit en vous r'gardant : Cré nom! v' là un cipal un peu chouette!... (au cocher) Passe vite, Loriquet, le cipal a ri, il est désarmé... file, mon vieux.. tu paieras deux sous de galette...

Le municipal. — Allons, gare de d' là les galopins..

Biblot — Voilà, voilà, mon officier, on va s'donner d' l'air (*Chantant*): «Ah! le bel oiseau, maman!» Arriv', Potin!.. gare la r'biffade, dans la défilade! v'là les belles voitures qui passent... Ohé!... les badouillards!... Tiens, v' là les gobichonneurs et les gobichonneueueuses!... Oh! fameux! p'tit Potin, range-toi!.. gare de d' là... v' là le Bœuf gras, et la socilièté des Chicards!... oh! qu é chouette char!.. et le bœuf!... (*chantant*) : «Oh! qu'il est beau!... qu'il est gras!... qu'il est gros!» Y n' peut pas seulement marcher!... Enlevez l' bœuf, puisque son *char l'attend!*... Qué bonne charge qu'il a... tous les *zéros* de la boucherie et de la *mitrologie*... Complet!... l'Olymple!... en v' là des drôles de balles masquées! Ohé! Jupiter!... où est donc ton tonnerre?... C'est Saturne qui te pompe ton vin de *Tonnerre!*... Tu n' vois donc pas que le *Temps* est gris comme un vieux *templier*?... Bonjour, *Mars* et *Vénus!*.. oh! qué bonne Vénus!.. elle a sur ses genoux son *Amour* à trois livres dix sous par jour!... Ah! mais, dis donc, Potin, c'est monsieur Dutilleul qui fait *Mars*... Eh! oui!... Dutilleul, un brasseur du faubourg Antoine!... As-tu vu, c' brasseur de mon cœur! ça fait *son Dieu d' la guerre*, parce que ça vend de la *bière de mars*... en carême! Ah! dis donc, Potin, je l' vois! — Qui? — M'sieur Chicard en bourgeois.

Potin. — Ça!... c'est-y l' vrai Chicard?...

Biblot. — Eh! voui!... attends, j'vas y pousser mon cri d' *Paris la nuit!*... Ohais! ohais! ohais! ohais!

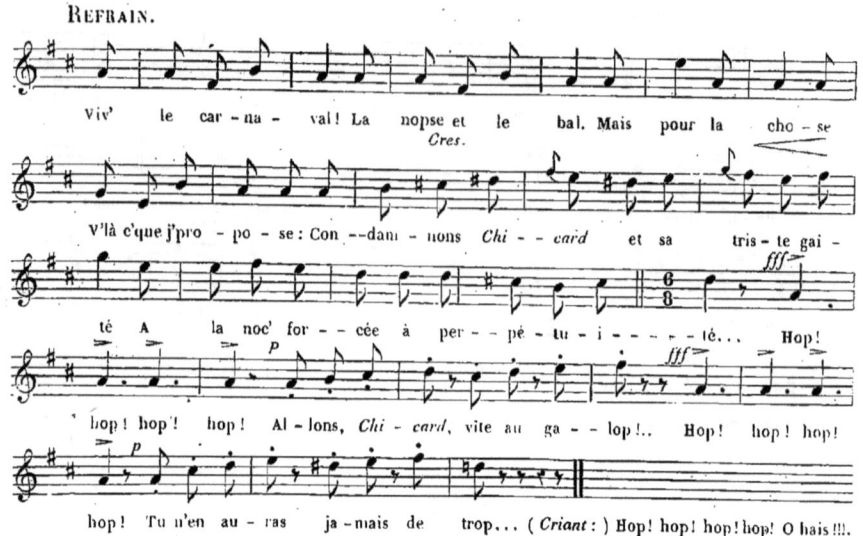

REFRAIN.

Viv' le car-na-val! La nopse et le bal. Mais pour la cho-se
V'là c'que j'pro-po-se: Con--dam-nons Chi-card et sa tris-te gai-
té A la noc' for--cée à per--pé-tu-i----té... Hop!
hop! hop! hop! Al-lons, Chi-card, vite au ga--lop!.. Hop! hop! hop!
hop! Tu n'en au-ras ja-mais de trop... (*Criant:*) Hop! hop! hop! hop! O hais!!!

A l'Opéra.

Mais, sais-tu ben qu'la p'tit' Zizine
Va nous faire entrer?... qué bonheur!...
Zizin', vois-tu? c'est ma cousine;
A l'Opéra qu'est dam' de chœur.
Elle est maint'nant d'la haut' volée;
Eh ben!... malgré ses apparats,
Elle a l'estim' du coryphée,
Et si ça n'est pas des ingrats,
    Reine on la mettra,
    Des ris, des rats
        D' l'Opéra!!...

Biblot. — Allons, vivement!... filons par l'entrée des artisses!.. Qué chance, hein!... j'entends déjà les scieurs de bois du général Musard!... En v' là une puissance cossue, que celle de Zizine!... sans compter qu'elle a ses entrées dans les plus grands salons de Paris... *au Salon de Mars!... au Salon de Flore!...* à la salle *Saint-Georges!...* Attrape l'escayer, nous v'là dans la salle... Ohais!... les masquaou!... les flambaraou!... vous tairez-vous, les braillaraou?... hein! qué bal!... qué foule!... qué bacchanal!... aïe donc, va comme j' te pousse!... m' faut d' la place, d'abord! Ah!... qu' c'est bête!... à cause des costumes, de n' pas pouvoir entrer seul'ment dans l' *Pigeonnier.*

Potin. — Qué qu' c'est qu'ça l' pigeonnier?...

Biblot. — Hé! c'est le foillier!... ça s'appelle comme ça, parce que c'est une grande volière *à pigeons...* Tiens!... viens les voir aux carreaux, r'garde-les s' prom'ner là d'dans!... y en a-t-il!... (*Il roucoule.*) rrrou!...rrrou!...rrrou!...rrrou!... faites la roue, mes petits!... ça n' vous empêchera pas d'êt' plumés..... c'te nuit. Mais tu n' peux pas comprendre ça, toi, Potin, vu que c'est pour toi d' l'*histoire* qu'est par trop *naturelle!...* Oh! Potin!... arrive! arrive! arrive!... v' là du bruit, on s' poussse!... c'est quéqu' chose de beau!.. j' disais ben, *moi*; c'est l'entrée dans le bal de monsieu Chicard, surnommé le grand *Farce-à Part.*

Chicard, *entrant.* — Tiens!... te v' là, la laitière suisse!... j' viens de rencontrer un couvreur qui m'a parlé *de toi!...*

Potin. — Bravo!

Chicard. — Quelle foule!... pauvres femmes!... en v' là des belles *qu'on presse!...*

Potin, *suivant toujours Chicard.* — Bravo!...

Biblot, *formant un porte-voix de ses deux mains, et faisant le crieur :* — Demandez les cent calembours et bons mots débités sur tous les théâtres de Paris : un sou!

Un paveur, *passant devant Chicard.* — Ris donc un brin, Chicard!...

Chicard. — Voyez-vous ça, l' paveur!... comment se porte ta *demoiselle?...*

Potin. — Bravo!...

Chicard. — V' là un marchand de volailles qui veut t' parler *d'elle!...*

Potin. — Bravo!...

Biblot, *continuant de crier.* — Demandez encore les cent calembours, etc., etc.

Une troupe de jeunes masques, *entrant.* — Ohé! la musiiique!... ohé! les danseuses!... qu'est-ce qui veut du cancan et de la chaloupe à mort?...

Chicard. — Tais-toi donc, hé! maçon!... tu n' trouves donc plus les *mois longs?...* Oh! quel nez!... qué pif!... c'est *un effet de l'art...* on te reconnaîtra malgré

ça, avec ta danseuse de l'Opéra... c'est toi l'auteur de
l'Ode aux rats... va donc, rat d'auteur!...

Biblot, *criant*. — Demandez plus que jamais les cent
calembours débités par MM. Odry, Levassor, sur les
théâtres de Paris; demandez : un sou!..

Chicard. — Zut!... je m'en vas!...

Biblot. — Suivons-le, Potin!... y va, ben sûr, à la
Courtille!... Juste!... y prend un fiacre!... (*criant*)
Ohais! Chicard dans un fiacre!... attrape le marche-
pied, Potin!... roulez, cocher!... tapez derrière! connu!... connu!... tapez derrière!...

  Viv' le carnaval,
  La noce et le bal!..
  Mais, dans cett' fête,
  Moi, j' dis qu' c'est bête
D'êt' condamné comm' Chicard attristé
A la noc' forcée à perpétuité!...
  Hop! hop! hop! hop!
  Pauvre Chicard! plus de galop!!
  Hop! hop! hop! hop!
  Tu n'en avais jamais de trop!

   A la Courtille.

Vois-tu d'ici c't' enseign' qui brille,
C'est *Desnoyer* et l' *Grand Vainqueur*;
Ce n'est vraiment qu'à la Courtille
Que l' carnaval est en honneur!
On dit qu' tout l' mond' paye à la porte,
Moi qui n'aim' que l' plaisir gratis,
Je vas filer, suis-moi, qu'importe?
On passe à la faveur des cris
  Des titis,
  Des fifis,
  Et des malins finis!

Entrez!... c'est payé!... vive la ligne!... v' là comme
ça s' joue!... Ohé! le comptoir, ohé!... qu'est-ce que
c'est que ce genre-là, de forcer les gens de prendre
une bouteille en entrant?... Enfoncé, *Desnoyer*, le
teinturier! et son vin, qu'empêche d'entrer!...

Un Espagnol. — Ah çà!... est-ce que vous n'allez
pas vous taire, les moutards!...

Biblot. — Oh! c't' Espagnol!... avec son chapeau en
parasol!... voyez-vous ça, M. Tralala!... gare, que
j' passe!..

Un matelot. — Dis donc, gamin, à quelle heure qu'on
t' couche?...

Biblot. — Va donc dire à ta mère qu'a te mouche!...
as-tu vu, M. Turlututu!.. en v'là un, de marin, qu'a
passé sous l' pont Euxin!... c'est lui qui l'a vu en mer,
suspendu avec des fils de fer!... va donc, mauvais ca-
notier, dans ton bateau de d' chez l' ferblantier!.. marin d'eau de vaisselle!... flambard de la Bièvre!.. corsaire du canal de l'Ourcq!...

Une Alsacienne. — Balai, balai!... poul mouches!...
balais bien beaux et bien faits!...

Chicard. — Tais-toi donc, l'Alsacienne, avec tes *bas
laids*; on voit bien que tes bas sont aussi laids que les
manches qui sont dedans!... a-t-on jamais pu voir des
bas si noirs!...

Biblot. — Demandez, messieurs, mesdames, les cent
calembours et bons mots, etc.

Un titi. — Tiens!... bonjour, la *Goualeuse*!... faites-
donc d' la place à c'te voleuse!... vertueuse!... déran-
gez vous donc, j' vous en prie, pour *Mlle Fleur-de-
Marie*, qui vient promener par ici son petit rosier fleuri.

Chicard. — Quel air de souris effrayée!... n' dirait-on
pas qu'on veut *l'avaler*, cette jeune vierge de *la
vallée*!...

Un badouillard. — Tu n'as donc pas fini, Chicard,
avec ton catéchisme poissard?... tu n'as donc toujours
que ça à nous dire, pour nous faire rire?... Voyez-vous
c' matou? qu'est le roi du bagou!

Chicard. — Ah çà... je demande la parole. Je veux
m'expliquer avec ces jeunes Frrrrancés.

Chicard, *grimpant dans l'orchestre en guise de
tribune.*

  Écoutez, mes p'tits enfants!...
J' veux vous avouer qué'qu' chos' depuis longtemps,
  Voici l'instant!... le vrrrrai moment!
  De vous parler franch'ment!..
   Eh ben! écoutez,
   Sans vous faire prier!

(*Tout le monde s'approche; profond silence.*)

Depuis longtemps je me suis aperçu
De l'avantag' qu'on a d'être inconnu;
Depuis que vous m'avez fait roi du carnaval,
Savez-vous bien, petits, que ça m'embêt' pas mal!
  Faut être juste, aussi,
  Quand ça finira-t-y?...
  Comment!... y faut qu' je sois partout!
  Que je cancanne à votre goût!
  Quand je n' suis pas en train,
  Il me faut, bel et bien,
  Avec mes gants à la Crispin,
   Faire le comédien!
Et crier, quand j'ai l'humeur quinteuse :
  Ohais! les goualeuses!!!
Les voleuses! et les balocheucueuses!...
  Eh bien!... puisque vous y mettez
   De la ténacité,
Je vas vous dire la vérité!...

   (*Attention générale.*)

  Chicard, *avec effusion.*

  Eh bien! vrai!!... je suis embêté
   D' la royauté!

   (*Vive sensation.*)

  A tel point, voyez-vous?
Que j' n'en veux plus pour deux sous!!
  Bien plus! en deux mots,
  Et retenez le propos,

J'en ai plein l' dos.
> (*Marqués d'adhésion.*)
Ça vous plaît-y c' que j' vous dis ?

VOIX NOMBREUSES.

Oui, oui, oui.

CHICARD, *continuant.*

Eh bien, mes p'tits amis,
J' suis éreinté. Fait's-moi l' plaisir
De m' procurer la paix et de m' laisser dormir...
(*Il se couche sur une table et se drape dans son habit de marquis.*)
LE BADOUILLARD *s'élance sur la table où est couché Chicard, en s'écriant :*

LE BADOUILLARD.

Il a raison, Chicard !
> (*à Chicard.*)
> Chicard ! tu n'as pas tort !!!
> (*Décrivant une croix du geste.*)
N, i, ni, c'est fini !! pos' ton casque et fais l' mort !!!
Chicard !! tu viens d'êtr' bien beau !!
Tu m'as rapp'lé Fontain'bleau !!...

TOUS LES MASQUES.

Bravo !

LE BADOUILLARD.

Allons, puisqu'il n'est plus pour notre carnaval,
Amis, à l'instant même interrompez le bal.
Qu'on fasse promptement venir monsieur Gannal ;
Il va nous l'embaumer... ça ne lui f'ra pas d' mal.
> (*Étendant les mains sur* CHICARD, *et d'un ton tragique.*)

« Oui ! Chicard s'en alla comme il était venu,
« Sans toucher à son bien pas plus qu'à son r'venu !! »

BIBLOT, *s'élançant dans la rue.* — V' là c' qui vient d' paraître tout à l'heure ! ça n' se vend qu'un sou à tout l' monde ! c'est l' superbe discours de M. Chicard en faveur du carnaval frrrancé !

POTIN. — Allons-nous-en, p'tit, v'là qui fait jour !

BIBLOT. — Allons, décampons... Oh ! qué brouillard ! on dirait que l' ciel prend part à la mort du grand Chicard !...

> Plus de carnaval,
> De noce et de bal ;
> Adieu, la vie,
> Et la folie.
Chicard est mort, et sa triste gaieté
Rejaillira sur la postérité.
> Hop ! hop ! hop ! hop !
Pauvre Chicard ! plus de galop !!
> Hop ! hop ! hop ! hop !
Tu n'en avais jamais de trop !

SCIE FUNÈBRE

EXÉCUTÉE SUR LA TOMBE DU MASQUE CHICARD.

La scène se passe à la Courtille. — Romains, Turcs, Pierrots, Badouillards, Flambards, Balochards, etc.

> A la troisième reprise d'une SCIE de ce genre on tuerait son meilleur ami pour le faire taire.....
> ALPHONSE KARR (*Hortense*).

PREMIER COUP DE SCIE.

DEUXIÈME COUP DE SCIE.

LE RAPSODE.
Célébrons son enterrement (bis.)
Et les honneurs dus à son rang.
LE CHOEUR.
Han! han! han!

TROISIÈME COUP DE SCIE.

LE RAPSODE.
Balochard va porter son casque (bis.)
Un autr' ses gants à la Crispin.
LE CHOEUR.
Hin! hin! hin!

QUATRIÈME COUP DE SCIE.

LE RAPSODE.
Un autr' ses gants à la Crispin. (bis.)
Qu'est-c' qui veut porter son esprit?
CHOEUR GÉNÉRAL.
Moi-oi! moi-oi! moi-oi!

CINQUIÈME COUP DE SCIE.

LE RAPSODE.
Tout le mond', je m'en doutais bien, (bis.)
Parc' qu'alors on ne port'rait rien.
LE CHOEUR.
Hin! hin! hin!

SIXIÈME COUP DE SCIE.

LE RAPSODE.
Après, nous le mettrons sous verre, (bis.)
Et cela grâce à Gavarni.
LE CHOEUR.
Hi! hi! hi!

SEPTIÈME COUP DE SCIE.

LE RAPSODE.
Très-finaud près *d'un sexe aimable*, (bis.)
Les femmes l'appelaient gros faux!!
LE CHOEUR.
Oh! oh! oh! oh!

HUITIÈME COUP DE SCIE.

LE RAPSODE.
Oui, c'était un folâtre enfant! (bis.)
Mais il est mort!! y n' *dans'ra plus!!!*
LE CHOEUR *fatigué.*
Hu! hu! hu! hu!

NEUVIÈME COUP DE SCIE.

LE RAPSODE.
Ça commence à vous ennuyer; (bis.)
Alors je vais recommencer.
LE CHOEUR *exténué.*
Non-on! non-on! non-on!
LE RAPSODE, *recommençant malgré les clameurs générales.*
Ce pauv' mosieu Chicard est mort! (bis.)
Ce pauv'. . . . .

Le Rapsode est bâillonné et forcé de prendre part à l'interminable sarabande qui tourbillonne autour du mausolée élevé à la gloire du héros carnavalesque, et sur lequel on lit cette

ÉPITAPHE

JJJJJJ CHICARD

IL FUT

MAUVAIS MASQUE

ET REGRETTÉ

SEULEMENT DE CEUX QUI NE L'ONT PAS CONNU.

CRIEZ POUR LUI!!!

COMPLAINTE SUR LA MORT DU GRAND CHICARD.

PAR M. DOLLET.

Air : De Fualdès.

I

Écoutez, gens du grand monde,
Flambards, Titis du bon ton.
Tâchez de saisir le ton.
Je vais chanter à la ronde,
Avec grâce, esprit, chic, art,
L'histoire du grand Chicard.

II

Malgré son intelligence,
Il naquit un peu boucher ;
Il aimait tant écorcher
Bêtes, grammaire et décence,
Que pour charmer ses loisirs
Il dut cultiver les cuirs.

III

Il dépouilla tant de bêtes,
Qu'il fut l'effroi des troupeaux ;
L'art qu'il montra sur les peaux
Le fit chérir des grisettes,
Qui dans les bras d'un tanneur
Croyaient trouver le bonheur.

IV

J'ai dit tanneur pour l'histoire;
Sans le vrai, rien n'est parfait ;
Grand homme, si je l'ai fait,
Pardonne, c'est pour ta gloire,
Car on trouvait étonnant
Que partout tu sois tannant.

V

Mais bientôt rêvant le trône
Que son talent lui promet,
D'un sale casque à plumet
Il se fait une couronne ;
Alors en dépit des sots,
Il fut nommé roi des sauts.

VI

Aux Vendanges de Bourgogne
Il planta son étendard,
Et mit sur son nez tant d'art,
Pour mieux déguiser sa trogne,
Qu'on disait avec transport :
Chez Chicard on trouve un port.

VII

Lorsqu'au doux son des cymbales
L'on sent frémir ses jarrets,
Si l'on a cinq francs tout prêts,
On dit, voyant ses cinq balles :
Rien qu'avec ces cent sous-ci,
Je peux voir ces sans-souci.

VIII

Il faudrait le Caravage
Pour peindre ce grand vainqueur.
Sous son œil fascinateur
Le cœur que Chicard ravage
Se transforme en un volcan
Dont la lave est du cancan.

IX

Il chante, il saute, il frétille ;
En le voyant, on se dit :
Que cet Amour a d'esprit !
Aussi chaque jeune fille
Fuit le trait de Chicard, quoi-
Qu'il n'ait rien dans son carquois.

X

Autant que Mars, en carême,
Il est le dieu des combats :
En voyant ses doux ébats,
La femme que Chicard aime,
De celui qui la prendra
Sait bien ce qu'elle apprendra.

XI

Il consomme autant de femmes
Que feu le grand Salomon.
Aux jours gras c'est un démon
Qui sait fasciner les dames
Dont les cœurs sont convaincus,
Et tous les maris... vaincus.

XII

Dépassant toutes les bornes,
Par son pouvoir infernal,
D'un garde national
Il fait une bête à cornes !
Et dire que cet état
Est patenté par l'État!

XIII

Pour arrêter ce carnage
Un complot fut projeté ;
Dans la Seine il fut jeté ;
Mais par bonheur Chicard nage.
Pour l'honneur du carnaval,
Satan fit Chicard naval.

XIV

Point d'amante, point d'amie
Qui sache où ses écus sont ;
Aussi sur son écusson
Figure l'économie,
Car il ménage fort bien
Et son esprit et son bien.

XV

Pourtant il eut son Cocagne
Aux environs de Paris ;
Il recrutait nos houris
Pour sa maison de campagne ;
Car Chicard pour cent raisons
Tient aux Petites-Maisons.

XVI

Mais il a fui cet asile
Depuis les chemins de fer.
Le voyage était trop cher ;
Pourtant on quittait la ville
Pour les caravansérails
De Chicard, avant ces rails.

XVII

Quoi ! déjà de ce grand homme
On voit le sceptre trembler !
Même il songe à rassembler
Ses hauts faits dans un grand tome ;
C'est un poëme touchant
Dont voici le premier chant :

XVIII

« Adieu, printemps ; mon automne
« Arrive ; j'ai donc été ;
« Je vois s'enfuir mon été,
« Car je deviens monotone,
« Moi qui par des sauts divers
« Ai su charmer tant d'hivers. »

XIX

Mais, grands dieux, le télégraphe
Vient nous annoncer sa mort !
Amis, pleurez sur son sort,
Et de moi, son biographe,
Recevez de son départ
Le billet de faire part.

XX

Que Chicard sans traverse aille
Jusqu'à la postérité,
Car ce n'est en vérité
Pas trop qu'il entre à Versaille,
Ni qu'il soit dans Gavard, ni
Dans l'album de Gavarni.

XXI

Puisque c'est un Chicard rare,
Ici-bas, il serait beau
De lui construire un tombeau
En vrai marbre de Carrare,
Sur lequel on lût aussi
L'épitaphe que voici :

XXII

Ci-gît qui, quoique grand maître,
Hélas ! a manqué son but,
Car jamais à l'Institut
Il ne put se faire admettre ;
C'est pourquoi la mort le prit,
Afin d'en faire un esprit.

XXIII

Oui, c'est là qu'est sa dépouille !
Mais du convoi du tanneur
On exclut son serviteur,
Car ces laquais, ça dépouille !
Au moins qu'à son héritier
Son cuir passe tout entier.

XXIV

Chicard, ô toi qu'on inhume,
Excuse un adolescent.
Si le style à Dollet sent
L'homme ayant trop d'amertume,
Qu'au moins ce dernier couplet
Fasse aimer l'amer DOLLET.

De son chant doux et pur, le roi de France épris,
De la simple nonnette, un jour, fit une reine ;
Un moine beau chanteur fut aussi bien surpris
D'entrer au ciel couvert de la pourpre romaine.

Chantez, gente fillette, et vous, bel Amadis ;
Puisqu'un trait musical appelle une couronne,
L'un de vous peut demain s'éveiller sur le trône,
Ou, pour le moins, en paradis.

L. G.

ARCHIVES DE LA CHANSON.

UNE COURONNE POUR UN BÉMOL.

C'est le roi Dagobert,
Qui met.....

Eh bien, je vous le dis en conscience, la postérité est injuste, et jamais le brave et spirituel TAGOBRECHT n'a placé son haut-de-chausses d'une façon aussi vilainement originale. Mais la rouille de l'envie rongerait de l'or pur. Ce qui éblouit, on le dénigre; ce qu'on ne peut égaler, on le rabaisse; ce qu'on craint d'admirer, on le ridiculise; le monde est ainsi fait : soyons plus justes. Dagobert était vaillant guerrier, franc viveur, ami du vin, de la joie, des chants et des femmes. Des femmes surtout! il en eut tant et tant, que son naïf chroniqueur renonce à en transcrire la liste, dans la crainte, dit-il avec une adorable candeur, d'enfler outre mesure sa chronique. Saint moine du bon Dieu! je voudrais l'embrasser.

Les religieux, auteurs des premières chroniques de notre histoire, sont vraiment des écrivains *très-précieux*, comme le disait feu le curé de Meudon.

Pendant que le peuple tympanise des rois comme notre Sicambre, et des guerriers comme l'invincible Marlborough, ils font, eux, du sauvage Clovis un dévot catholique, et du féroce Charlemagne un saint. C'est que les conquérants ont souvent une belle vertu !

<blockquote>« Ils nous donn'ront tout c' qu'ils vont prendre... »</blockquote>

Un jour Dagobert avait, non pas la culotte, mais l'esprit un peu à l'envers. Pourquoi? Ne vous scandalisez pas, on va vous le dire. Pendant que Clotaire vivait et régnait encore, dans son palais, à Clichy-la-Garenne, devisant maritalement avec Sihilde la reine, il fut convenu que Dagobert épouserait la noble, digne, fière, chaste et déjà vénérable Gomatrude, sœur de Sihilde. Dagobert épousa, de bon cœur, sans doute, car il était parfaitement libre de choisir entre le lit de la dame et la hache du bourreau. Mais Clotaire mourut, et le jeune roi commença à soupçonner que sa corvée maritale devenait un peu rude. Il avait l'âme dans cette situation inquiète, anxieuse, agitée, qu'un des princes du roman moderne a si poétiquement comparée à celle d'un chien perdu.

« Pepin, mon cher ami, dit-il à son majordome, je souffre au cœur et au front; l'air « me pèse, ce beau jour me déplaît, ces arbres me blessent la vue, tout me gêne, la vie « m'ennuie. Trouve-moi donc quelque remède. — Venez, répondit Pepin, en lui « prenant familièrement le bras, venez, je vais vous distraire. Vous aimez les belles voix « et les chants harmonieux ; allons au monastère de Reuilly; les saintes filles chantent, « dit-on, comme des chœurs de séraphins. » Et au bout d'une promenade de deux heures, le monarque et son fidèle conseiller écoutaient le chant des vêpres dans la petite chapelle romane de Reuilly-sous-Paris.

A cette époque, la grande cité n'était pas enceinte d'une muraille de onze lieues de développement, et pourtant elle était déjà vaste et puissante. Dans un partage de la monarchie, trois chefs mérovingiens avaient reculé devant la pensée de concéder cette ville à l'un d'entre eux, dans la crainte de se donner un maître. Alors déjà la possession de Paris assurait la possession de la France. Assise entre la ville de Saint-Marcel et les pays de Saint-Jacques-du-Haut-Pas, de Chailloc (*Calcis loca*), d'Antin et de Reuilly, Lutèce débordait déjà sur les deux rives de la Seine, et ce ne furent que les ravages des Normands qui en confinèrent les restes dans l'île de la Cité.

La douce fatigue de la marche, la causerie intéressante de son ministre, la mélodie un peu monotone, mais pure et gracieuse, du chant ambroisien, tout cela avait apporté une heureuse diversion aux pensées mélancoliques du guerrier franc; pourtant il n'écoutait que distractivement encore la psalmodie liturgique, quand tout à coup quelques notes jetées à l'écho de la voûte produisirent sur lui un effet électrique. Une des jeunes vierges s'était avancée vers le milieu du chœur, et chantait en solo un motet à la Vierge. Dagobert ne remarqua ni la taille flexible, ni les mouvements onduleux, ni le visage aux lignes si pures, ni les grands yeux bleus bordés de longs cils de la belle Nanthilde ; il ne voyait rien ; l'univers n'était pour lui qu'une mélodie, qu'un chant, qu'une voix. Cette voix, douce et légèrement voilée dans les notes aiguës, devenait dans les tons graves d'une sonorité si suave et si pénétrante, qu'elle vous retentissait au cœur et semblait y faire vibrer des cordes inconnues. Ému jusqu'aux larmes, fasciné jusqu'à l'extase, Dagobert aspirait comme goutte à goutte chaque note de ce chant grave et doux qui entre dans l'âme comme l'écho lointain des chœurs angéliques. Nanthilde chantait le dernier vers de son motet ; après avoir tenu, deux longues durant, un *re* grave avec toute la puissance de sa voix de *contralto*, elle laissa tomber cette voix au bémol avec tant de douceur et un trait si pur, que le monarque dilettante sentit la transe lui galvaniser tous les nerfs. Les doigts crispés sur le bras de Pepin, il eût brisé tout autre que le bras de fer de son rival en force physique, et l'entraînant brusquement hors de la chapelle :

« Sortons, dit-il, ce serait à devenir fou ! »

Les deux guerriers marchèrent longtemps sans prononcer une parole. Dagobert ne vivait plus que dans le sentiment qui inondait toute son âme, et le sage et perspicace Pepin voyait déjà le germe de graves événements dans un prochain avenir. Quand ils eurent traversé la vaste et populeuse cité de Paris, et que, parvenus aux derniers contreforts de Montmartre, ils eurent sous les yeux le domaine de Clichy, Dagobert s'arrêta, comme si un sentiment de répulsion l'eût empêché d'avancer : une confidence eut lieu, on causa gravement et longtemps, et ces deux hommes que le passant apercevait, dans l'ombre grisâtre du soir, assis sur une motte de gazon, ces hommes décidaient des destins futurs de la monarchie.

Deux jours plus tard, à la tombée de la nuit, deux cavaliers arrivaient au pas de leurs chevaux devant une petite maison du bourg de Reuilly, jetée à l'écart au bord de la Seine : ils rencontrèrent là un religieux qui présenta à l'un d'eux un billet dont la lecture le fit tressaillir. Celui-ci le passa à son compagnon, qui, plus calme, ne dit que ce mot : « C'est bien ! » Ils entrèrent dans la maison, et la porte fut soigneusement fermée.

« Donne-le-moi, Pepin, que je le lise encore : — *Que la volonté de mon roi soit faite, et que Dieu m'ait en pitié si je fais mal !* » Trois fois simple colombe ! on ne fait jamais mal d'épouser un roi. En examinant soigneusement le cas, Sa Majesté Dagobert Ier, et son fidèle majordome, Pepin le Gaulois, remarquèrent que Charibert avait bien épousé Marcowèfe la religieuse, et ne s'en était pas trouvé plus mal ; que Nanthilde était bien jeune pour s'être engagée sciemment, et que, les nœuds qui l'attachaient au sanctuaire seraient facilement dénoués par monseigneur Arnolfe, évêque de Metz, l'ami commun ; qu'à la vérité le roi avait déjà une épouse, mais que, pour éviter le crime de bigamie, il était résolu à la renvoyer immédiatement, ce qui le remettait de fait dans la condition du célibat ; qu'enfin, et pour dernier motif, le roi se mourait d'amour pour la ravissante chanteresse, et qu'un terrible danger menaçait la monarchie. Pour conclusion, il fut convenu qu'au coup de onze heures, au moment du premier sommeil, on enlèverait la nonnette pour s'épargner les formalités ; ce qui fut exécuté.

Nanthilde fut conduite à Clichy, et son mariage, célébré avec une royale magnificence, fut béni par l'évêque Arnolfe, vulgairement nommé saint Arnould. La reine, première en date, jeta les hauts cris, prétendant que la couche royale ne devait pas être partagée, qu'il ne pouvait y avoir qu'une reine en France, et que c'était lèse-majesté divine que de priver le bercail du seigneur d'une de ses brebis. On lui répondit que le lit et le trône ne seraient partagés qu'entre le roi et Nanthilde, et que pour le bercail, elle, la reine décoüronnée, irait incontinent remplir de sa personne la place vacante, pour édifier le monastère par sa piété et ses vertus, et qu'ainsi chacun trouverait son compte ; et il en fut ainsi. Pour un Franco-Thiois, ce roi avait une merveilleuse logique. Qu'on vienne encore nous dire qu'un homme de cette sagacité ait jamais pu mettre. .... un vêtement quelconque à l'envers !

Dagobert avait remarqué que Gomatrude était vieille, il avisa un jour que Nanthilde était inféconde. Or, s'il voulait une femme pour l'aimer, il voulait aussi des enfants pour en faire des rois. Suivant l'exemple biblique des saints patriarches Abraham et Jacob, il prit une jeune servante, moins belle que Nanthilde, moins musicienne, à coup sûr, mais plus féconde, et qui lui donna le roi Sigebert. Nanthilde ne fit pas la moindre grimace, et le ciel la récompensa de sa résignation ; elle aussi donna un fils à son époux ; et cet enfant reçut au baptême le nom du redouté Clovis.

Heureux père, heureux époux, le monarque franc fit un jour cette réflexion philosophique : « Pour l'homme, en ce monde, il n'est rien de meilleur qu'une épouse bien-aimée, si ce n'est deux épouses bien-aimées ; prenons-en une seconde. — Mais tu serais bigame, malheureux ! — C'est vrai ; il vaut donc mieux en prendre trois. » Et Dagobert eut trois reines épouses à la fois : Nanthilde, Wulfégonde et Berthilde. Des historiens ont accusé ce roi d'avoir eu des mœurs licencieuses ; c'est une erreur. Dagobert était simplement mélomane : en épousant trois femmes, il ne voulait qu'organiser un concert à trois voix.

.... LÉON G. (*de Bernières*).

LE FAUTEUIL DU ROI DAGOBERT.

A l'occasion de la translation de ce fauteuil de la Bibliothèque royale à la cathédrale de Saint-Denis,

LE 30 SEPTEMBRE 1841.

Air : Tout le long de la rivière.

Dans l'église de Saint-Denis
On entendait de tristes cris ;
Ils partaient de ces caveaux sombres
Où de nos rois dorment les ombres ;
Quand venait l'heure du repos
On entendait sourdre ces mots :
« Holà ! mon Dieu ! que je suis mal à l'aise !
« Mon bon saint Denis, fais-moi rendre ma chaise !
« Saint Denis, fais-moi rendre ma chaise ! »

Tourmenté par ces holà là !
Le bon saint Denis s'éveilla :
« Qui de vous donc, messieurs, m'appelle ?
« Dites, car je suis sans chandelle ?
« Qui de vous est mal dans son lit ? »
La même voix lui répondit :
« Holà ! mon Dieu ! que je suis mal à l'aise !
« Mon bon saint Denis, fais-moi rendre ma chaise !
« Saint Denis, fais moi rendre ma chaise ! »

Saint Denis se leva soudain,
Et prit sa tête dans sa main.
Guidé par cette voix plaintive,
Auprès d'un sépulcre il arrive,
Et voit dans ce cercueil ouvert
L'ombre du grand roi Dagobert,
Qui dit : « Mon Dieu ! que je suis mal à l'aise !
« Mon bon saint Denis, fais-moi rendre ma chaise !
« Saint Denis, fais-moi rendre ma chaise ! »

Dagobert continue ainsi :
« Croyez-vous qu'on soit bien ici ?
« Faut-il qu'encor longtemps je dorme
« Couché sur cette pierre énorme ?
« Je vais, si ça va de travers,

« Mettre ma culotte à l'envers !!!
« Holà ! mon Dieu ! que je suis mal à l'aise !
« Mon bon saint Denis, fais-moi rendre ma chaise !
« Saint Denis, fais-moi rendre ma chaise ! »

Pénétré jusqu'au fond du cœur
Par cette touchante clameur,
Saint Denis se rend au chapitre,
Qui s'assemble autour du pupitre ;
Là, chaque moine, en discutant,
Toujours, à son oreille, entend :
« Holà ! mon Dieu ! que je suis mal à l'aise !
« Mon bon saint Denis, fais-moi rendre ma chaise !
« Saint Denis, fais-moi rendre ma chaise ! »

« Messieurs, si vous voulez dormir,
« Dit le saint, il faut en finir :
« Au ministre, et sans autre enquête,
« Adressez une humble requête,
« Et si vous flattez son orgueil,
« Messieurs, vous aurez le fauteuil. »
« Holà ! mon Dieu ! que je suis mal à l'aise !
« Mon bon saint Denis, fais-moi rendre ma chaise !
« Saint Denis, fais-moi rendre ma chaise ! »

Ainsi fut dit, ainsi fut fait :
La supplique eut son plein effet.
Saint Denis n'est pas une bête,
On le voit à ce coup de *tête*.
Dagobert, pour ce tour adroit,
Remet sa culotte à l'endroit,
Et dit : « Mon Dieu ! que je suis bien à l'aise !
« Mon bon saint Denis, tu m'as rendu ma chaise !
« Saint Denis, tu m'as rendu ma chaise ! » »

A. BOUCHARD.

* En historiens consciencieux, nous devons dire qu'il n'est pas tout à fait d'accord sur les motifs qui amenèrent la translation du fauteuil du grand Dagobert. Lors de ce mémorable événement, on trouva affiché sur les murs de la bibliothèque de la rue Richelieu le couplet suivant, qui prouverait que le bon roi ne réclamait son fauteuil que pour en faire présent à son bienheureux hôte :

Le bon roi Dagobert
Avait un grand fauteuil en fer.
Le bon saint Denis
Lui dit : — O mon fils !

Votre beau fauteuil
M'a donné dans l'œil.
— Eh bien, lui dit le roi,
Fais-le vite apporter chez toi.

LES CHOURINEURS.

ÉPISODE DES MYSTÈRES DE PARIS.

Paroles de **M. BOUTIN**, Musique de **M. VALENTIN DE VERDUN.**

Personnages. { DEUX CHOURINEURS. TORTILLARD. }

La scène se passe rue Charlot, à deux heures du matin.

Frappons! que rien ne nous arrête,
Puisque le meurtre et le trépas
Nous sont comptés vingt sous par tête
Par celui qui conduit nos bras.

Grâce à nous, sa maison prospère,
Demain, pour faire bonne chère,
Se remplira dès le matin
Des viveurs du quartier latin.

TORTILLARD.

C'est la mèr' Michel
Qu'a perdu son chat, etc.

LES CHOURINEURS.

Il faut, avec adresse,
Qu'ils tombent sous nos coups, etc.

Mais je crois que l'on nous surveille,
J'entends marcher le long du mur ;
Il faut que le moutard sommeille ;
Il nous fera pincer, c'est sûr !...
Non, c'en est un qui se fourvoie.
Ah ! c'est le ciel qui nous l'envoie !
Hâtons-nous, j'entends Tortillard
Chanter de son ton nazillard :

TORTILLARD.

C'est la mèr' Michel
Qu'a perdu son chat, etc.

LES CHOURINEURS.

Il faut, avec adresse,
Qu'ils tombent sous nos coups, etc.

Dépêchons ! on fait du tapage...
Allons, l'affaire est dans le sac !
Plions vite notre bagage,
Évitons le moindre micmac !
Mais dans l'ombre, là-bas, qui crie ?
Mon âme en est tout attendrie !
D'où peuvent venir ces accents
Aussi douloureux que perçants ?...

TORTILLARD.

C'est la mèr' Michel
Qu'a perdu son chat, etc.

LES CHOURINEURS.

Il faut, avec adresse,
Qu'ils tombent sous nos coups, etc.

LE ROI DES ANTIDOTES.

Air : Toto Carabo.

La liqueur sans pareille
Qui calme nos douleurs
Et nos pleurs,
C'est le jus de la treille ;
Devant lui le chagrin
Fuit soudain ;
Et l'on est certain
Que, de jus divin,
Plus on s'est aspergé,
Plus on est sou
Plus on est sou
Plus on est soulagé.

Les remèdes qu'on vante
Parmi nos médecins
Sont moins sains
Que celui que je chante ;
Qu'on le donne aux fiévreux,
Aux goutteux,
Enfin à tous ceux
Qui de maux affreux
Se trouvent affligés ;
Ils seront sou
Ils seront sou
Ils seront soulagés.

Pour l'enfant en nourrice
Souffrant par accident
D'une dent,
Le lait est peu propice ;
Mais quand d'un vieux flacon
De Mâcon
On fait au poupon
Un gros biberon ;
Le mal est allégé.
L'enfant est sou
L'enfant est sou
L'enfant est soulagé.

Alors qu'une amourette
Me cause des ennuis,
Des soucis,
Je cours à la guinguette,
Et là, parmi les pots
Et les brocs,
Couché sur le dos,
Dans un doux repos
Bientôt je suis plongé ;
Et je suis sou
Et je suis sou
Et je suis soulagé.

On vit un bien saint homme
Avec cet élixir
　Se guérir ;
Et de l'antique Rome,
Les habitants heureux
　Et joyeux
Rendre grâce aux cieux
Et se dire entre eux :
Son état est changé.
　　Le pape est sou
　　Le pape est sou
　Le pape est soulagé.

Et quand bas à l'oreille,

La Mort vient l'avertir
　De partir,
A sa chère bouteille,
L'ivrogne dit : Bonsoir,
　Dans l'espoir
Qu'au sombre manoir
Sans doute il va voir
Du vin non mélangé.
　Puis il meurt sou
　Puis il meurt sou
　Puis il meurt soulagé.

J.-D. MOINAUX,
Membre associé du Caveau.

JOB.

Air : Mon vieil habit (de Béranger).

Dans la mansarde étroite où je végète,
　Gelant l'hiver, grillant l'été,
Je mange en paix, joyeux anachorète,
　Le pain noir de la pauvreté.
　Mon voisin, pourceau d'Épicure,
　A sur sa table de bons mets.
Moi, de l'envie évitant la piqûre,
Je crois Dieu juste et ne me plains jamais.

Dans notre monde, à quoi sert de se plaindre,
　Puisque chacun n'aime que soi ?
L'on me fuirait comme un reptile à craindre :
　Le pauvre inspire un triste effroi.
　Rongeant le frein de ma misère,
　J'en ris donc, et je m'y soumets.
N'ai-je qu'un sou ? je le partage en frère,
Je crois Dieu juste et ne me plains jamais.

Pour moi le riche est sans miséricorde :
　Meurs, me dit-il, sur ton fumier ;
Dieu seul m'exauce, et son amour m'accorde
　L'espoir qui dore mon grenier.
　La vertu sainte me gouverne ;
　Aussi je passe pour niais.
Je tends la main à celui qui me berne,
Je crois Dieu juste et ne me plains jamais.

Puis calme et pur, comme une eau qui sommeille,
　Je m'endors auprès de mon chien ;
Ami constant, à mon repos il veille ;
　Pour moi c'est un ange gardien.
　Vous, grands, que le remords tenaille,
　Vous qui bâillez dans un palais,
Puissiez-vous dire, étendus sur la paille :
Près d'un ami ne nous plaignons jamais.

ALFRED BONAMY.

MINUIT.

Air : En avant ! en avant !

Hier, ma peur était si forte,
Tant le vol a pris d'essor,
Qu'avant de fermer ma porte,
J'explorai mon corridor ;
Certain bruit à la sourdine,
Me fit trembler un instant ;
Ce n'était que ma voisine
Qui marmottait en montant :
　　Viens, suis-moi,
　　Mais tais-toi,
Charles, gagnons ma mansarde,

Tiens la rampe, et prends garde :
　　Point de bruit,
　　Il est minuit.

Dans l'hôtel où tu demeures,
On brave les traits malins ;
Moi, j'ai des raisons majeures
Pour ménager mes voisins.
Chacun d'eux, pour ma jeunesse,
Craint un piége séducteur,
Et, certain de ma sagesse,

Veut être mon protecteur.
  Viens, suis-moi, etc.

Je dois au propriétaire
Qui se prélasse au premier ;
C'est le filleul d'un vicaire,
De plus il est marguillier.
Son obligeance est douteuse,
Mais j'ai lu dans ses regards
Qu'une fille vertueuse
Aurait droit à ses égards.
  Viens, suis-moi, etc.

Au second, un gros folâtre,
Régisseur au Panthéon,
Sait mon goût pour le théâtre
Et veut m'y mettre en renom.
J'aurai des chances heureuses
Avec un pareil soutien :
Dans l'emploi des amoureuses,
Il dit que je vais très-bien.
  Viens, suis-moi, etc.

N'éveillons pas, au troisième,
Le marchand de nouveautés,
Qui consulte son Barême
Bien moins que mes facultés.
Chez lui tout est à ma guise,
Et, pour comble d'agrément,
Il m'offre sa marchandise,
Payable à tempérament.
  Viens, suis-moi, etc.

Au quatrième où m'appelle
Mon amour-propre flatté,
Je pose chez un Apelle,
Pour une Nativité...
D'un ample manteau de serge
Il me drape chastement,
Et prétend qu'avec la Vierge,
J'ai plus d'un rapprochement.
  Viens, suis-moi, etc.

Au cinquième je m'applique
Aux leçons que je reçois
D'un professeur de musique
Fort amateur de ma voix ;
Pour juger mes sympathies,
Il a soudain abordé
Un nocturne à deux parties
Où je l'ai bien secondé.
  Viens, suis-moi, etc.

Chut ! à mon sixième étage,
Un poëte est installé,
Vrai fléau du voisinage,
Par qui tout est contrôlé.
Jusqu'ici je suis la seule
Que ce rimailleur maudit
N'ait pas transformée en meule
Pour aiguiser son esprit.
  Viens, suis-moi,
  Mais tais-toi,
Charles, gagnons ma mansarde,
Tiens ma robe, et prends garde, etc.

E. F.

RONDE DE L'IMPRIMERIE,

Chantée au théâtre du Panthéon dans Thomas l'Imprimeur.

Air : *En avant, beau militaire.*

Dès le matin, quand le coq chante,
Filer son nœud le pain sous l' bras ;
D'vant l' verr' d'eau d' vie ou d' crêm' de menthe
Ne jamais reculer d'un pas ;
Tout l' long du jour devant sa presse,
Chasser les ennuis, la paresse ;
Bon ouvrier, jamais loupeur,
Voilà l' véritable imprimeur.

Ami de la *philosophie*,
Brave comme un *petit romain* ;
Narguant tous les maux de la vie
Avec un *p'tit canon* en main !
L'humeur *gaillarde* et *non pareille*,
Fêter et maîtresse et bouteille !
Bon amoureux, joyeux buveur,
Voilà l' véritable imprimeur.

Lorsque l'étranger nous menace
Courir sur lui sans avoir peur ;
A coup d' fusil lui fair' la chasse,
Sur l' champ d' batail!' rester vainqueur !
Pour fair' respecter sa patrie
Donner son sang, donner sa vie !
Tout sacrifier pour son honneur,
Voilà l' véritable imprimeur.

VOYAGE AUTOUR D'UN FAUTEUIL VIDE.

(Lettre à Roërich)

.... Je sortis hier, comme je t'ai dit, pour porter à M. de Béranger la lettre de l'oncle Josias.

Mais, mon bon Roërich, il n'y a qu'une créature au monde qui puisse lire le récit de mon excursion.

Cette humble et douce créature est un maître d'école à V...., cher petit village suspendu comme un nid de chardonnerets, entre deux roches assises dans le torrent glacé de l'Arve, lieu de refuge et de paix, où rien ne change, ni l'église aux broderies de lichen avec sa nef rayée par les sabots des fidèles, ni son clocher de chaume hanté par les colombes, ni le vieux tilleul qui sert de portique à la maison du Seigneur, et partage fraternellement son ombre entre les tombes du cimetière et la salle de verdure où est l'orchestre du bal. Ce maître d'école qui, je pense, n'a pas cessé non plus de vêtir le dimanche ce bel habit tabac d'Espagne qui flotte si magistralement sur ses hanches, et que lui légua l'oncle Josias, avec sa grosse montre d'argent et son édition *princeps* des odes de Béranger, cet homme qui a eu le bonheur, quand tout vieillit si vite, de rester enfant par le cœur, enfant par l'enthousiasme et par la croyance, ce frère de mon âme, et ce compagnon de mes rêves, c'est toi...

Et à qui, Roërich, raconterai-je autour de moi ce triste

et doux poëme qui s'est ému hier jusque dans les réduits les plus secrets de mon être, pauvre exilé que je suis perdu dans Babylone! Non, non, Roërich, notre voix qui dominait jadis celle des avalanches et des torrents alpestres, est bien trop faible pour percer l'assourdissant tumulte de tant de passions amoncelées par-dessus tant d'égoïsme. Soupirs et pleurs, vains murmures! Et je ne sache qu'un bruit aigre et strident qui puisse se faire entendre, celui du rire et des sifflets.

Écoute donc, Roërich, et garde pour toi seul cette page de mes odyssées, car si l'on apprenait, vois-tu, qu'il nous reste encore quelques larmes sous les paupières, ou quelque idole dans la pensée, cela ne nous ferait pas honneur.

La journée d'hier était une journée d'automne. Le ciel, tourmenté par la bise, secouait de sombres nuées d'un horizon à l'autre, et communiquait tout à la fois le frisson et la tristesse. Moi, je m'acheminais le long des Champs-Élysées, écoutant pleurer le vent dans les arbres dépouillés, ce qui me rappelait l'hiver de nos vallées et nos forêts de sapins dans l'Oberland.

Quand je fus sorti des avenues, la route s'éclaircit, je dépassai Chaillot, et au bout de quelques minutes j'entrai dans Passy et commençai de gravir une rue longue et tortueuse qui mène à la ville. Parvenu au sommet, je pris à gauche, dans la grande rue, je crois, et m'en allai frapper chez une des célébrités musicales le plus populaire parmi les grisettes et les habitués de Valentino. Tu ne sais pas ce que c'est que les grisettes et Valentino? Tant mieux et tant pis, car je ne me sens pas en veine de te l'expliquer. Je te prie pourtant de croire, Roërich, que je n'allais point chez l'illustre *maëstra* pour lui demander une romance sur le *Chourineur* ou la *Goualeuse* (encore des mots que vous ignorez, ô pédant trop candide!); j'allais tout simplement m'informer auprès d'elle de l'adresse exacte de Béranger.... Il est impossible, me disais-je, qu'une femme qui fabrique tant de romances ne sache pas me dire où demeure dans le village le chantre de Lisette et d'Octavie. Eh bien, vous vous trompez, Roërich, elle ne sut pas me le dire... Ce fut un enfant qui jouait avec un canard dans le ruisseau de la rue qui me montra du doigt la porte de Béranger. Pour l'illustre cigale, elle pense apparemment qu'il n'y a pas deux soleils à Passy.

La maison de Béranger est tout au bout du village, dans une rue très-solitaire et qui aboutit aux champs. Je rencontrai sur le seuil une grosse fille en sabots, qui épluchait des herbes, et ce ne fut qu'en tremblant que je m'approchai d'elle et lui exposai mon désir d'être reçu par son maître. C'est que, vois-tu, Roërich, je ne suis qu'un pauvre garçon fort inconnu par ici, et si j'ai écrit des cantiques pour le bon M. Corne, le pasteur de notre village, je me suis bien vite aperçu que ma réputation de poëte ne m'avait pas suivi dans la patache de Gros-Jean, et qu'elle était demeurée sur la route à deux cents pas du presbytère.

La grosse fille en sabots me regarda d'un air d'ébahissement plein de bonhomie, et me dit : « Quien! pisque vous voulez le voir, le cher homme, vous faut monter. C'est tout
« en haut, la porte à gauche. Si n'y est pas, y n'est pas loin, vous n'aurez qu'à l'at-
« tendre. »

Je fis un salut profond à la grosse fille, qui fut très-empruntée pour me le rendre, et je gravis deux étages qui me conduisirent sous les combles de la maison. Je frappai discrètement et j'attendis. La porte resta muette. Je frappai plus fort, même silence.

Me rappelant alors ce que m'avait dit la servante, je levai doucement le loquet; la porte céda, s'ouvrit, et je me trouvai dans une petite mansarde de huit pieds carrés, où je ne vis personne. Allons, pensai-je, c'est qu'il n'est pas loin, et que le plus court est de l'attendre. Suivons le conseil de la grosse fille et attendons. Je m'assis près de la cheminée où brûlaient deux tisons modestes. Bien que je fusse seul, j'étais en présence des meubles et des objets qui devaient être familiers au poëte, et je me découvris.

Je me rappellerai, dans vingt ans, l'aspect et la distribution de cette pièce comme je m'en souviens aujourd'hui.

Le lit est à droite en entrant; c'est un petit lit en fer, recouvert d'une courte-pointe verdâtre en filet de laine. Les rideaux sont de cotonnade verte. Il y a une petite pendule sur la cheminée, avec deux pots de fleurs naturelles, et à côté de l'âtre une armoire de sapin à hauteur d'appui sur laquelle sont quelques livres. La fenêtre est étroite, souffrante, et l'embrasure profonde est ce qu'on appelle lambrissée par l'abaissement du toit. Sous cette partie plus basse du plafond, à gauche de la fenêtre, se trouve une petite table, armée d'un pupitre à écrire, avec une chaise de paille rangée auprès. En face de la cheminée est le secrétaire, un modeste secrétaire du goût le plus *empire*, orné, sur le marbre qui le couronne, de deux ou trois statuettes et d'un portrait lithographié. Je crois que c'est Lamennais.

Voilà tout.... Ah! j'oubliais la chaise longue, vaste fauteuil de cuir brun, à dos renversé, qui se chauffait solitairement les jambes lorsque j'entrai. Te souviens-tu, Roërich, du grand caractère que nous reconnûmes un jour au fauteuil à oreilles de M. Corne? celui de Béranger m'a rappelé l'air pensif et recueilli qu'ont ces grands fauteuils vides, avec leurs pieds de chiens dogues et leurs tibias retournés en dehors. Un fauteuil a pour moi un sens, une figure, une pensée. Ils affectent tous, plus ou moins, une telle gravité de pose, et quelque chose de si magistral dans leur immobilité vivante, que je n'ai jamais regardé celui de M. Corne sans me sentir ému d'une vénération stupide. Mais je ne sais, Roërich, si les accessoires de la scène contribuèrent à modifier en moi l'austérité de ce respect en présence du fauteuil vide de Béranger. A mesure que je regardais mieux cette vaste chaise, avec son dos renversé et ses bras pendants comme une personne éplorée, je ne sais ce qui se remua dans mon âme, ô Rick! mais je sentis se fondre peu à peu les glaces de l'étiquette et en même temps poindre une larme au coin de mes paupières. Ce lit, ce feu avare, ce plafond surbaissé, cette petite fenêtre, cette petite table, cet ensemble d'une simplicité navrante qui côtoyait la misère, et puis je ne sais quoi de triste et de découragé qui planait à l'entour, joint aux lamentations de la bise à travers les ais mal joints, que te dirai-je, mon frère, tout cela me serra le cœur, et j'ignore comment se fit la chose, mais je pleurai tout de bon..... Oh! voilà, Roërich, voilà pourquoi ces lignes, je veux que personne, entends-tu, personne au monde ne les lise, excepté toi. Eh! que diraient-ils, ceux de par ici, que penseraient-ils de moi, s'ils apprenaient qu'un de leurs confrères, un aspirant à la gaie science du pataquès et du calembour, un néophyte dans l'art sublime du petit journal et du tout petit vaudeville, un apprenti Corsaire ou Figaro, un rieur, un hâbleur, un railleur, un vaurien qui préférerait se donner à mille diables plutôt que de passer pour entaché de chauvinisme (mot terrible!), que diraient-ils, Roërich, s'ils apprenaient qu'hier, dans une petite mansarde, par un temps d'orage, et à deux genoux, oui, Roërich, à deux genoux devant un fauteuil vide, j'ai pleuré ?..... Oh! ce que je pleurais, mon frère, ne le leur dis pas, c'était la gloire de la France, c'était la Muse de la patrie, c'était le chantre de toutes les belles amours, de Lisette et de la Liberté! A quoi bon leur rappeler ce temps des grandes guerres et des défaites plus grandes, alors que le monde changeait quatre fois de face en cent jours, et que les géants tombaient morts par-dessus les aigles vaincus! Que savent-ils, les étourdis, de ces quinze ans de lutte où se sont usés nos pères, lutte infatigable, par la plume, par le pinceau, par l'éloquence, par le vaudeville, par la chanson, par la chanson, surtout! L'homme qui s'assied ici, Roërich, dans ce fauteuil usé, et qui s'endort là sous ces courtines pauvres, ce fut le poëte de trente-deux millions d'hommes, fils privilégié des dieux qui lui donnèrent en partage l'inspiration de Pindare, les roses d'Anacréon, et le courroux de Tyrtée. Cet homme-là, vois-tu, faisait pâlir l'Empereur rien qu'en choquant son verre contre son pot d'étain, et lorsque le Titan fut enchaîné sur sa montagne, de tous les rois, ses vainqueurs, celui-là seul qui eut le courage de le pleurer, fut l'humble roi d'Yvetot! Et j'ai pleuré aussi, Roërich, car j'ai compris que ce poëte, dont les cendres reposeront peut-être au Panthéon, ne s'était ainsi retiré de nous, silencieux et solitaire, et ne s'était confiné dans sa pauvreté mal dissimulée, qu'en sentant lui-même la génération nouvelle se retirer de lui, et le vieil amour de la patrie, flamboyant au cœur des pères, pâlir et s'éteindre dans le cœur des enfants. Oh! non, Roërich, ne leur dis pas que j'ai pleuré. Je suis sûr qu'ils m'appelleraient *Chauvin!*

Quand je revins à moi, la grosse fille en sabots qui était entrée sans que j'y prisse garde me regardait avec des yeux plus ébahis que jamais. Je me relevai tout confus, et, ne sachant que lui dire, je la regardai aussi. — « Bon! fit-elle, faut pas vous interloquer pour ça, M'sieu! Pardi, vous n'êtes pas le seul, au moins, qui s'est senti tout chose en entrant ici. Moi qui vous parle, quand j'y suis venue pour la première fois, eh ben, j'ai senti le cœur qui me gribouillait... Mais, vous savez, on voit tous les jours *le bonhomme*, et on s'y habitue... — Et... pensez-vous que j'aurai aussi le plaisir de le voir? — Ah! j'oubliais, c'est pour ça que je monte. La grosse Lise vient de me dire qu'elle avait vu *le bonhomme* filer par le bas de la rue. Quand y file comme ça par le bas de la rue, c'est qu'y s'en va à la ville, et y ne reviendra guère que sur le tard. — Alors, veuillez lui remettre mon nom et cette lettre... j'aurai l'honneur de me présenter de nouveau. — Oh! ben, y vous recevra, allez! y ne lui vient pas beaucoup de visites au pauvre cher homme. »

En m'en allant, j'aperçus près de mon chapeau, qui avait roulé par terre, une fleur tombée de l'un des vases de la cheminée. Je m'en emparai, et je me sauvai comme un larron. Mais lorsque je fus dans la rue, j'ouvris la main pour considérer la fleur. C'était une rose séchée dont je ne trouvai plus que la poussière.

J'ai fait deux parts de ces débris, Roërich, l'une que je garde et l'autre que je t'envoie... Je n'ai que toi de frère.

Marc Fournier.

SOUPÇON JALOUX.

Paroles et musique de **M. JOSEPH VIMEUX.**

Rappelle-toi notre tendresse
Lorsque naquirent nos amours ;
Tu jurais de m'aimer sans cesse,
Et c'est moi qui t'aime toujours.
Repens toi de ta perfidie,
Du tourment qu'elle m'a causé !
De mon amour, de ma folie
Ah ! je suis bien désabusé.

A mon rival promets, coquette,
Promets ta volage faveur......
Adieu, moments que je regrette,
Adieu, mes rêves de bonheur !
C'en est fait ! par la jalousie
Le prisme est à jamais brisé...
De mon amour, de ma folie
Ah ! je suis bien désabusé !

LA CINQUANTAINE.

Air : Du Carnaval (de Meissonnier).

Que de bonjours je vous ai dits, fillettes !
Mais maintenant il faut vous dire adieu :
J'ai cinquante ans, et je porte lunettes;
Pour un galant c'est un bien triste aveu.

Oui, c'est adieu qu'il faut que je vous dise ;
Sur mes cheveux vient la neige des ans.
Jeune minois auprès de barbe grise
Serait l'hiver à côté du printemps.

Je sais pourtant qu'il est certain adage
Que l'on répète et cite en tout pays ;
Ce vieux proverbe, en faveur du vieil âge,
Dit qu'à vieux chat il faut jeune souris.
Oui, j'en conviens, il peut fort bien encore,
En la guettant chercher à l'attaquer ;
Mais le vieux chat, quand la faim le dévore,
Hélas ! n'a plus de dents pour la croquer.

Adieu la brune et la blonde fidèle ;
Je ne puis plus galoper ni valser ;
Non, non, le cœur qui bat sous la flanelle
Vers la beauté ne peut plus s'élancer.
Adieu les bals où j'étalais ma grâce,
Où l'amour fit à l'hymen plus d'un tour !
Au coin du feu l'ardent tison remplace,
A cinquante ans, le flambeau de l'amour.

La fable en vain nous parle de déesses
Rajeunissant d'invalides maris ;
Je ne crois pas aux fameuses prouesses,
Aux grands exploits de ces époux transis.
En vain l'on dit que l'Aurore brillante
Fait rajeunir son époux sur son sein :
Si de Titon l'Aurore était contente,
La verrait-on se lever si matin ?

Amour, adieu ! je dois céder la place,
Et mettre bas les armes aujourd'hui ;
Sur ton domaine on perd le droit de chasse
Quand à nos yeux la cinquantaine a lui.
Quand j'empruntais quelques flèches légères
A ton carquois, j'arrivais droit au but ;
Mais maintenant, pour chasser sur tes terres,
Je resterais trop longtemps à l'affût.

Delegorgue Cordier.

LES ENFANTS D'ÉDOUARD.

Air : Doux Rossignol, chante pour moi (Béranger).

Je hais les droits de la naissance,
Je fuis les valets et les grands,
Mais pour la faiblesse et l'enfance
Mon amour méconnait les rangs.
Écoutez l'avis salutaire
Que vous donne un sage vieillard :
Enfants du feu roi d'Angleterre,
Redoutez votre oncle Richard,
   Votre oncle Richard.

Quand votre force se déploie
Dans vos luttes et dans vos jeux,
Les rayons d'une douce joie
Viennent illuminer ses yeux.
De son odieux caractère
Cette bienveillance est le fard.
Enfants du feu roi d'Angleterre,
Redoutez votre oncle Richard,
   Votre oncle Richard.

Il m'importe peu que l'on prône
Les liens de la parenté ;
Je suis sûr qu'aussi près du trône
Il rêve souvent royauté.
Au réveil son espoir s'altère,

Il vous a vu devant son char.
Enfants du feu roi d'Angleterre,
Redoutez votre oncle Richard,
   Votre oncle Richard.

Il est une voix dans nos âmes
Qui combat nos mauvais desseins ;
Elle fait pâlir les infâmes,
Retient le bras des assassins.
Quand cette voix vient à se taire,
De son fourreau sort le poignard.
Enfants du feu roi d'Angleterre,
Redoutez votre oncle Richard,
   Votre oncle Richard.

Enfants, votre sort m'intéresse,
Dans l'avenir je vois sur vous
De quelque sombre forteresse
Se fermer les pesants verrous ;
Puis se glisser dans le mystère
Le meurtre... et puis un peu plus tard,
Les nobles lords de l'Angleterre
Proclamer roi l'oncle Richard,
   Roi l'oncle Richard.

Charles Gille.

LE CHEVRIER.

Paroles de M. Henri Erb, musique de M. Charles Lamy.

Pauvre chevrier, je n'ai guère
Appris à conduire un Etat;
Et je n'ai jamais fait la guerre,
Car jamais je ne fus soldat....
Vivre obscur, pauvre et sans envie

Fut toujours l'objet de mes vœux.
Si vieux, faut-il changer de vie?
— Oui, chevrier, oui, je le veux!
— Adieu, etc.

Si les habitants du village
Viennent me consulter souvent;
S'ils m'ont donné le nom de sage,
Ce n'est pas que je sois savant;
Je ne sais rien, je dois le dire;
Et le temps blanchit mes cheveux...
Faut-il si tard apprendre à lire?..
— Oui, chevrier, oui, je le veux!
— Adieu, etc.

A la cour, ce lieu des merveilles,
Des savants et des beaux discours,
Crois-tu que le fruit de mes veilles
Puisse être de quelque secours?..
On va traiter de radotage
Mes projets les plus généreux...
Dois-je l'essayer à mon âge?
— Oui, chevrier, oui, je le veux!
— Adieu, etc.

Ces grands plongés dans la mollesse,
Tous tes flatteurs, tes courtisans,
Et tes guerriers, et ta noblesse,
Et Crésus, et ses partisans!
De quel œil verront-ils paraître
Le chevrier au milieu d'eux?
L'esclave deviendra-t-il maître?...

— Oui, chevrier, oui, je le veux!
— Adieu, etc.

Je pars, j'obéis à l'oracle:
Prince, à ta cour guide mes pas!....
Tu me demandes un miracle;
Pourquoi ne le ferais-je pas?
Michel a courbé sous sa lance
Le roi du séjour ténébreux;
Moi, je vais réduire au silence
Tes grands, si fiers et si nombreux....
L'oracle le prescrit! souverain, je le veux!
— Adieu, etc.

Roi, j'ai su rendre à ton empire
Le calme et la prospérité;
Tous sont heureux!.. moi seul soupire
Après ma médiocrité...
Reprends tes titres, ta puissance;
Rends-moi mes chèvres et mes jeux,
Et mes doux souvenirs d'enfance...
— Oui, chevrier, oui, je le veux!
L'oracle le permet; chevrier, je le veux!
— Salut, séjour champêtre,
Salut, cabane où je suis né;
A vous et pour toujours peut-être,
Le chevrier est ramené!

SURGITE, MORTUI!

Couplets chantés à un déjeuner dont tous les convives avaient médité ou tenté le suicide.

Air : Comme faisaient nos pères.

Vous qui mourez à tout propos
 Et six fois par semaine,
  Çà, reprenez haleine,
Le dimanche est jour de repos.
  Sortis de terre
  Par un mystère,
Morts, buvons frais : le suicide altère;
Déjeunons encor, puis mourons...
Mourons de rire, ou bien courons
Nous pendre ailleurs... à des bras blancs et ronds.
 Surgite, pour me suivre,
 Mortui, qu'on s'enivre;
Le verre en main, essayons de revivre!

Bien qu'aux mansardes logés tous,
 L'Espérance nous reste;
  Habitante céleste,

De plain-pied elle entre chez nous.
  Sous la tutelle
  De l'immortelle
Marchons unis! Encore un jour, dit-elle;
Demain les roses fleuriront,
Demain les vignes mûriront,
Demain vos Christs du tombeau sortiront.
 Surgite, etc.

Roucoulant d'amour sur un toit,
 Vrai cœur de tourterelle,
  Quand tu mourais pour elle,
Ami, Claire vivait pour toi :
  Magicienne
  Aérienne,
De sa fenêtre elle lorgnait la tienne,
Et par les fentes du volet,

* Extrait de *Myosotis* — Paris, Paul Masgana, libraire-éditeur, galerie de l'Odéon, 12.

Vers ton front, sous le pistolet,
De ses doigts blancs un baiser s'envolait.
  Surgite, etc.

  Point de blasphèmes : autant vaut
  Aboyer à la lune :
  La gloire et la fortune
Ont fait leurs nids d'aigle bien haut ;
  Mais en campagne
  Sur la montagne,
Jeunes chasseurs, si le sommeil vous gagne,
Qu'au voisin glacé par le vent
Un camarade bon vivant
Tende sa gourde et répète : En avant !
  Surgite, etc.

J'ai quelque droit, vous le sentez,
  De prêcher sur ce thème :
  J'en suis au quatrième
De mes suicides tentés.

En vain je blâme
Ce siècle infâme ;
En vain cent fois j'ai dit : Partez, mon âme !
Que Dieu seul la pousse dehors ;
Rose y tient : je garde mon corps ;
Ses jolis yeux font revenir les morts.
  Surgite, etc.

Suicide, monstre odieux,
  Devant notre eau bénite
  Rentre aux enfers bien vite...
Mais il vient, et sur nous, grands dieux !
  Frelon morose,
  Il se repose ;
Pour le chasser prenons le châle de Rose,
Les enfants nés dans ce repas
D'une rasade et d'un faux pas,
Vivront cent ans et ne se tueront pas !
  Surgite, etc.

HÉGÉSIPPE MOREAU.

LE MARCHAND D'ANTIQUITÉS.

Air : Entendons-nous, belle Suzette.

Venez visiter l'antiquaire ;
Son assortiment doit vous plaire ;
Car chez lui chaque antiquité
  Est une curiosité.

Voici le manche de la hache
Qui servit au pieux Noé ;
Reste des noces de Gamache,
Un poêlon, encore enfumé ;
Doux travaux d'Ève, notre mère,
Un lange et deux béguins d'Abel,
Et, de plus, la première pierre
De l'ancienne tour de Babel !

Vous désirez quelque chose, milord?
UN ANGLAIS. — Yès, yès, je désirais même beaucoup savoir le prix de ce grand marmite.
LE MARCHAND. — Oh! que dites-vous, milord? Marmite! un des plus beaux débris de Pompeïa, une superbe urne antique...
L'ANGLAIS. — Comment! en tique? je le croyais en bronze; je n'en voulais plus alors.
LE MARCHAND. — D'autres objets pourront vous convenir. Tenez, voilà deux fameux pépins; l'un vient de la pomme qui perdit Adam, l'autre de celle qui sauva Guillaume Tell. Voici le bout de la langue que Sixte-Quint fit couper à l'auteur de certaine pasquinade ; elle a été embaumée d'après le système Gannal, ce qui fait qu'elle s'est parfaitement conservée dans l'esprit-de-vin.

Voyez, visitez l'antiquaire,
Son assortiment, etc.

De saint Crépin la longue alène
Dont il usa jusqu'au trépas ;
Une arête de la baleine
Où fut emprisonné Jonas ;
Le bois de la première douve
Qui comprima le divin jus ;
Puis, le biberon dont la louve
Sut se servir pour Romulus.

Remarquez aussi ce vase ; sa forme particulière fait supposer que son origine et son emploi se perdent dans la nuit... des temps; pourtant on n'a pas encore pu lui donner de nom propre. Il ne fait pas grand effet de jour, mais il faut voir ce vase de nuit. Voilà une des deux aiguilles à tricoter de Cléopâtre ; l'autre est sur la place de la Concorde. Voici les lunettes que portait Néron... Un fragment de la perruque de Titus... L'alambic au moyen duquel on entretenait Sévère d'absinthe suisse, que cet empereur aimait beaucoup. Enfin une chaise et une table qui viennent de Commode...

Voyez, visitez l'antiquaire ; etc.

Là, regardez ces lourdes armes ;
En les portant, noble baron
De sa moitié bravait les larmes
Pour acquérir un vain renom.

Armets, brassards, écus, salades,
D'acier pur ou de fer noirci,
Qui brillaient au temps des Croisades,
Se rouillent maintenant ici.

L'Anglais. — Yès, yès : mais ce article, il doit être fort avantageux pour vous ?

Le Marchand — Ma foi, non, milord ; la mode en est passée ; la terre sainte ne produit plus rien ; avec ce qui nous arrive du Jourdain, il n'y a vraiment que de l'eau à boire... Tenez, j'ai près de cette fenêtre une armure de croisé qui n'a pas encore pu s'ouvrir de débouché... Dernièrement encore, j'achetai à un actionnaire de la compagnie hollandaise le casque de Godefroy de Bouillon... ce qui m'en a fait boire un fameux... Cependant, je dois dire que je me suis mieux tiré d'affaire avec une pièce d'or de saint Louis, vous savez ? ce bon roi qui mourut en Palestine, d'une indigestion de galette de sarrasin...

Voyez, visitez l'antiquaire ;
Son assortiment, etc.

Pierres rouges, brunes ou vertes,
Témoignages fort éclatants
Des plus brillantes découvertes
D'une centaine de savants ;
Série entière et sans lacune
Des instruments à deux tranchants,
Et l'outil qui fit dans la lune
Un trou pour bien des commerçants.

Ah ! vous vous étonnez de voir chez moi cette énorme quantité de livres neufs ? ce sont les œuvres d'une foule de romanciers et dramaturges modernes, qui par leur nature sont tombées dans le domaine de l'antiquité, car personne ne se souvient de leur naissance... Voici trois cheveux blancs d'une jeune première d'un de nos grands théâtres... Ceci est l'œuf d'une des oies qui sauvèrent le Capitole. Passons de cet œuf à la coque du navire qui porta Christophe Colomb en Amérique, morceau fort estimé par les coureurs d'aventures qui rêvent un nouveau monde... Enfin, près de l'arquebuse de Charles IX, voyez le vieux rêve de la poule au pot, la première plume arrachée aux ailes de la liberté et les bâtons placés dans les roues de son char... Mais voici l'heure de fermer la boutique : bonsoir, milord.

Et revenez voir l'antiquaire ;
Son assortiment, etc.

Léonard Schneitz.

POS' TA CHIQUE ET FAIS L' MORT.

Air : Le cordon, s'il vous plaît.

Oui, j'en conviens, c'est dans la rue
Que j'aime au vol attraper un refrain ;
La vérité s'y montre nue,
On y voit la gaieté sans frein. (bis)
Hier encor, sur mon passage,
Un ivrogne faisant tapage,
Un plaisant lui cria bien fort :
  Pos' ta chique, et fais l' mort !
  Pos' ta chique, et fais l' mort !

Je ris toujours quand un vieux drille
Entre en ménage avec jeune tendron ;
Si sa femme est jeune et gentille,
Il cherche à faire le luron. (bis)
Arrière ! ce n'est plus ta place ;
Chez toi, barbon, tout est de glace,
Et l'âge a brisé ton ressort :
  Pos' ta chique, etc.

Une dame ayant cachemire
S'arrête et cause avec un élégant :
Je m'approche, et bientôt j'admire
Ses jolis yeux, son air décent, (bis)
Lorsque d'une voix de rogomme
Je l'entends dire au beau jeune homme :
Rien qu' trois francs... voyez l' bel effort !
  Pos' ta chique, etc.

Dans nos trois jours, jours de justice,
Où la clémence a si souvent marqué,
Un faubourien terrasse un Suisse
Qui par bonheur l'avait manqué : (bis)
Ah ! tu n'en descendras pas d'autres,
Lui dit-il, car voici les nôtres...
Mais tu pâlis .. je plains ton sort...
  Pos' ta chique, etc.

Dans nos campagnes alarmées,
Des rois ligués si la horde rentrait,
Miracle des quatorze armées,
C'est alors qu'on te reverrait ! (bis)
La Marseillaise et son tonnerre,
En ébranlant encor la terre,
Redirait à l'enfant du Nord :
  Pos' ta chique, etc.

Pour empêcher qu'on nous opprime,
Gardons-nous bien, Français, d'abandonner
Cette salutaire maxime :
Le roi règne sans gouverner. (bis)
Si le nôtre un jour s'en écarte,
Qu'il aille interroger la Charte :
Elle lui répondra d'abord :
  Pos' ta chique, etc.

Jules Leroy.

Nota. — Il s'est glissé une erreur dans la 7e livraison. La musique des *Chourineurs* est de M. *Constantin de Verdun*, et non de M. *Valentin*.

LE CAVEAU.

 Les lecteurs du *Paris chantant* ont vu, dans plusieurs numéros de ce recueil, dérouler sous leurs yeux le tableau des principales goguettes de la capitale, et ils ont pu sourire aux gais refrains de ces assemblées populaires et chantantes composées d'ouvriers qui, après leurs travaux du jour, arborent le soir l'étendard de Momus, en buvant le suresne. Il est une autre société, non pas plus joyeuse, mais d'un genre plus relevé, ou, comme on dit vulgairement, plus collet-monté, dans laquelle siége l'élite des chansonniers : c'est le *Caveau*. Nous en ferons l'objet de la présente notice.
 L'origine du Caveau remonte à l'année 1733. Il eut pour fondateurs Piron, Collé et Crébillon le fils. Ces trois amis soupaient habituellement chez leur camarade Gallet, chansonnier médiocre, mais qui, non moins gaillard que ses hôtes et plus à l'aise, leur épargnait les frais du cabaret. On dit même que ce fut à la suite de l'une de ces réunions, tenue le vendredi saint, que Piron adressa à l'un de ses amis cette réponse mémorable : *Quand la divinité succombe, l'humanité peut bien chanceler*. Bien que très-peu munis d'argent, ils donnèrent un jour à dîner à leur amphitryon, et invitèrent, pour être de la partie, Fuselier, Saurin le fils, Sallé et Crébillon le père. Ces huit convives allèrent dîner au carrefour Bussy, faubourg Saint-Germain, dans un cabaret tenu par le fameux Landelle, et connu alors sous le nom de *Caveau*. Ils adoptèrent ce nom pour titre de leur cercle intime, où ils admirent ensuite Duclos, la Bruyère, Bernard, Moncrif, Boucher le peintre, Helvétius, et Rameau le musicien.

Ces joyeux compagnons banquetaient à frais communs, le 1er et le 16 de chaque mois. On se mettait à table à deux heures de relevée. On y était à tour de rôle le point de mire d'une épigramme ; si elle était jugée applicable et de bon goût, le patient buvait un verre d'eau à la santé de l'auteur, son censeur ; si elle était injuste ou niaise, l'auteur devait, pour punition, avaler le verre d'eau. Ce jeu d'esprit durait depuis dix ans, lorsqu'une épigramme de Crébillon fils vint jeter le trouble dans la société. Duclos avait demandé à Crébillon le père quel était le meilleur de ses ouvrages. Montrant son fils, il répondit : « Voilà le plus mauvais. » Le fils, profitant, ou plutôt abusant d'une rumeur calomnieuse qui attribuait à un chartreux les tragédies de son père, osa lui riposter par ces mots : « Pas tant d'orgueil, mon père ; attendez qu'il soit bien démontré que ces ouvrages sont de vous. » On ordonna le verre d'eau à tous deux. Crébillon fils but le sien ; mais le père, outré de cette audace, refusa de s'exécuter, et, jetant un regard menaçant sur son fils, il sortit pour ne plus reparaître au Caveau.

Vers le même temps, la réunion perdit Gallet ; Crébillon fils passa en Angleterre ; la Bruyère, nommé secrétaire d'ambassade, se rendit à son poste ; Bernard, que Voltaire appelait Gentil Bernard, nommé secrétaire des dragons, suivit son colonel. Cette dispersion des membres du Caveau mit fin à ses dîners. Ils ne recommencèrent qu'en 1759, sous les auspices du fermier général Pelletier, qui avait chez lui table ouverte où venaient tous les mercredis Marmontel, Boissy, Suard et Lanoue. Le financier y invita Monticour, Saurin fils, Helvétius, Bernard, Collé et Crébillon le fils, qui, de retour d'Angleterre, y présenta aussi le célèbre Garrick, Sterne et Wilkes.

A la mort de Pelletier, le Caveau se reconstitua, en adjoignant à ses anciens membres quelques nouveaux sociétaires, entre autres Lemierre, Favart, Collardeau, Laplace, le traducteur du théâtre anglais, Goldoni, Rochon de Chabannes, Barthe, Dudoyer, Dussault, Dorat, Pezai, l'abbé de Vocelles, Denon, Coquelcy, de Chaussepierre, Delille le fabuliste, le comte de Coigny, Vernet père et Laujon. On admit des associés ou convives en nombre indéterminé ; mais une seule voix suffisait pour repousser un candidat. On nomma Crébillon le fils président perpétuel ; on retrancha l'épigramme qui avait été naguère si fatale, et on ne s'occupa de chansons qu'au dessert, moment où chacun donnait également les prémices de ses ouvrages inédits, à moins qu'on ne se fût réuni entre le déjeuner et le dîner, lorsque l'un des membres avait désiré les lumières de ses confrères.

La révolution de 1789 arriva et dispersa de nouveau les enfants d'Épicure. Ils ne se rapprochèrent qu'après la terreur de 1795. Ils fondèrent alors les *Dîners du Vaudeville*, dont les convives principaux furent Armand Gouffé, Philippon de la Madeleine, Prévôt-d'Iray, de Ségur jeune, Philippe de Ségur, Maurice, Séguier, Emmanuel Dupaty et Chazet. Cette réunion, créée le 2 vendémiaire an V, cessa d'exister le 2 nivôse an IX ; elle n'avait duré que cinq ans.

Les victoires de la république, et surtout celles de Bonaparte, devenu ensuite premier consul et empereur, réveillèrent le goût de la chanson. Armand Gouffé et Capelle, libraire, conçurent l'idée de ressusciter l'ancien Caveau, et faisant un appel à une grande partie des convives des Dîners du vaudeville, ils choisirent pour lieu de leur réunion le *Rocher de Cancale*. C'était encore une sorte de cabaret, où il fallait passer par une boutique encombrée de poissons et de viandes pour arriver au salon. Ce lieu était déjà renommé pour ses huîtres.

Le vieux Laujon fut élu président de la réunion, qui s'appela *Caveau moderne*, et fut inauguré le 20 décembre 1805. Ce bon vieillard y chanta jusqu'à l'âge de quatre-vingt-cinq ans, et mérita ainsi le titre d'Anacréon français. Parmi la joyeuse troupe, on distinguait Armand Gouffé, Dupaty, Piis, Moreau, Chazet, Delonchamps, Francis, Antignac, de Jouy, de Rougemont, Ourry, de Tournay, Capelle, Ducray-Dumesnil, Coupart, Gentil, Théaulon, Eusèbe Salverte, Brazier et Désaugiers. Ce dernier était depuis peu de retour d'Amérique, et il s'était essayé à des vaudevilles qui eurent un grand succès.

Aux Dîners du vaudeville on publiait un journal portant le titre de *Journal des gourmands et des belles*. La nouvelle société y inséra ses productions, et il échangea ce titre contre celui de *Caveau moderne*. Le premier numéro parut le 10 janvier 1806. Des hommes du monde, notamment Reveillère, Marie de Saint-Ursin, Grimaud de la Reynière et Cadet-Gassicourt, prirent part à sa rédaction. Il y avait, pour sujets de chansons, des mots donnés que chaque membre devait traiter après le tirage au sort. Plus tard on appela des artistes et des chanteurs : Frédéric Duvernoy, Lafon, Doche, Mosin, Romagnési, Baptiste, Chenard et Piccini embellirent les dîners.

Laujon mourut en 1811, et Désaugiers le remplaça en qualité de président, M. de Piis s'étant retiré. En 1813, ce bon Désaugiers présenta au Caveau un nouveau convive qui devait devenir bientôt une des gloires de la chanson et du pays : c'était Béranger, lequel offrit, pour son premier tribut, *le Roi d'Yvetot*, apologue charmant, censure alors du règne entier d'un conquérant sur son trône impérial.

C'est dans cette situation florissante que la société vit arriver 1814 et la chute de l'empire. Chacun prit couleur pour l'opinion qu'il préférait ; l'une royaliste, l'autre libérale ou impériale ; l'une pour le droit divin et les lis, l'autre pour le droit électif et les aigles d'Austerlitz et de Friedland. Plusieurs associations chantantes s'élevèrent bien encore, mais ne jetèrent qu'un pâle éclat : le Caveau n'était plus.

Il se releva en 1826 sous le titre de *Réveil du Caveau*, mais sans adopter aucune opinion politique. Désaugiers le présida derechef ; un volume des chansons recueillies dans les banquets de la société parut au commencement de 1827, et vers le milieu de la même année, le digne héritier de Panard et de Collé, l'ami de tous les chansonniers, l'excellent Désaugiers leur fut enlevé, à la suite d'une opération de la pierre. Cet inimitable interprète de la gaieté française descendu dans la tombe, le Caveau s'assoupit et resta plongé dans le sommeil jusqu'en 1834.

C'est en effet de cette dernière année que date le Caveau actuel. Il s'appela d'abord les *Enfants du Caveau* ; mais ces enfants grandirent, soutenus par l'honorable appui de plusieurs membres du Caveau de Désaugiers, entre autres MM. de Tournay, Dupaty, de Jouy, de Rougemont, Brazier et Capelle ; il reprit, sur ma proposition, le titre pur et simple de *Caveau*. Depuis lors, il a publié chaque année un volume de chansons, et maintenant ses publications se font par livraisons mensuelles.

Les dîners de l'ancien Caveau se payaient sur le produit des abonnements au journal ; les convives aujourd'hui payent chacun leur écot ; et, au lieu du Rocher de Cancale, ils siégent rue Saint-Honoré, n° 248, chez le restaurateur Pestel. Comme à l'ancienne réunion, les chants ne commencent qu'au dessert, et toutes les productions qui s'y chantent ou s'y lisent doivent être inédites. La politique en est formellement exclue.

Voici quelle était la composition du Caveau à l'époque du 1er mars 1845 :

MEMBRES HONORAIRES : MM. Decour, Decourchant, Désaugiers (Eugène), Dupaty (Emmanuel), président d'honneur, Festeau, Gentil, Jouy (de), Nodier (Charles), Rochefort, président d'honneur, Tournay (de), id.

MEMBRES TITULAIRES : MM. Albert-Montémont, vice-président, Bordet, Calonne (de), Chartrey, maître des cérémonies, Didelot (baron), Fournier, Gagneux, maître des cérémonies, Giraud (Auguste), secrétaire général, Jacquemart, Justin-Cabassol, secrétaire adjoint, Lagarde (Jules), trésorier, Lesueur, Olivier (Ferdinand), trésorier adjoint, Pinet, Salin (Alphonse), président, Varin (Émile), Veissier-Descombes.

MEMBRES ASSOCIÉS : MM. Chartrey (Auguste), Dareste, Deleau, Vigny (de), Hicard, Lavocat, Macron (le major), Moinaux, Rathier, Saillet, Olivier père, Virbès de Montvaillier.

MEMBRES CORRESPONDANTS: MM. Altaroche, Arnal, Boucharlat, Cuzieu (de), Darthenay, Bignon, Bouvier, Degeorge (Frédéric), Delegorgue-Cordier, Du Leyris (Amédée), Engelhart, Hubert (Charles), Pradel (Eugène de), Mandel (Charles), Reinass, Ross (le capitaine), Saint-Valry, Sirven, Thiébaux, Vienne.

Nous reviendrons plus tard sur cette société qui entretient, avec tant de ferveur et de goût, le feu sacré de la gaie science.

Albert-Montémont.

LE CONVALESCENT.

Paroles de **M. JÉZÉQUEL**, Musique de **M. CHARLES LAMY.**

Andante.

Ne pleu-re plus, Li-se ma bien-ai-mé-e; Ne pleu-re plus, je suis hors de dan-ger. Tiens, en-tends-tu, ma voix s'est ra-ni-mé-e; Mes jours en-cor doi-vent se pro-lon-ger. J'é-tais tout près de quit-ter cet-te ter-re; Tes ten-dres soins sont ve-nus m'ar-rê-ter; Li-se tu fus mon an-ge tu-té-lai-re: Tout mon a-mour pour-ra-t-il m'ac-quit-ter? Li-se tu fus mon an-ge tu-té-lai--re: Tout mon a--mour pour-ra-t-il m'ac-quit---ter?

Huit jours entiers, froid, respirant à peine,
Je ne pouvais te parler, ni te voir;
Mais je sentais sur mon front ton haleine,
Et sur mon cœur ta main cherchant l'espoir ;
Tous tes baisers, que je n'ai pu te rendre,
Dans le tombeau j'allais les emporter;
Mais Lise, attends, mes forces vont reprendre :
Tout mon amour pourra-t-il m'acquitter !

Parlons plus bas, n'éveillons pas ma mère.
Depuis un mois que j'étais là souffrant,
Le doux sommeil avait fui sa paupière :
Elle pleurait sur son fils expirant ;
Mais toi, près d'elle, épiant ses alarmes,
D'un peu d'espoir tu savais la flatter,
Puis tu mêlais tes larmes à ses larmes :
Tout mon amour pourra-t-il m'acquitter !

LES CANCANS DES PETITES VILLES.

Air : Tôt, tôt, carabo.

Voulant me rendre utile,
Quand j'ai pris mon café
Bien chauffé,
Je fais mon tour de ville
Pour savoir ce qu'on dit,
Ce qu'on fit ;
Aussi je sais tout,
Jusques au ragoût

Que l'on mange partout.
Rien n'est piquant,
Rien n'est piquant,
Comme un petit cancan.

Dans la ville on ébruite
Que gens gorgés d'argent,
Vont mangeant

Six mois leur pomme cuite,
Pour donner à la fin
   Un festin,
Où truffes, faisans,
Et chapons du Mans,
Sont offerts aux gourmands.
   Rien n'est piquant, etc.

Tout bas on se demande
Comment donc et pourquoi
   Près de soi,
La petite marchande
Se permet les chapeaux
   Les plus beaux ?
C'est impertinent,
Pour qui noblement
Vit en ne rien faisant.
   Rien n'est piquant, etc.

Chez un voisin je frappe,
J'y trouve réunis
   Dix amis.
Deux s'en vont, on les drape;
Du troisième qui suit
   On médit;
Et tous au creuset
De ce doux caquet
Attrapent leur paquet.
   Rien n'est piquant, etc.

Quel monde à la mairie,
Pour entendre un serment
   Où l'on ment,
Et voir, à la bougie,
La robe, les bijoux,
   Des époux;
Puis, d'un feu roulant,
Flétrir en passant
La fleur du bouquet blanc !
   Rien n'est piquant, etc.

Hier, en grande soirée,
Le punch, le malaga,
   Le baba,
Les glaces, l'eau sucrée,
Circulaient tout du long
   Du salon.
Au maître on disait :
C'est divin ! parfait!
En arrière on glosait.
   Rien n'est piquant, etc.

Monsieur Jean, le vicomte !
Dit un groom annonçant
   Un entrant.

Ah ! c'est bien un vrai *conte,*
Me dit d'un air malin,
   Mon voisin :
Son aïeul, chez nous,
Était, voyez-vous,
Mousquetaire à genoux.
   Rien n'est piquant, etc.

Paul, pour toute science,
Sait se bien cravater,
   Se botter.
Toute son éloquence,
En frondant les auteurs,
   Les acteurs,
Consiste en ces mots :
Perruques ! rococos !
   Rien n'est piquant, etc.

Pour les pauvres, Clémence
Veut bien chanter un air
   Au concert.
Elle dit sa romance
Avec un goût exquis ;
   J'applaudis ;
Mais aux cent bravos
Se mêlent ces mots :
Comme elle a chanté faux !
   Rien n'est piquant, etc.

Une bonne dévote,
Qui craindrait de bouillir
   Ou rôtir
Pour une gibelotte
Mangée un vendredi
   A midi,
Va sur son chemin,
Son rosaire en main,
Déchirer son prochain.
   Rien n'est piquant, etc.

Sans doute on va me dire
Que je suis le premier
   Cancanier.
Ne faut-il donc pas rire?
Sans cancans le peut-on?
   Je dis non.
Allons, cancanons,
Chantons et dansons
Le cancan des salons.
   Rien n'est piquant,
   Rien n'est piquant,
Comme un petit cancan.

DELEGORGUE-CORDIER, *du Caveau.*

TU NE VIENS PAS.

Paroles de M. ÉMILE BERTIN, Musique de M. JULES DERVILLE.

Voi-ci déjà mi-nuit qui son-ne A la cha-pel-le du ha-meau, Du lac voi-sin l'on-de fris-son-ne, La fau-vet-te dort sous l'or-meau; Au loin j'é-coute, ô mon a-man-te, Si j'en-tends le bruit de tes pas. Le zé-phyr trom-pe mon at-ten-te! Mih-na, Mih-na, tu ne viens pas! Le zé-phyr trom-pe mon at-ten-te! Mih-na, Mih-na, tu ne viens pas?

Tu m'avais dit que le mystère
Te guiderait dans ce séjour,
Que ce bocage solitaire
Serait l'asile de l'amour.
Au loin j'écoute, ô mon amante !
Si j'entends le bruit de tes pas ;
Le zéphyr trompe mon attente,
Mihna ! tu ne viendras donc pas ?

De ses aveux, de sa promesse,
A-t-elle oublié le serment ?
Peut-être une vive tendresse
La retient près d'un autre amant.
Quoi ! je doutais de sa constance,
Et j'entends le bruit de ses pas!
Oh ! pardonne-moi cette offense,
Mihna ! Mihna ! viens dans mes bras !

SIX MOIS DE VEUVAGE.

Air : Et surtout ne l'éveillez pas.

PREMIER MOIS.

— Marton, cache-moi ma parure,
Marton, cache bien mes bijoux ;
Tout ce luxe ferait injure
A la cendre de mon époux.
La retraite a pour moi des charmes :

J'ai perdu l'ami de mon cœur,
Je ne vis plus qu'avec les larmes,
Je ne suis plus qu'à ma douleur.

DEUXIÈME MOIS.

— Quelqu'un veut vous parler, madame.

— Qui? — C'est monsieur votre cousin.
— Que veut-il? — Le droit qu'il réclame,
C'est d'adoucir votre chagrin.
— Je me plairais à son langage,
Son offre doit me pénétrer;
Mais que dirait le voisinage?
Marton, défends-lui bien d'entrer!

TROISIÈME MOIS.

— Madame, malgré ma défense,
Votre cousin vient de venir.
Il était temps! Sans ma présence,
Il entrait sans vous prévenir.
Dieu! quelle fièvre le transporte!
— Qu'as-tu fait? réponds-moi d'abord!
— Ma foi, je l'ai mis à la porte.
— Marton, vous avez eu grand tort.

QUATRIÈME MOIS.

— Ah! Marton, combien je m'ennuie!...
Je succombe sous mon destin.
Pour calmer ma mélancolie,
Va, de grâce, chez mon cousin.
Peu m'importe mainte épigramme;
Je mets en lui tout mon espoir.
— Mais, que lui dirai-je, madame?
— Dis-lui que je l'attends ce soir.

CINQUIÈME MOIS.

— Madame, les nuits sont glacées;
L'hiver exerce ses fureurs :
Il aura détruit ces pensées
Que vous arrosiez de vos pleurs...
L'ombre de votre époux murmure,
Madame, partons-nous soudain
Pour reverdir sa sépulture?
— Non; le temps est trop incertain.

SIXIÈME MOIS.

Marton, préside à ma toilette!
Marton, parfume mes cheveux!
Exhume de cette cassette
Mes bijoux les plus précieux..
Comment trouves-tu ma figure?
Ce demi-deuil me sied-il mal?
— Mais à quoi bon tant de parure?
Qu'en ferez-vous? — Je vais au bal!

LOUIS VOITELAIN.

A MÉDOR.

AIR : Réformateurs, gardez bien vos secrets.

Heureux Médor, si j'ai bonne mémoire,
Je t'ai connu jadis maigre et hideux;
Chien sans pâtée, et poëte sans gloire,
Dans le ruisseau nous barbotions tous deux.
Lorsqu'à mes chants si peu d'échos s'émeuvent,
Lorsque du ciel mon pain tombe à regret,
A tes abois Dieu sourit, les os pleuvent :
Chien parvenu, donne-moi ton secret.

Aux chiens lépreux, oui, le malheur m'égale :
Battu des vents, par la foule outragé,
Si je caresse, on a peur de la gale;
Si j'égratigne, on m'appelle enragé.
Pour qu'au bonheur je puisse enfin renaître,
Dieu sait pourtant qu'un peu d'or suffirait;
Bien peu... celui de ton collier, peut-être;
Chien parvenu, donne-moi ton secret

J'eus comme toi mes longs jours de paresse,
Un lit moelleux et de friands morceaux;
J'ai frissonné sous plus d'une caresse,
D'abois moqueurs j'ai talonné les sots.
Puis dans la foule où l'on pousse, où l'on beugle,
J'ai vu s'enfuir Plutus qui s'égarait :
Pour devenir le chien de cet aveugle,
Chien parvenu, donne-moi ton secret.

Aux dominos sais-tu comment l'on triche?
Nouveau Pâris, arbitre de beauté,
As-tu donné la pomme à la plus riche,
Fait le gentil, fait le mort, ou sauté?
Ton sort est beau : moi, chien d'humeur bizarre,
Pour égayer le riche à ton banquet,
Je ne sais rien, rien que flatter Lazare.
Chien parvenu, donne-moi ton secret.

Tombé, dit-on, dans un pays de fées,
Dont la laideur mit le peuple en émoi,
On essuya tes pattes réchauffées,
De blanches mains te bercèrent; mais moi!...
Chien trop crotté pour que la beauté m'aime,
Si j'entrais là, le pied me balairait,
Hué de tous, et mordu par toi-même :
Chien parvenu, donne-moi ton secret.

HÉGÉSIPPE MOREAU.

MOUILLARD AU PONT DES ARTS.

Paroles de **M. Marc Constantin**, Musique de **M. Victor Parizot**.

Oh hé! Merlou, vingt-huit degrés d' chaleur, un soleil d'Alger, et trois monacos dans l' gousset... viens-tu piquer un' tête dans l' canal?... ça t' rafraîchira, et j' paye un verr' d' coco pour te nettoyer l' gaviau.

Merlou. — Ah! c'est toi, Mouillard! attends que j' passe mes z'hardes... C'est-y encore pour néyer un chien comme il y a quinze jours?

Mouillard. — Non; c'est pour nous lessiver... Nous allons nous blanchir avec l'eau d' Cologne de la nature... Allons, allons, partons... Oh hé! les aut's.. oh hé!...

Refrain. Allegretto.

Voi - là l'é - té, Vi - ve l'é - té! C'est un' sai - son qu'est fait' pour plai - re, Pour moi j'pré - fè - re L'onde à la ter - re, C'est bien plus mieux pour la san - té! Voi - là l'é - té, Vi - ve l'é - té!

Couplet.

Nous a - vons à choi - sir la pla - ce, Dans la Seine ou dans le ca - nal; C'est là que l'on na - ge a - vec grâ - ce, Gra - tis, à l'œil, c' qui n' fait pas de mal; Le port Saint-Ouen, c'est d'la gno-gno - te, Faut lais - ser ça pour l' genr' mous - seux, Puis il faut met' un' pe - tit' cu - lot - te, C'est fa - ti - guant et trop coû - teux.

Parlé.

Dis donc, Merlou, maint'nant que nous v'là z'arrivés, tu vas voir comme on passe le pont des Arts sans payer... Attention!... gare le plongeon... v'là l' marsouin qui va faire le tremplin dans l'Océan... Tiens, v'là comme on s' tortille... Une... deux... vlan!... Brrrrou... qu' c'est chaud!... j' vas t'êtr' frit comme un' mat'lote!...

Merlou. — Mouillard, j'ose pas me déshabiller... il y a des dames qui me r'luquent.

Mouillard. — Qu' t' es donc bêta !... garde ton gilet .. et quitte le reste...

Merlou. — Dis donc, Mouillard, faut-y quitter mes jarretières ?...

Mouillard. — Eh non ! n' quitt' pas ça, imbécile !.. t'aurais l'air d'Adam z'et Ève... et faut avoir des mœurs... Allons, à l'eau, canards !... En avant, l' grand pélican blanc, qui s' perce les flancs pour nourrir ses enfants ; l' pus souvent !.. Brrrrou !... qué lessive !... Oh hé ! les aut's, oh héééé !...

    Voilà l'été, vive l'été,
    C'est un' saison qu'est fait' pour plaire :
      Pour moi j' préfère
      L'onde à la terre,
    C'est bien plus mieux pour la santé.

Mais qu'est-c' qu'arriv' là-bas sous c't' arche ?
On dirait voir un vrai radeau !
C'est un train d' bois qui gliss' et marche ;
J' vas monter d'sus pour voir d' plus haut ;
Ceux qui n' sauront pas que j' m'amuse
S' croiront au détroit d' Gibraltar,
Et qu' c'est l' naufrag' de la Méduse
Qu'on exécutait au boul'vard.

Suis-moi, Merlou... Ah ! t'es donc déguisé en sauvage ?... On dirait la statue de *Cinq ou six natus* qu'est aux Tuileries... Arrive, arrive... v'là l' cipal qu'est fait au même !... Bonjour, Mossieû !... mes respects à vot' épouse !... Hein ?... vous dites ?...

Le Garde. — Tas de polissons !.. je vas vous faire coucher au violon, si je t'empogne.

Mouillard. — Dit's-moi donc, sergent, avez-vous un' ligne pour m' pêcher ? vous serez l'asticot.

Merlou. — Tiens, tiens, il empogne mon pantalon... il va le mettre en pièces !...

Mouillard. — Tant mieux !.. tu le f'ras refaire au dernier genre, s'il est en pièce !...

Le Garde. — Gamins, je vas vous mettre dedans...

Mouillard. — Dans le pantalon ?.. Dis donc, Merlou, c'est une habilleuse de l'Ambigu qu'est déguisée en autorité !

Merlou. — Nage pas si vite, Mouillard... Qu'est-ce qui passe là ?...

Mouillard. — Ça ? c'est un infortuné caniche qui s'est noyé l' jour d' sa mort !.. Attends, attends... j' vas y monter à cheval d'sus... on va croire que je suis dans les z'housards !... Excusez !... pus qu' ça d' collier !... Tiens, tiens... c'est la bête à mam' Coqu'licau !... Ah ben, nous allons rire, de lui rapporter son caniche à c'te femme !... Arriv' donc, Merlou, tu te laves trop; on va te prendr' pour une blanchisseuse de fin... Oh hé ! les aut's !... oh hééé !...

    Voilà l'été, vive l'été,
    C'est un' saison qu'est fait' pour plaire ;
      Pour moi j' préfère
      L'onde à la terre,
    C'est bien plus mieux pour la santé.

Mais v'là l' public qui se rassemble
Pour nous voir voguer sur c'te mer ;
Nous allons si vit', qu'il leur semble
P't-êt' que nous somm' sur un ch'min d' fer !
N' lach' pas, Merlou, c' caniche superbe,
Ce soir j' t'ach't'rai trois sous d' parfums,
Car il faut, comm' dit le proverbe,
Avoir l' respect pour les défunts !

C'est ça.. tire-le par la queue.. Aïe ! aïe !... le cipal qui nous attend !...

Le Garde. — Pourquoi te baignes-tu dans ces vagues ?...

Mouillard. — V'là l' troupier qui *dit vague* !...

Le Garde. — Allons, voilions, suis-moi t'au corps de garde...

Mouillard. — Ah ! ah ! fameux !... Dis donc, Merlou, j' vas suivr' Mossieû en zéphyr !... l' pus souvent !... prêtez-moi au moins un faux-col... ou vot' giberne...

Le Garde. — Allons, gamin, j' te tiens... j' vas te plonger au cachot...

Mouillard. — J' préfère plonger dans la Seine.. Oh hé ! Merlou... sauve-toi... on va t' piger !... plonge à l'eau.. entre dans un égout... tu sortiras faubourg Saint-Martin... Heupp !... c'est ça !... A moi, maint'nant !... (*Criant.*) Au feu ! au voleur !...

Le Garde. — Où donc est le feu ?..

Mouillard. — Là, là, sergent... tournez la tête... c'est ça !.. Ah ! ah ! qué couleur !... c'était pour filer !... Bonjour, mam'selle... Fait-y son nez !... y veut courir .. Bon !... y s'embarrasse .. y tombe dans les bras du caniche... tableau !.. Filons vite... et j' vas ach'ter des gants, pour me donner un chic plus flambard !... Oh hé ! les aut's !... oh hé !...

    Voilà l'été, vive l'été,
    C'est un' saison qu'est fait' pour plaire ;
      Pour moi j' préfère
      L'onde à la terre
    C'est bien plus mieux pour la santé.

LE DOYEN DES CHANTEURS DES RUES.

Les doyens sont comme les rois, ils ne meurent pas ; leur absence même ne laisse pas la place vacante. Un député auquel le privilége des années décernait, au début de chaque session, les honneurs de la présidence, se hâtait de faire ses adieux à sa famille. On voulait le retenir :

— Non, répondait-il, il faut que je parte.

— Eh ! pourquoi nous quitter sitôt ? les premiers travaux de la chambre sont sans importance.

— Mais si je reste avec vous, s'écriait-il à son tour, ils n'auront pas de président d'âge !

Le doyen des chanteurs des rues de Paris est mort il y a quelques années ; c'était le vieux Aubert, si connu et si chéri du peuple. Nous devons toutefois faire des réserves à cet égard ; la mort d'Aubert a été annoncée, et cette nouvelle n'a pas trouvé de contradicteur; puis, son absence n'a que trop bien confirmé le bruit fatal ; nous n'avons plus revu celui que nous rencontrions à chaque carrefour, avec sa mine épanouie et ses gais refrains. Oh ! par pitié, un démenti, s'il vous plaît !

Sans doute, il a eu un successeur ; mais certainement il n'a pas été remplacé.

Il y a un peu plus de soixante ans, les habitués de la paroisse de Saint-Médéric remarquaient au lutrin, dans le chœur et dans toutes les solennités religieuses, un bel enfant, rond, bouffi, ventru, rose, blond et rebondi comme les chérubins dont les têtes ailées voltigeaient à sa voûte ; c'était Marcellin, le fils du serpent, pour lequel la plus jeune des loueuses de chaises avait la plus vive tendresse. Marcellin avait été élevé dans l'église, il pouvait même croire qu'il y était né, et, comme Joas, il eût répondu à ceux qui l'eussent interrogé sur le lieu de sa naissance et de son éducation :

> Ce temple est mon pays, je n'en connais point d'autre ;

et si on eût ajouté :

> Quels sont donc vos plaisirs?

il aurait dit encore :

> Quelquefois à l'autel
> Je présente au grand prêtre ou l'encens ou le sel ;
> J'entends chanter de Dieu les grandeurs infinies,
> Je vois l'ordre pompeux de ses cérémonies.

Le chœur avait toutes les prédilections de l'heureux enfant ; pour le chœur il délaissait tous les jeux de son âge ; la maîtrise n'avait pas de disciple plus fervent. Marcellin faisait des merveilles: sa voix avait les qualités fraîches et suaves du timbre particulier aux enfants ; mais il joignait à ce soprano éclatant les suaves et graves vibrations de ce registre intermédiaire auquel les musiciens ont donné le nom de *baryton*. Il fut d'abord placé à la tête des classes du chant, comme modèle, puis il aida le maître dans ses leçons ; enfin il devint chantre, c'était un grand honneur, il n'avait pas quinze ans ; pour tous, il était un objet d'envie et d'admiration.

Il vivait au presbytère, doucement choyé ; il y avait le vivre et le couvert, car le curé l'aimait, le caressait et le soignait comme un directeur de spectacle aime, caresse et soigne son meilleur sujet ; la gouvernante se plaisait à vanter ses grâces d'archange ; à la sacristie il était le favori des bedeaux et des marguilliers ; le linge le plus fin, les ornements les plus somptueux, les rabats les plus blancs, les surplis les mieux plissés et les soutanes du drap le plus moelleux, étaient pour lui ; les dévotes le couvraient de menus présents et le bourraient de friandises. Quelle douce existence ! elle eût rendu jaloux le chantre du *Lutrin* !

La secousse de 89 bouleversa toute cette fortune ; Marcellin fut violemment jeté hors du temple, et, un beau matin, il se trouva sur le pavé ; il avait alors vingt ans.

Un jour, il rêvait tristement aux félicités perdues ; le soir s'approchait, et la nuit ne promettait pas plus de délices que cette longue journée qui s'achevait sans pain ; le pauvre Marcellin, après avoir épuisé toutes ses petites économies, n'avait plus ni toit pour s'abriter, ni croûte à mettre sous la dent. Avec quelle amertume il songeait alors à monsieur le curé, à sa gouvernante, aux bedeaux, aux marguilliers et aux dévotes ! Il rêvait ainsi sur le Pont-Neuf.

Une voix criarde, au son nasillard et soutenue par un violon qui grinçait sous l'archet, frappa son oreille ; il écouta, et, sur l'air d'un cantique à la Vierge qu'il avait chanté bien souvent, il entendit une chanson dont les paroles firent monter la rougeur jusqu'à son front. Cependant, séduit par l'air, il ne put résister au désir de le fredonner si haut, que le chanteur remarqua ce zèle et ne le quitta pas des yeux.

Après la séance, au moment où il venait de débiter ses deux derniers cahiers de quatre sous et de deux sous, le chanteur s'approcha du jeune garçon, et lui dit sans autre précaution :

— Tu meurs de faim ; veux-tu manger ?

— Oui !

— Eh bien, viens à la maison, la journée a été bonne, elle est finie, tu souperas avec nous.

Marcellin ne se fit pas répéter deux fois cette invitation ; il suivit le chanteur. On arriva, sans dire une parole, mais en marchant d'un bon pas jusqu'à la place Maubert ; là on prit à gauche, et après avoir fait quelques pas dans une petite rue singulièrement sombre, sale et étroite, on gravit par un escalier rude et périlleux ; au sixième étage une porte s'ouvrit et donna accès dans un de ces asiles du pauvre dont la description semblerait insulter à la souffrance de ceux qui habitaient ce triste réduit. Nous imiterons l'hôte de Marcellin et nous abrégerons le cérémonial de la réception. Le souper fut bon ; c'était une soupe aux choux, et, bien que ce fût un vendredi, Marcellin ne voulut pas s'apercevoir des énormes morceaux de lard qui couvraient son assiette, ou bien ne se pressa-t-il tant de les faire disparaître que pour échapper à l'aspect de cet objet qui contristait ses pensées ? Quoi qu'il en soit, il mangea beaucoup et de grand cœur. Quand la première faim fut apaisée, le chanteur, dont le regard l'avait suivi avec complaisance, lui dit du ton le plus indifférent en apparence :

— Allons, garçon, chante-nous la petite chansonnette ; j'ai chanté toute la journée, maintenant c'est à ton tour.

— Je ne sais que des cantiques.

— Va pour un cantique ! ça me changera.

Marcellin chanta alors de sa plus belle voix un tendre cantique sur l'air : *O ma tendre Musette !* qui était alors fort à la mode.

Sa voix avait de ravissantes mélodies.

Le chanteur était dans le ravissement ; il embrassa Marcellin les larmes aux yeux, et lui dit :

— Tu es un vrai rossignol, ma parole d'honneur ; tiens, regarde ma femme et mes enfants, tu les as tous fait pleurer. Écoute, mon garçon, je n'y vais pas par quatre chemins ; tu n'as pas de gîte, reste avec nous ; demain, je te conduirai, tu chanteras avec moi, et nous partagerons la recette ; en attendant, il y a toujours ici pour toi une gamelle et une paillasse. Va te coucher, demain tu me répondras. Bonsoir !

Le lendemain, on fut levé de bonne heure ; avant de s'asseoir près d'une table sur laquelle était déjà placé un déjeuner copieux, composé de charcuterie, Marcellin serra la main du chanteur, et tout fut dit entre ces deux hommes ; ils étaient l'un à l'autre.

L'association fut heureuse ; la voix de Marcellin était si jolie et si agréable qu'elle charmait tous les cœurs et déliait toutes les bourses ; il eut bien quelque peine à remplacer ses cantiques par les chansons qui couraient les rues, mais il se prêta à cette nécessité, et il donnait autant de gaieté à ses chants nouveaux qu'il avait autrefois donné d'onction à ses pieuses cantilènes.

Marcellin obtint une vogue immense ; aux promenades, sur les quais, dans les rues, sur les boulevards, il y avait foule autour de lui ; les dames en raffolaient ; on lui faisait de tous côtés des propositions brillantes qui devaient le lancer avec beaucoup d'éclat sur la scène ou dans le monde; il refusa tout pour ne pas se séparer de son bienfaiteur ; et lorsqu'après six ans de cette existence commune la mort brisa les liens qui les unissaient l'un à l'autre, Marcellin ne voulut pas quitter sa condition ; il resta chanteur des rues.

Avec l'âge, sa voix avait pris une étendue et une force surprenantes ; c'était un baryton à désoler les premiers sujets du théâtre. Il excellait surtout dans la romance chevaleresque ; personne ne chantait mieux que lui : *Vous me quittez pour aller à la gloire, L'astre des nuits, dans son paisible éclat, Je vais partir, Agnès l'ordonne, Partant pour la Syrie, Un jeune troubadour qui chante et fait la guerre*. A cette époque les chants populaires faisaient partie des fêtes officielles ; Marcellin chanta pour tous les régimes ; il chanta au Champ de Mars *le Çà ira* et *la Carmagnole* ; il chanta *la Bourbonnaise* aux Halles, *la Marseillaise* aux fêtes de l'Être suprême ; il conduisit des chants de guerriers ; plus tard il chantait :

> On dit qu' l'empereur d'Autriche
> N'est pas blanc, nous l' savons,
> Il a l'air tout godiche
> Depuis qu' nous l' savonnons,
> Y a de l'oignon,
> D' l'oignon, d' l'oignette,
> Y a de l'oignon !

Il chanta toutes les victoires et toutes les défaites; il chanta *Vive Henri IV, Charmante Gabrielle* et *Français, au trône de ses pères, Vive le Roi! vive la France!*

Toutes les chansons grivoises qui pullulaient sous la restauration à chaque coin de rue, il les chanta ; il chanta *la Parisienne*.

Alors, il s'appelait Aubert, et ce nom il l'avait pris le lendemain de la mort de celui qui l'avait lancé dans Paris chantant; il fut, d'un commun accord, nommé syndic de la communauté des chanteurs des rues ; il prit un embonpoint colossal; sa large face rayonnait d'allégresse, et sa voix entraînait toujours celle des auditeurs. Du haut de son petit logis de la rue de la Huchette, il édita toutes les chansons que Paris a chantées pendant trente ans ; il était dans la familiarité de tous les poëtes de la chanson ; il a touché la main à Laujon, à Désaugiers et à Béranger ; il n'est peut-être pas un poëte besogneux qui ne lui ait adressé une œuvre ; il la recevait avec une cordialité parfaite, mais il n'avait à leur offrir aucun prix du travail qu'on lui présentait.

Ce qui distinguait surtout Aubert, c'est qu'à l'instar des chanteurs ses prédécesseurs, il illustrait par des commentaires chaque couplet qu'il chantait.

Cet homme excellent, vieux de couplets et d'années, et qui ne paraissait jamais sans le classique tablier vert de velours d'Utrecht, à poche ; cet homme, qui avait chanté pour toutes les gloires, pour tous les désastres, pour toutes les fortunes et pour tous les revers ; cet homme qui avait vu passer dans ses chants toutes les physionomies, tous les événements, tous les portraits et tous les tableaux de la vie parisienne, est perdu pour nous ; et de lui, comme de Judas Machabée, nul ne peut dire comment est tombée cette puissance de la chanson.

Eugène Briffant.

L'ARCHANGE.

Paroles de Mr L. G. de BERNIÈRES. Musique de Jh VIMEUX.

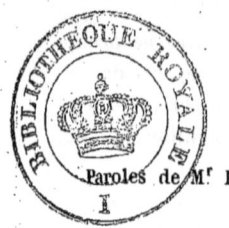

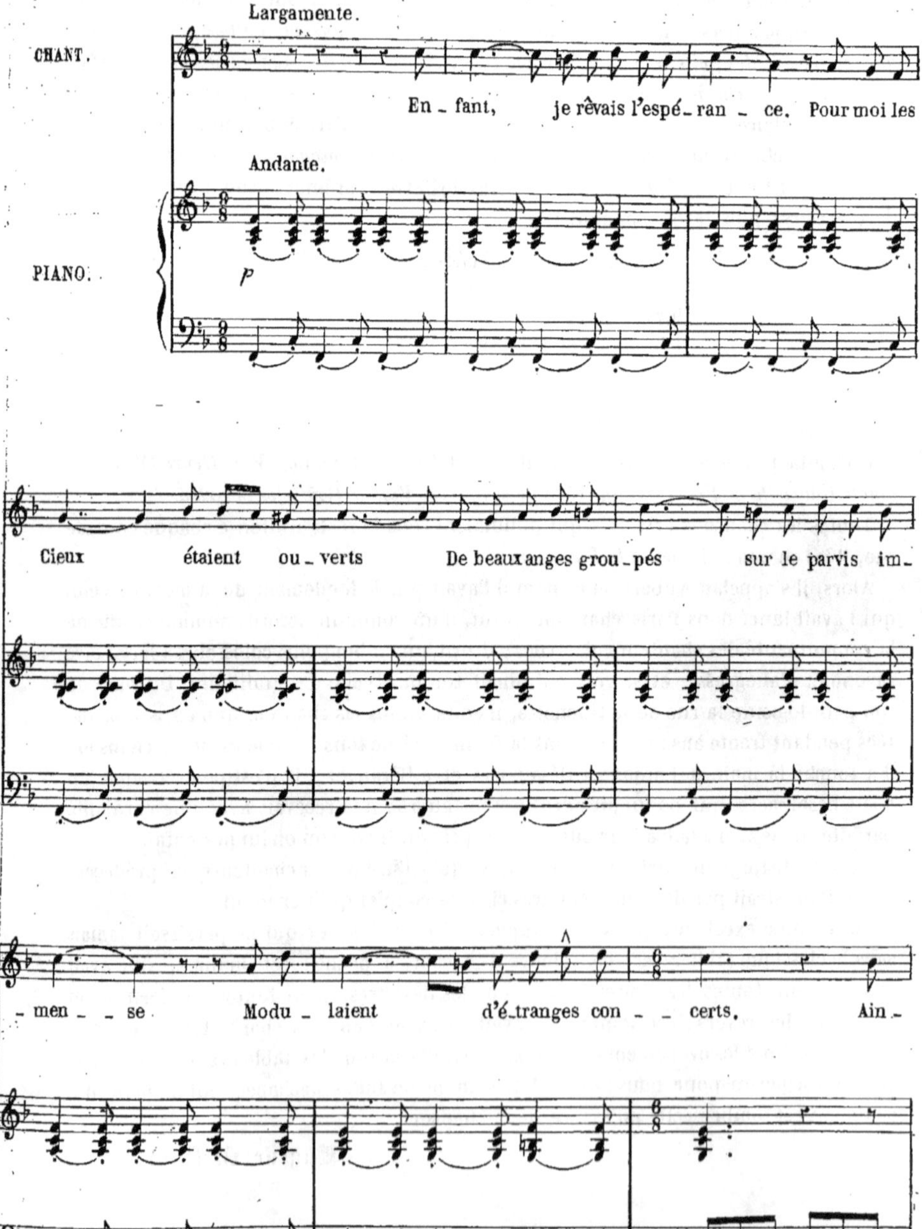
Largamente.
CHANT.
En _ fant, je rêvais l'espé _ ran _ ce. Pour moi les
Andante.
PIANO.
p
Cieux étaient ou _ verts De beaux anges grou _ pés sur le parvis im _
_ men _ _ se Modu _ laient d'é_tranges con _ _ certs, Ain _

HYMNE DU SOIR.

Air : Combien j'ai douce souvenance.

Beau ciel qu'un jour mourant colore,
Gazons qui vous pressez d'éclore,
Toujours triste je viens vous voir
    Encore.
Combien ici j'aime à m'asseoir
    Le soir !

L'œil au loin tendu dans l'espace,
Je cherche pour mon âme lasse
Encore un tendre souvenir
    Qui passe ;
Et puis je laisse l'avenir
    Venir.

Ici l'humble fleur se balance ;
Le vieux clocher là-bas s'élance.
Rossignol, anime nos champs ;
    Silence !
Et recueillons, loin des méchants,
    Ses chants.

Des touffes de fleurs d'une branche
L'harmonie en parfums s'épanche ;
Cependant ma tête en avant
    Se penche,
Roseau que courbe trop souvent
    Le vent.

Prisme radieux du bel âge,
Rêve d'amour, trompeur mirage,
Sur nos têtes vous amassez
    L'orage...
J'ai pleuré mes beaux jours passés
    Assez !

G.-C. PICARD.

LA SONNETTE.

Air : Soir et matin du plaisir je prends la route.

    Din, di, din, don,
Du plaisir tirez la sonnette.
    Din, don, dinette ;
    Allons donc !
    Secouez-la donc !

Je te maudis, cloche qui sonnes à matines ;
    Ton bruit lointain
Chez moi sert de réveill'-matin ;
Mais quand j'entends ta sœur qu'on agite aux cuisines,
    Je dis tout bas :
Vous qui sonnez pour un repas,
    Din, di, etc.

Les yeux braqués sur vingt sonnettes babillardes,
    Chaque traiteur,
Du plaisir zélé serviteur,
Dit tous les jours : Venez, pratiques égrillardes ;
    Mes cabinets,
Ma cave et mes fourneaux sont prêts.
    Din, di, etc.

L'or et l'argent font très-gentille sonnerie ;
    De tels grelots
Font mouvoir les plaisirs falots ;
Gais possesseurs, entendez leur voix qui vous crie
    De tous côtés,
Par la bouche de cent beautés :
    Din, di, etc.

Notre sonneur, au curé cachant sa maîtresse,
    Près du portail,
S'en fait aider dans son travail.
Or, il lui dit : Suzon, profitez de la messe :
    De l'action,
Car voici l'élévation...
    Din, di, etc.

Dans les couvents une règle par trop austère
    Proscrit le jour

Gestes mondains et mots d'amour ;
Mais les reclus, des nuits bénissant le mystère,
 Disent le soir,
 Aussitôt qu'on sonne au dortoir :
  Din, di, etc.

Napoléon tomba dans les bras d'une actrice
 En pâmoison ;
Celle-ci, perdant la raison,
Sonne au hasard, et réveille l'impératrice,
 Qui vient et dit :
Belle, au lieu de faire un tel bruit,
  Din, di, etc.

Le musulman s'entend dire de sa demeure
 L'instant du jour
Où sa femme a droit à l'amour ;
Dans vingt pays des crieurs de nuit disent l'heure :
 Pourquoi Paris
N'aurait-il pas parmi ses cris :
  Din, di, etc.

Du lit à part, femme, sans gémir en cachette,
 Quand votre époux
 Comme un sot ronfle loin de vous,
Adroitement tâchez qu'un cordon de sonnette
 De son réduit
Conduise au vôtre, et chaque nuit :
  Din, di, etc.

Quittez, quittez, vous qui présidez les goguettes,
 Ce marteau rond,
Qui vous donne un air forgeron ;
Sonnez plutôt ! que nos lurons et nos fillettes,
 L'amour aidant,
Puissent crier au président :
  Din, di, etc.

E. HACHIN.

LES FLEURS ET LES SOUVENIRS.

Air : De Yelva.

Marie, allons, c'est aujourd'hui dimanche,
Jour de repos, d'espérance, d'amour,
Et des buissons vois la couronne blanche
Qui du printemps annonce le retour.
Plus de soucis, fermons sur eux la porte ;
L'ombre des bois va charmer nos loisirs.
Et, tu le sais, toujours on en rapporte
De belles fleurs et de doux souvenirs.

Jusqu'à ce soir, adieu, Paris superbe ;
Nous préférons à tes longs boulevards
L'humble sentier dont nos pieds foulent l'herbe,
Et la nature aux merveilles des arts,
Puisqu'en ces champs on respire et l'on aime,
Ce bonheur-là suffit à nos désirs,
Car dans les prés et dans les cœurs Dieu sème
De belles fleurs et de doux souvenirs.

Mais nous voici dans le bois solitaire
Témoin discret de nos premiers serments ;
Te souvient-il d'un aveu téméraire ?
Comme aujourd'hui c'était jour de printemps.
L'oiseau chantait sous l'épaisse charmille,
L'écho voisin murmurait un soupir,
Et puis tout bas je disais : Jeune fille,
Laisse une fleur et garde un souvenir.

Vois-tu là-bas ce vieillard qui s'incline ?
Sa main tressaille en cueillant une fleur ;
Rien qu'à la voir son regard s'illumine ;
Avec respect il la met sur son cœur.
Courbe ton front, timide violette,
Car ton emblème a fait bien des martyrs,
Et du vieillard la pauvre âme inquiète
Trouve en ta fleur de tristes souvenirs.

L'on n'entend plus qu'une voix enivrante,
La voix qui chante et pleure au fond des bois.
La rêverie, alors suivant sa pente,
Vient rappeler un songe d'autrefois.
Arbres, buissons, champs que la brise effleure,
Tout a frémi sous l'aile des zéphirs.
Recueillons-nous, mon ange, voici l'heure
Des doux parfums, des jolis souvenirs.

Mais, quoi ! déjà la lune qui se lève
Monte rapide et se cache à demi !
L'étoile d'or plane comme un beau rêve
En se mirant dans le fleuve endormi.
Quand la lumière au logis nous ramène,
Songeant encore à d'innocents plaisirs,
Nous rapportons au moins pour la semaine
De belles fleurs et de doux souvenirs.

DOLLET.

SCHUBERT ET LE ROI DES AULNES[*].

I.

> O fleur! quand je t'aurai tranchée de ta tige, je ne pourrai plus te rendre l'âme qui te faisait fleurir.
> SHAKSPEARE. — *Otello.*

Du temps que j'étudiais les Pandectes à l'université de Genève, sous le savant M. Rossi, qui en était pour lors à sa troisième patrie d'adoption, le cher homme! — je fis partie de la députation annuelle envoyée par les étudiants genevois à leurs frères de la Suisse allemande, et j'arrivai à Zofinguen, dans l'Argovie, après un voyage de près de huit jours, accompli le bâton à la main, le bissac sur l'épaule, et Schiller dans ma poche, comme il convient à un digne étudiant de ces contrées.

---

[*] Il faut qu'un livre remplisse le cadre qu'il s'impose. Rien de plus, mais rien de moins. Le *Paris Chantant*, son titre l'indique, doit être l'écho fidèle de tous les chants en vogue parmi nous, que ces chants nous arrivent par les pianos d'Érard ou par l'orgue de Barbarie, par la mansarde ou par le salon. La popularité de Schubert est désormais assurée. Ses mélodies se chantent à Paris, partout où l'on a le sentiment de la musique simple et touchante, unie aux inspirations poétiques les plus élevées. Il fallait donc que Schubert trouvât sa place dans ce volume, et nous la lui avons donnée. Quant au choix que nous avons fait parmi ses œuvres, c'est au public que nous laissons le soin d'en juger.

Nous avions pour compagnon de route un nommé Willebrod, licencié d'Heidelberg, qui n'était plus guère étudiant que par boutade, ayant passé l'âge des études scolastiques, mais à qui la vie d'université plaisait tout particulièrement.

Willebrod était une manière d'Hercule teutonique dont je ne regardais jamais les épaules carrées comme les assises de la Yungfraüe, et la large tête ruisselante de cheveux fauves, sans me rappeler aussitôt Hermann, l'ange exterminateur des légions de Varus. En plusieurs circonstances, il nous avait donné des preuves de ce courage farouche propre au vieux sang germain, mais dans les jours ordinaires, c'était un cœur de brebis dans une poitrine de taureau ; un enfant l'eût conduit à l'attache, au bout d'un ruban bleu. Sauf sa pipe à crâne humain, Willebrod n'avait guère rapporté d'Allemagne qu'un fond de gravité qui tournait presque à la mélancolie après dix pots de bière, et souvent à un désespoir sombre, après le vingtième, chiffre, je dois le dire, où la tempérance lui faisait une loi de s'arrêter.

Nous avions emmené Willebrod avec nous, parce que nous sans Willebrod, ou Willebrod sans nous, c'étaient deux idées parfaitement inadmissibles. Nous nous serions plus volontiers passés de fumer nous-mêmes que de ne pas voir fumer Willebrod dans son crâne humain.

Le lendemain de notre arrivée à Zofinguen, qui était la veille de la fête, nous nous trouvâmes réunis, au nombre de quatre, chez Mooser, l'immortel organiste de Fribourg. Mooser était à son piano, et nous à nos pots de bière. Il rêvait, et nous le laissions faire ; nous savions qu'il y avait toujours quelque belle chose dans l'air, lorsque l'organiste rêvait. Willebrod était des nôtres

Tout à coup, au milieu des caprices qui jaillissaient de ses doigts, Mooser rencontra les premières notes d'une mélodie de Schubert ; aussitôt l'instrument frémit de tous ses octaves, les pédales tressaillirent, la scène se déploya simple et terrible, telle que le poëte de Weymar et le compositeur de Vienne l'avaient conçue, et *le Roi des Aulnes* nous apparut.

Mais l'organiste en était à peine au premier cri de *l'enfant*, ce cri déchirant mêlé au souffle harmonieux du soir et au galop du coursier, que Willebrod se leva brusquement, devint pâle comme un spectre, brisa sa pipe entre ses doigts crispés, et voulut faire un pas en avant pour imposer silence à l'organiste, mais il retomba sur sa chaise et se mit à verser des larmes mêlées à des sanglots convulsifs.

Tel fut le prologue d'une histoire assez bizarre que le licencié consentit le même soir à nous révéler, après s'être un peu remis de l'ébranlement que lui avait causé la brusque invasion du *Roi des Aulnes* au sein du brouillard épais produit par la fumée du Maryland. Ce fut la première fois que j'entendis Willebrod parler aussi longtemps.

Messieurs, nous dit-il, vous êtes tous trop stupides et trop bourrés de bière pour rien comprendre à ce que je vais vous dire, et, quant à moi, je dois me borner à prendre par le plus court, mes forces n'iraient pas au delà. Que voulez-vous ? ce sont des mystères qu'il n'est pas donné à toutes les intelligences de sonder, et je ne sache qu'un seul de vous qui parvienne peut-être, durant le cours de ce récit rapide, à entrevoir quelque clarté dans ces ténèbres. Je parle de toi, ajouta-t-il en serrant la main de l'organiste.

Tu sauras donc, mon cher Mooser, que tout à l'heure, lorsqu'il t'a pris fantaisie d'évoquer *le Roi des Aulnes*, ce rude et mystérieux tyran des jeunes âmes, moi j'ai eu l'idée de t'étrangler. Mais nous sommes quittes, car tu avais failli me faire étouffer de douleur.

L'auteur de cette mélodie terrible, ce génie qui berce quelquefois tes rêveries les plus sombres, Franz Schubert, puisqu'il faut le nommer, m'a coûté plus de larmes à moi seul qu'il n'en a fait répandre à l'Allemagne tout entière, car Franz Schubert a tué ma sœur.

Il est mort à Vienne en 1830, comme tu le sais ; mais ce que tu ignores, c'est qu'il est mort trois mois après un séjour qu'il fit chez moi, aux environs de Spire, où se trouve ma terre patrimoniale. J'avais connu Schubert en 1828, lors de son voyage à Heidelberg, où j'étudiais encore, et, nous étant liés d'amitié, je l'engageai, l'année suivante, à venir passer quelque temps auprès de moi.

Il vint et il vit ma sœur.

Thékla était une ravissante enfant d'une quinzaine d'années ; nous étions orphelins, et j'avais senti de bonne heure que sur moi seul reposait toute l'existence de cette pâle et délicate fleur de nos prairies. Mais je ne sais quel pressentiment funeste se lamentait en moi lorsque j'arrêtais mes yeux sur cette figure angélique. Je demeurais des heures à contempler ce front mat comme l'albâtre et ce regard profond comme les lacs volcaniques, et je me demandais si le feu qui alimentait cette vie ne la dévorerait pas un jour.

Thékla n'était point folle et insoucieuse comme les enfants de son âge ; elle avait des émotions soudaines qu'elle devait puiser à des sources inconnues, car souvent je la surprenais attentive et le regard fixe, comme si quelque voix que j'ignore eût murmuré près d'elle des paroles bizarres ; elle pâlissait alors, elle tressaillait, et parfois même elle poussait un cri d'horreur. Que lui révélait donc ce monde mystérieux qu'elle paraissait connaître et qu'elle semblait redouter ?

Plus je pénétrais par la pensée dans cette nature d'exception, plus je redoutais la présence de Schubert et plus je me repentais de l'avoir provoquée. Je prévoyais que Franz exercerait une influence fatale sur cette destinée fragile, car je connaissais la douce et communicative tristesse de son génie, et je devinais que l'âme de Thékla, déjà dédaigneuse de la terre, n'attendait plus, pour remonter au ciel, qu'une âme assez inspirée pour lui en révéler les splendeurs et pour lui en montrer le chemin.

Ce fut vers le commencement d'avril qu'arriva Schubert, et il était à peine depuis huit jours avec nous que mes craintes se réalisèrent.

Thékla l'aimait.

Oui, Thékla, cette enfant que mes yeux de frère hésitaient encore à regarder comme une femme, Thékla l'aimait d'un amour impétueux. Mais ce qui bouleversait toutes mes idées, ce qui me jetait dans des épouvantes sans bornes, c'est que Thékla, — écoute bien ceci, Mooser, et tâche de le comprendre, — chaque fois que Franz s'asseyait au piano, Thékla se plaçait en face de lui, d'abord immobile et pensive, puis émue, puis haletante, puis inondée de larmes, et bientôt pâle, glacée, sans souffle et néanmoins vivante. A mesure que la mélodie ruisselait plus ardente et plus belle sous les doigts du maître, à mesure que l'artiste brodait d'éblouissants éclairs la trame sombre et sévère de ses accords, je voyais les yeux, d'abord humides de ma sœur, se sécher comme sous l'action d'une flamme cachée, le sang de ses joues se retirer goutte à goutte, son sein cesser de battre, et tous les phénomènes de la mort passer un à un sur son front. Mais le dirai-je, ô terreur! ces crises laissaient de leur passage d'épouvantables traces. Lorsque Franz se taisait, Thékla revenait à elle; mais en retrouvant la vie, elle ne la ressaisissait pas tout entière... Mooser, on ne m'ôtera pas de l'idée que cela se passait comme je te le dis : Oui, oui, chaque note de Schubert, en s'échappant vers les cieux, entraînait avec soi une parcelle de l'âme de ma sœur, et l'atome de vie montait avec l'onde mélodique et ne redescendait pas!

Un jour, par une matinée de mai, le ciel était lourd et sombre, et l'orage, invisible encore, promenait ses nuées d'un horizon à l'autre. Quelques pâles éclairs passaient çà et là comme autant de signaux de guerre entre les éléments. Thékla était assise près de la fenêtre, effeuillant une rose sauvage, lorsque Schubert entra. En voyant le dernier débris de l'églantine disparaître dans le torrent qui coule au pied de notre demeure, il fit un mouvement et dit avec ce sourire triste et doux qui ne le quittait jamais :

Voilà une rose que je regrette, Thékla, car c'est demain l'anniversaire de ma naissance, et j'aime, ce jour-là, qu'on m'offre un bouquet d'églantines. Cette première fleur du printemps me rappelle les rêves embaumés de la jeunesse qui sont aussi les premières fleurs de la vie. Vraiment, ceci est de mauvais augure que ce soit vous, Thékla, qui ayez brisé cette pauvre rose et qui l'ayez jetée au vent.....

Thékla regarda Franz d'un œil égaré qui me fit frémir, et baissa ensuite la tête dans ses deux mains.

— Parbleu, mon cher Franz, me hâtais-je de répondre, je vais bien vous contrarier davantage, car cette églantine, que Thékla vient de mettre si méchamment à mort, arrivait du fin fond de la montagne où croissent les seuls rosiers sauvages que nous ayons dans le pays. Or, le jour est déjà fort avancé, et je n'ose croire que personne se risque à pénétrer dans les gorges du Rothberg et à s'y laisser surprendre par la nuit, et à moins que je ne m'en mêle...

Mais Schubert ne m'écoutait plus. Il avait ouvert le piano, et, les yeux fixés vers l'horizon d'où la tempête arrivait, il cherchait sur le clavier la traduction mélodique de cette austère symphonie dont la foudre et les mugissements du sud-ouest entamaient déjà l'ouverture.

Thékla releva lentement la tête à mesure que le piano s'anima, et que les octaves réveillés dessinèrent le thème d'une hardiesse étrange que Schubert déchiffrait dans les cieux.

Willebrod, s'arrêtant ici, remplit de tabac de Virginie sa pipe à tête de mort, et quand il en eut tiré quelques bouffées épaisses, il dit à Mooser :

Chante-nous cette mélodie, Mooser, et mets-y toute ton âme ; je mettrai, moi, tout mon courage à t'entendre, et si je pleure, amis, ce sera bon signe, vous me laisserez pleurer.

Alors Mooser plaça sur son pupitre *la Matinée d'orage* et commença :

Marc Fournier.

LA MATINÉE ORAGEUSE.

Paroles de M. L. G. de BERNIÈRES.   Musique de François SCHUBERT.

3e COUPLET.
Le feu re_double enco_re, Et l'é_clair aux longs bras Sur le rocher so_no_re. E_
clate avec fra_cas, E _ clate a _ vec fra_cas. D'un long sil _ lon de flam_me Le
chêne est ren_ver_sé; Tel jus_qu'au fond de l'â_me. Plus d'un trait a glissé. Tu pâ_lis, ton œil brille! En_
fant, la douce paix De ton â_me tranquille, De ton â_me tranquille, Fuit _ el_le pour ja_mais!

LA JEUNE FILLE ET LA MORT.

Paroles de Mr Marc FOURNIER. Musique de François SCHUBERT.

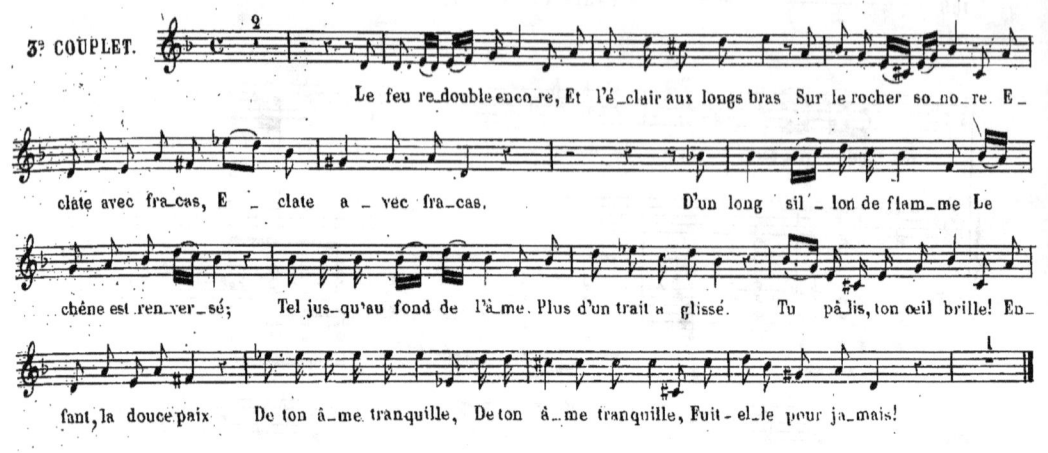

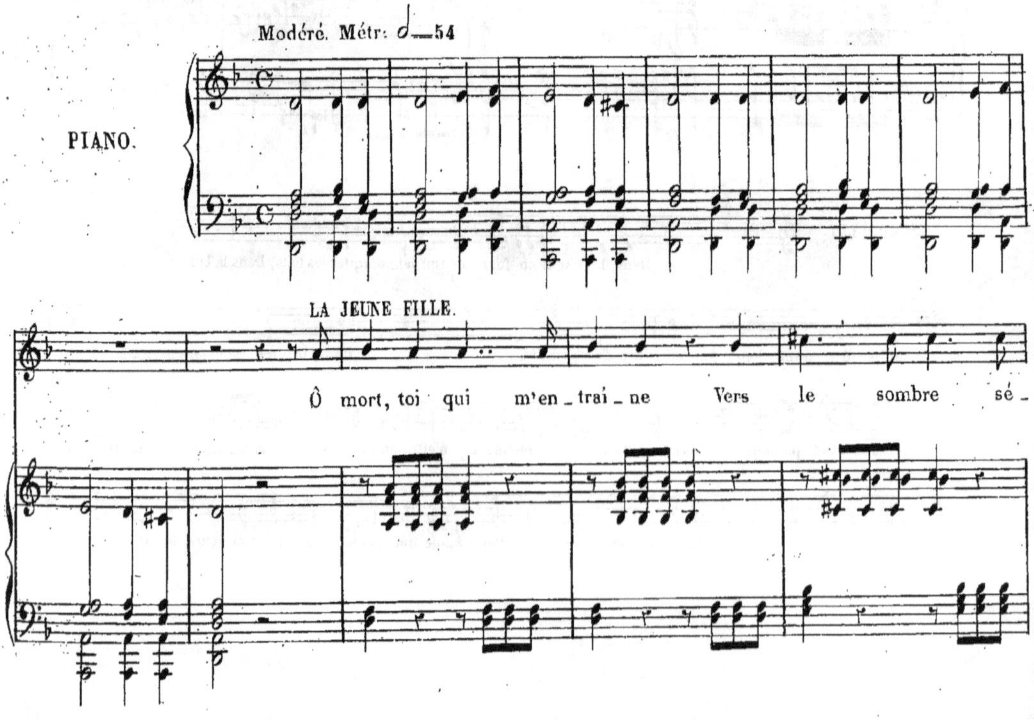
Modéré. Métr: 𝅗𝅥 = 54
PIANO.
LA JEUNE FILLE.
Ô mort, toi qui m'en _ trai _ ne Vers le sombre sé _

II.

Il est grand l'amour de ceux qui aiment dans l'épouvante.
Lord Byron. — *Le Ciel et la Terre.*

L'organiste Mooser avait deviné l'histoire de Thékla dès le premier mot qu'en avait dit Willebrod, et, en lui-même, il se l'était résumée.

Qu'est-ce que vivre, s'était-il dit, si ce n'est développer ses sens et son esprit en raison des réalités qui nous entourent ?

Donc la vie, c'est la réalité ; et au delà de ce cercle fini, au delà de ces barrières matérielles, ce n'est plus la vie, c'est une sorte d'affranchissement anticipé de l'âme, c'est souvent la folie, et la folie, c'est le péristyle de la mort.

Gœthe a vu face à face, dans *le Roi des Aulnes*, cette vérité terrible qu'au delà du monde réel il n'y a pour l'homme comme pour l'enfant que périls et épouvantes. *Quel est ce cavalier qui passe emporté dans la nuit?...* c'est le père, l'homme sage, l'homme affermi dans l'exercice d'une raison solide, d'une intelligence sobre et fidèle, mais celui-ci c'est l'enfant effrayé, c'est la créature jetée violemment en dehors des sensations communes, pauvre âme égarée dans les sphères invisibles et vaincue par l'attrait fatal de l'inconnu... *Mon père, le Roi des Aulnes m'a fait mal!* Hélas! oui, le Roi des Aulnes, c'est-à-dire la poésie, c'est-à-dire l'amour de tout ce qui passe dans l'enchantement des rêves, le roi des riches domaines de la fantaisie et du bel empire des chimères, le Roi des Aulnes fait toujours mal!

Mooser avait si bien compris toutes ces choses, qu'il glissa, par une transition insensible et presque à son insu, des dernières mesures de *la Matinée d'orage* à l'une des plus déchirantes inspirations de Schubert : *la Jeune fille et la Mort*.

Toute l'histoire de Thékla était dans le rapprochement de ces deux pensées.

— Oui, oui, s'écria Willebrod en se levant, le visage inondé de larmes, oui, c'est bien cela, Mooser, tout ce que je sentis alors, tu le comprends et tu l'expliques. Thékla se débattait sous les caresses de la mort, et ces caresses étaient pour elle un mélange d'horreur et de séduction. Je me souviens de cette matinée funeste, ma sœur écoutait encore Franz, que je me précipitai vers lui et l'entraînai loin d'elle. Alors je lui dis : Franz, ma sœur se meurt, il vous faut partir. — Il pâlit et me regarda longtemps avant de répondre. — Je m'en doutais! murmura-t-il enfin, mais partir! quitter tout ce que j'aime, tout ce que j'aimerai jamais... — Je repris : Si vous aimez Thékla, vous la sauverez, vous la sauverez, vous dis-je, ou, de par le ciel, il est un de nous deux qui ne lui survivrait pas!

Franz baissa la tête et fit quelques pas en silence, ensuite il me tendit la main :

— Vous avez raison, Willebrod, j'entraîne Thékla dans un tourbillon fatal. J'ai vu son front se pencher sous la pensée comme une plante qui tient à peine à la terre et qui n'a pas la force de porter ses fruits. Oh! le travail de l'âme, besogne dure et périlleuse! moi-même, je sens que j'y succombe; comment cette douce créature y résisterait-elle? Je partirai, Willebrod, je partirai sans la revoir... C'est aux forts à sauver les faibles... Le soleil couchant de ce soir ne me trouvera pas sous ton toit.

Je me précipitai dans les bras de Franz, et nous nous tînmes longtemps embrassés. Mais lorsque nous reprîmes le chemin de la maison, nous entrevîmes une forme blanche glisser et disparaître derrière les lilas du jardin. Mon cœur se serra ; j'eus peur que Thékla ne nous eût entendus. Mais il était dans ma destinée de tout pressentir et de ne savoir rien empêcher.

Vers le soir, le cheval de Schubert piaffait dans la cour, et dès que les rayons obliques du couchant eurent atteint la cime de nos chênes, le maëstro mit le pied à l'étrier, et mouilla ses lèvres dans la coupe des adieux. Je vis ses yeux errer d'une fenêtre à l'autre, cherchant sans doute un regard qui répondît au sien ; mais Thékla, comme si l'instinct des cœurs qui aiment lui eût failli dans ce moment suprême, Thékla ne parut point. Alors Franz baissa la tête pour me cacher ses larmes, et enfonça l'éperon dans les flancs de son cheval.

Le chemin qu'il suivait conduisait aux montagnes qu'il faut traverser pour atteindre la route de Spire, et le jour eut presque entièrement disparu qu'il s'engageait à peine dans les défilés.

Tout à coup le cheval de Franz fait un soubresaut de retraite, et sa crinière se dresse. Schubert, surpris de cette terreur subite, cherche à percer les ombres du crépuscule, et interroge toutes les profondeurs de la gorge du Rothberg où il venait d'entrer. Mais il n'aperçoit rien que des bouleaux et des frênes qui se courbent sous le vent du soir, et que des flocons de brume qui se balancent aux parois des montagnes. Cependant le cheval, dont l'épouvante redouble, continue de bondir sur lui-même et de blanchir le mors de son écume. Schubert ramène alors les yeux plus près de lui, et aussitôt il découvre une femme, les cheveux épars, debout au milieu du sentier, et les bras étendus vers le coursier qui se cabre et qui cherche à se soustraire à cette apparition.

C'était Thékla. Schubert n'eut que le temps de mettre pied à terre et d'accourir vers elle pour la recevoir dans ses bras. Elle était d'une pâleur mortelle, et ses cheveux, dénoués et trempés de rosée, ruisselaient sur ses épaules. Il devina qu'elle était en proie à quelque horrible délire. Cependant la pauvre enfant tenait à la main un bouquet de roses sauvages qu'elle eut encore assez de calme pour présenter à Franz en lui disant : — Je savais que vous partiez ce soir... personne demain ne vous eût offert d'églantines... et je me suis échappée pour vous en cueillir moi-même... Mais, dépêchez-vous, Franz, éloignez-moi de ce spectre... je viens de le voir monter des abîmes et traverser mon chemin... il m'a parlé..., il m'a fait signe... Oh! de grâce, emmenez-moi, Franz, oui, c'est lui, c'est le fantôme qui m'emporterait dans sa nuit.

Franz, pénétré d'horreur, soulève la jeune fille dans ses bras, et remonte à cheval en tournant la bride du côté de ma demeure.

— O Franz! murmurait toujours la pauvre enfant, mon bon Franz, cachez-moi la tête de votre manteau, car la vision nous suit...

— Calme-toi, ma fille, répondait Schubert en frissonnant, appuie ton front sur mon cœur, et ne crains rien.

— Hélas! disait-elle, voilà bien des jours et bien des nuits que j'entends la voix de cet esprit des ténèbres... Je ne sais où fuir, je ne sais où me cacher, il est toujours devant moi, souriant quand je pâlis de crainte, et menaçant quand j'ose le regarder en face... Mais secouez donc la bride, Franz, ne voyez-vous pas qu'il a pris la bride de votre cheval... Ciel!... oh! j'ai froid!

— Thékla, ma fille, vous voulez donc me faire mourir de douleur?

— Mourir, c'est cela... Je sens ici vers le cœur et vers le front... Oh! si vous saviez, Franz, combien la tombe est belle, et les belles fleurs qui la parfument, et les beaux concerts qu'y murmurent les anges lorsqu'ils descendent des étoiles pour venir contempler les jeunes filles couchées dans leur cercueil... Voilà ce que la vision me dit... La tombe est remplie de délices, la tombe me sourit, la tombe m'attire comme les bras de ma mère m'attiraient autrefois.

Franz, éperdu d'angoisses, faisait jaillir le sang des flancs de son coursier.

— Arriver! murmurait-il, arriver avant le suprême effort de cette affreuse agonie, et je vous abandonne ma vie, ô mon Dieu!

— Franz, dit encore la jeune fille, ceci est une chose bizarre ; quand vous chantez vos douces ballades, je sens chaque note me traverser le cœur comme des flèches de feu... Alors mes forces s'en vont par ces blessures, et les ballades voltigent la nuit dans mes rêves en m'invitant à les suivre au ciel d'où elles descendent... Mais n'entendez-vous pas... oui, c'est cela, le spectre se rapproche... Écoutez, écoutez, on entend le galop de son cheval... il va plus vite que la tempête... O ciel! ne voyez-vous pas... ces lueurs, ces lumières qui courent dans la montagne... ce sont elles... les ballades... voyez-vous comme ses yeux brillent au travers des fourrés... Thékla! il a dit Thékla! il m'appelle! il approche... j'entends le souffle de son cheval... le voilà! ô Franz! pas encore, sauvez-moi... je ne veux pas mourir... ah!!!...

—Malheureux! s'écria Franz en heurtant de son cheval le poitrail du mien qui tournait le sentier dans ce moment.

J'arrivais, en effet, accompagné de trois de mes domestiques armés de torches. Mortellement inquiet de l'absence de ma sœur à une pareille heure, je l'avais cherchée longtemps dans tous les environs avant de pénétrer dans le Rothberg, et c'est moi qui l'appelais, hélas! à mesure que je gravissais la montagne.

Ce fut alors une scène lugubre que la langue humaine ne saurait décrire. Moi et mes gens nous entourâmes Franz et Thékla, celle-ci pâle et froide comme une statue de marbre, celui-là nous apercevant à peine dans son muet désespoir, et passant une main frissonnante sur les yeux de la jeune fille qui ne devaient plus s'ouvrir. Les torches éclairaient cette halte, et la foudre grondait sourdement dans les nues, comme une plainte qu'exhalait la création en présence de cette belle créature, fauchée avant son heure. Ma sœur avait achevé de mourir.

Schubert se remit en marche sans proférer une parole. Il chemina lentement devant nous, portant le fardeau inanimé sur le cou de son cheval, et se baissant de temps à autre pour baiser au front celle qui l'avait aimé. Mes domestiques pleuraient à chaudes larmes, et moi, l'œil sec et brûlant, je regardais ce cavalier sombre qui emportait ma sœur...

Ici le licencié d'Heidelberg fit une longue pause, durant laquelle nous vîmes son regard suivre ce cortége de deuil, invisible pour nous, mais qui semblait s'être redressé devant lui. Il reprit ensuite :

Schubert, le lendemain des funérailles, monta à cheval après m'avoir montré la terre en secouant la tête, et s'éloigna sans avoir pu verser une larme. Je le jugeai perdu. Peu de temps après son retour à Vienne, il m'envoya, cacheté de cire noire, un paquet où se trouvaient une lettre et une mélodie. La mélodie, c'était *le Roi des Aulnes*.

« Un souvenir affreux qui me poursuit et qui nous est commun, m'écrivait-il, s'est réfugié, malgré moi, dans ce chant de mes derniers jours. Je vous l'envoie, mon frère, et vous prie de le garder en mémoire de celle que je n'ose plus nommer, mais vers qui j'ose demander à Dieu de me réunir bientôt. »

Trois mois après, les vœux de Schubert furent exaucés.

Marc Fournier.

NOTA. — La douzième livraison contiendra la Ballade du *Roi des Aulnes*.

LE ROI DES AUNES

Ballade de GOETHE

Paroles françaises de Marc Constantin

Musique de FRANÇOIS CHUBERT

Gravé par Benard

LE ROI DES AUNES

SCÈNES COMIQUES

et

CHANSONNETTES.

Prenez deux doses d'esprit, quatre pincées d'ironie, un soupçon de sens commun, noyez le tout dans une sauce allongée d'exhilarante gaieté, et servez chaud.

Si, ce ragoût ainsi assaisonné, vous l'échauffez à l'une des plus fugitives étincelles de ce feu céleste que déroba Prométhée, vous obtiendrez un petit animal assez gentil, d'allures lestes et pimpantes, à l'œil vif, au caractère taquin, très inconstant, très moqueur, très hâbleur, et passablement érudit en matière de sauts de carpe et de gambades. Cet animal-là s'appelle un Parisien.

Si, dans cette œuvre un peu satanique, vous remplacez le feu de Prométhée par le *chic* des crayons de Daumier ou de Gavarni, au lieu d'un Parisien, vous aurez une caricature, ce qui est absolument la même chose.

Si le feu créateur ne s'appelle ni Granville, ni Prométhée, mais Duvert, Bayard, Laüzanne ou Dumersan, votre caricature, qu'elle vive en chair et en os, ou qu'elle rayonne sur la pierre, deviendra le vaudeville, autre genre de caricature qui a bien son prix.

Enfin, si votre mets fantastique est accommodé, poivré, salé et mis en vers par Bourget, le tout au bruit joyeux des mélodies de Marquerie ou des grelots de Clapisson, vous aurez quelque chose qui ne sera ni le Parisien, ni la caricature, ni le vaudeville, mais qui sera tout cela tout à la fois, qui aura du Parisien l'impertinente moquerie, de la caricature la spirituelle grimace, du vaudeville l'action piquante et légère, le trait, le mot étincelant, le rire et la morsure ; vous aurez ce que nulle nation au monde n'a jamais eu, mais ce que l'Europe entière traduit aujourd'hui dans toutes ses langues, chante sur tous ses théâtres, et met une sorte de gloire à écouter, comme si elle y comprenait quelque chose, vous aurez enfin la CHANSONNETTE COMIQUE.

La créature, le croquis, la pièce, la chanson, tout cela est jeté dans le même moule, créé du même souffle, inspiré du même esprit, animé du même rire.

On nous a pris la rive du Rhin, on nous a pris nos colonies, on nous a pris notre prépondérance politique ; maints biographes étrangers nous ont pris notre gloire, on nous prendra peut-être un jour nos Alpes et nos Pyrénées ; l'Angleterre, qui a les clefs de Gibraltar, voudra de même les clefs de la Syrie ; la Méditerranée, ce lac français rêvé par l'Empereur, deviendra l'une des grandes routes britanniques ; enfin le monde n'aura plus que deux maîtres : l'empire des mers au cabinet de Saint-James, et au Czar celui des continents...; tout cela peut arriver, et bien d'autres choses encore ; mais ce dont je défie les Machiavels de Londres, les soldats de Berlin, les diplomates de Vienne et les Cosaques du Kremlin, c'est d'empêcher la caricature de les croquer, le vaudeville de les siffler, la chanson de se moquer d'eux, et le Parisien de leur rire au nez.

Il y aura toujours à la disposition de la France quelque chose d'infiniment plus fort que toutes les invasions de Goths, de Visigoths, de Huns ou de Teutons,—c'est le calembour.

Or, il y a beaucoup de calembours dans la chansonnette comique.

Mais d'où vient-elle ? où est-elle née ? donnez-nous l'histoire de ses origines et de ses premiers pas dans le monde, faites-nous voir ses progrès, montrez-nous-la d'abord faible, incertaine, tâtonnant, s'essayant, bégayant, et se frayant peu à peu la route du théâtre et de la célébrité.

Autant de questions qui n'ont pas de réponse possible. Elle est née d'un éclat de rire, d'une charge d'atelier, d'un de ces *hoax* qui se promènent incessamment dans Paris, et que débite un peu tout le monde, depuis MM. Henry Monnier, ou Dupin aîné, jusqu'à MM. Thiers ou Levassor. Le *Postillon de mam' Ablou*, par exemple, qui a fait rire l'univers entier, appartient à une de ces plaisanteries où excelle Henry Monnier, et qu'un jour, je crois, il trouva en s'asseyant sur une chaise, et en y prenant cette pose illustre et débraillée qui distingue le Napoléon au bivouac et le portrait de Tamburini. Levassor s'empara de l'idée, lui fit faire son tour de Paris, de salon en salon, et la produisit un jour sur le théâtre du Palais-Royal. De ce jour-là, nous eûmes la chansonnette comique. Il est une remarque à faire, c'est qu'à Paris les choses de l'esprit n'ont pas d'enfance. Elles sortent tout armées du cerveau des rieurs, comme la Minerve antique. Elles ne mettent à être que le temps de les penser, et tout de suite elles sont ce qu'elles doivent toujours être. Le rire, chez nous, est endémique, on n'a pas besoin de l'inoculer à grands frais. Un de ses éclats trouve aussitôt mille échos, et il ne faut qu'un jour à un enfant du rire pour être compris et adopté par tout le monde. Levassor n'avait pas achevé le premier couplet de *mam'Ablou* que la chanson comique était devenue populaire.

Et maintenant, qu'est-ce que la chanson comique?

La chanson comique se distingue de la chansonnette simple en ce que l'auteur des paroles intercale habituellement de la prose entre ses couplets et donne ainsi plus d'étendue, plus de couleur et plus de *comique* à l'action. La manière de dire cette prose, de la traduire en gestes, en grimaces, en pantomimes qui soient autant de traits expressifs ajoutés à la physionomie que l'on trace, aux mœurs que l'on décrit, au ridicule que l'on taquine, au type que l'on dessine, constitue un talent spécial, fruit d'études quelquefois difficiles et d'observations heureuses.

L'auteur, par exemple, veut-il nous montrer ce singe toujours sautant, gambadant, grimaçant, criant, taquinant et hâblant, qu'on appelle le gamin de Paris, vite, vous avez *Panotet aux Champs-Elysées* ou *Pingot au bal Musard*. Et qui est-ce que Panotet? qui est-ce que Pingot? c'est Achard. Ou plutôt, Achard, grâce à cette souplesse de talent que nous regrettons de ne plus pouvoir applaudir, est devenu dans toute sa personne, dans son langage, dans sa voix, dans ses traits, dans chacun de ses gestes d'un naturel charmant, une image vivante, réelle, ébouriffante du *gamin de Paris*, non pas de ce gamin un peu apprêté et romanesque qu'a imaginé Bouffé, mais du gamin prosaïque, en déshabillé, celui que vous voyez dans la rue, qui vous saute aux jambes, ou qui vous tombe sur le dos, du haut d'un arbre, le jour de la fête du Roi.

Après cela, il faut bien le dire, l'essence de la chanson comique, c'est un peu la *charge*. Ce que Bouffé tente dans le sens sérieux, Achard l'accomplit dans le sens gai. Tous deux idéalisent leur type, l'un à force de le faire beau, l'autre à force de le faire drôle. Mais ce sont là de ces conditions de perspective sans lesquelles rien ne serait possible à la scène.

Maintenant que nous avons défini le genre, parlons de ceux qui le pratiquent.

C'est un petit monde assez nombreux et surtout fort attrayant.

Il y a d'abord les écrivains qui se bornent à composer les paroles, puis les musiciens chargés de mettre en musique les couplets qui accompagnent la prose, et enfin les auteurs qui font tout à la fois et les paroles et la musique. L'œuvre ainsi achevée, viennent les artistes qui la chantent, la propagent sur l'aile de leur propre renommée, et la préparent aux triomphes de l'orgue de Barbarie. Et encore, parmi ces *vulgarisateurs*, faut-il distinguer ceux qui chantent au théâtre de ceux qui chantent dans les salons : autant de physionomies, autant de célébrités diverses. Mais le chanteur de salon est à lui tout seul un type fécond, riche en variétés si intéressantes, que nous ne saurions lui refuser l'honneur d'une notice particulière. Revenons à notre nomenclature.

MM. Bourget, Lefort, Delange, Letellier ne font que les paroles; mais MM. Paul de Kock, Edouard Donvé, Bérat et de Beauplan sont aussi forts sur la prose que sur les vers, sur le texte que sur la musique, sur la saillie que sur la mesure *à six huit*. Ce sont les androgynes de la chanson comique.

Reprenons par ordre chacun de ces courtisans du rire.

M. Bourget, dont le lecteur pourra quelques pages plus loin apprécier la verve intarissable, est sans contredit le plus heureux des *paroliers* et en même temps celui qui mérite le plus son bonheur. *Pingot au bal Musard*, chanté trois cents fois au théâtre du Palais-Royal, a pris rang dans le répertoire classique; *Tire la ficelle, ma femme, le Galopin industriel, Jean Bonhomme*, bluette pleine de grâce et de sentiment, *le Marchand d'images* qui a dû faire le tour du monde, *le Puits de Grenelle* qui a pénétré jusqu'en Chine, *Panotet aux Champs-Élysées, la Marseillaise des femmes*, sont autant de petits croquis d'une finesse et d'une vérité parfaites.

M. Letellier n'est arrivé au théâtre qu'une seule fois avec *la Vente à la criée* pour Achard; mais il fait mieux la chansonnette de salon, et ses compositions manquent en général de cette allure franche et vive qui provoque le succès. Il se formera.

M. Delange a abandonné le vaudeville pour la chansonnette. Il a cru ce genre-ci plus facile que l'autre! On cite son *Bureau de placement*.

M. Lefort a fait deux petits chefs-d'œuvre : *Le Postillon de mam' Ablou* et *l'Entr'acte au paradis*. Pourquoi ne travaille-t-il pas?

M. Paul de Kock... Votre Homère sommeille quelquefois, ô mes pétulantes grisettes, et le rire échevelé passe encore dans ses rêves sous la figure du *Maître d'école*, du *Caissier*, des *Baigneurs*, de la *Cuisinière amoureuse* et des *Enfants mal gardés*.

M. Bérat n'est jamais sorti que deux fois des gras pâturages de la Normandie, l'une pour se jeter dans les jambes de Béranger (*la Lisette*, dont nous parlerons ailleurs), l'autre pour produire dans le monde *la Marquise de Haut en Bas*. Voilà un nom malheureux et qui donnait tout de suite au public l'idée de traiter l'auteur d'une certaine façon. M. Bérat s'est constitué par droit de conquête le chantre de la Normandie; son fief s'étend dans tout le Calvados, et en vertu de cette suzeraineté poétique, il a cru devoir introduire dans ses chansonnettes un certain idiome fantastique qu'on ne parle heureusement dans aucun pays du monde, même dans celui qui lui a donné le jour. Car M. Bérat partage avec Corneille l'honneur d'être né dans la Seine-Inférieure. *La Normande, Mam' P'tit Pierre* et *le Marié* sont, du reste, trois drôleries fort amusantes.

M. Amédée de Beauplan n'aime pas la prose et n'en met jamais entre ses couplets; mais *le Père Trinquefort* et *l'Ingénue de Saint-Lô*, n'en sont pas moins deux petits chefs-d'œuvre.

M. Édouard Donvé... Saluons, je vous prie, ces deux personnages qui passent en longeant la rue de Sèvres d'un pas grave et mesuré. L'un et l'autre sont des poëtes populaires, avec cette différence que la gaieté de l'un n'excite que le rire, tandis que le rire de l'autre fait quelquefois songer. L'un est le *Vadé* de la chansonnette, l'autre est le chantre de la plus colossale des épopées; celui-là descend quelquefois du comique au grotesque, du grotesque au trivial, du trivial au cynisme; celui-ci remonte superbement du comique au sublime, et sait le chemin rêveur qui conduit de la moquerie aux premiers pleurs de l'attendrissement. Mais celui-ci et celui-là, bras dessus, bras dessous, comme deux frères en gai savoir, s'en vont au *Moulin de Beurre*, chez la mère Saguet, cette tavernière aux bras rouges et au vin bleu qui a vu s'asseoir bien des gloires sur ses bancs de chêne et qui a dû trouver, le soir, au fond de ses verres, plus d'une larme secrètement mêlée aux dernières gouttes du festin. Que sont-elles devenues toutes ces nichées d'artistes et de poëtes, d'écrivains et de journalistes? Où sont-ils allés tous ces bohémiens qui n'avaient, hélas! que l'avenir pour patrimoine et la foi pour noblesse? En vérité, ce serait tout à la fois une étrange et saisissante histoire que celle de ce cabaret de la mère Saguet, et ce serait aussi un éloquent tableau que de voir nos deux poëtes, ceux que nous avons laissés en route, seuls demeurés fidèles parmi tous les convives, venir encore s'asseoir à cette même table et à ce même vieux banc de chêne où s'est assis M. Thiers, pour deviser à eux trois, avec la cabaretière, du temps qui passe, des gloires qui se fanent, et des vignes qui fleurissent. Alors vous verriez l'un des poëtes saisir sa guitare, car il a aussi une guitare ce fidèle entre les fidèles, et improviser un de ces refrains avinés qui valent presque tout un cours de philosophie pratique. Ce sera *Alcindor à la chaumière*, ce sera *le Moutard de Paris*, ce sera *Télémaque et Calypso*, ce sera *la Grosse caisse*, ce sera *le Trompette de Marengo*, ou bien ce fameux *Balochard* qui parle une langue d'un coloris si pur!

>Français, troubadour et pochard,
>Oui, voilà Balochard!

Pendant ce temps l'autre barbouillera la table avec un morceau de charbon, et sans trop savoir si c'est le fusin qui conduit sa rêverie ou si son rêve guide les caprices de son esquisse, voilà bientôt que des figures apparaissent, se groupent, s'alignent en bon ordre sous des perspectives immenses et des horizons infinis. Un souffle passe aussitôt sur elles qui les anime; elles se meuvent, elles vivent! Alors le clairon sonne, le tambour gronde en roulements prolongés, l'airain tonne, le ciel s'obscurcit, des masses s'ébranlent et se choquent. C'est la guerre, c'est le carnage, c'est la désolation... Non pas! c'est la gloire! Ne voyez-vous pas ce cavalier sombre qui passe là-bas au milieu des phalanges? reconnaissez-vous le cheval blanc d'Austerlitz? *Te morituri salutant, ô César!*

Et maintenant que direz-vous, je vous prie, de cette union toute fraternelle de deux créatures si diverses, qui boivent et rêvent ainsi côte à côte, chacune le nez dans son verre, et l'œil dans sa poésie, ne parlant pas la même langue, mais se comprenant toujours? Édouard Donvé et Charlet ne feraient-ils pas croire à ce panthéisme de l'esthétique nouvelle qui veut que la poésie soit dans tout, et tout dans la poésie?

Mais cela, Dieu merci, n'a rien de commun avec la chansonnette. Elle s'embarrasse bien de savoir, la rieuse, d'où lui vient le vent!

MARC FOURNIER.

LE MICROSCOPE DU DIABLE

RÊVERIE INFERNALE

DE PIERRE CAILLOU

Caporal au 37ᵐᵉ en garnison à Paris

et transmise par lui

A son ami **Omar Lefranc**, sergent au 16ᵐᵉ en Afrique.

Scène comique

PAROLES DE M. E. BOURGET — MUSIQUE DE M. E. NORBLIN

Exécutée par M. SCHEY, au Concert Vivienne.

Mon cher, faut que j'té-criv', Et, si je suis en r'tard, Cres-ti! c'est qu'il m'arriv' D'êt' sous l'poids d'un cauch'mar. Depuis huit jours, la vi' M'est bien pé-nible, en-fin, Je crois qu'maint'nant j'en-vi' Le

PREMIER COUPLET.

Mon cher, faut que j' t'écrive,
Et si je suis en r'tard,
Cresti!... c'est qu'il m'arrive
D'êtr' sous l' poids d'un cauch'mar!...
Depuis huit jours, la vie
M'est bien pénible,... enfin,
Je crois qu' maint'nant, j'envie
Le bonheur d'un pékin...
Dans un rêve effroyable
Qui m' rend tout je n' sais quoi!...
Figur' toi que le diable
Est v'nu me parler d' toi?...

Émagine-toi, vois-tu, que j'ai l'idée que *le Satanas* me travaille pour nous pousser à la Pachatterie ainsi qu'à la Mahométanerie, et qu'il voudrait nous voir tous les deusses tourner au Turc, et faire *le Maure* en Afrique pour le restant de nos jours. Tout ce que je sais, c'est que par des procédés emblématoires, petit à petit, subtilement et insensiblement, il m'a fait entrepercevoir, l'autre nuit, un grand polisson de télescope, caléidoscope, ou, pour mieux dire, de microscope avec lequel on voyait tout ce que bon vous semblait... à preuve que j'ai r'luqué gratis toutes les choses bouffonnes et *charlataniques* du moment... mais vois-tu, c'est égal! et quoiqu'çà n'était qu'un rêve, qu'un cauchemar, qu'une rêvasserie, j'ai frémi un moment en pensant que j'en riais comme un possédé... et même...

Refrain.

En t'é-crivant la pré sen-te, Je crois que l'diable me ten-te, Et me donne, en bon en-fant, Le mo-yen d'ga-gner d'l'ar gent. Mais en homme hon-nêt', J'lui crie à tue-têt', Va-t'en, va-t'en, va-t'en, va-t'en, Sa-tan! Char-la-tan!

(Procédés de Tantenstein et Cordel, 90, rue de la Harpe.)

DEUXIÈME COUPLET.

Depuis, si je n' m'abuse,
Grâce à cet appareil,
J'ai la science infuse,
Et j' lirais dans l' soleil !...
Avant, moi qu'était bête,
Qu'était lourd comme un bœuf !...
J' te parlais, dans chaqu' lête
D' la pluie, et du Pont-Neuf !...
Je te disais : La grosse
Virginie a dansé ;
La rivière est en hausse ;
Et : La rente a baissé !

Tandis qu'à présent, c'est pu çà !... au moyen de cette hallucination luminatoire, je puis te parler des *Bateaux-cannes*... des *Joncs phénomènes*... des *Bonbons de Malte Mauritains*, du *Savon-ponce*, du *Kaïffa*, de l'*Osman*, du *Nafé*, de la pâte *Tachofuge* et du *Pavage en bois*, de plus en plus préférable *au gré*... des susdits inventeurs.... Je te dirai donc que Paris est en proie à la *Pavomanie* la plus renforcée, et que, moi qui te parle, je suis ferré à glace sur le pavage dit *Peti morço d'boizostéréocomique*... lequel aurait bien fait l'affaire de feu *les chauffeurs*. Je profiterai même de l'occasion pour te raconter comme quoi la fameuse Lenormand, l'Empirique de l'Empire... plus forte que la *sébile d'Ecume*... vient de payer, comme qui dirait sa dette à la nature... chose qu'elle avait oublié de lire dans son vieux craqueur de marc de moka... et, quand on pense, vois-tu, qu'ici, à Paris, on fait sa fortune en faisant accroire que le destin a la monomanie de déposer ses plus secrètes pensées dans le fond d'une cafetière, ça me fait dire :

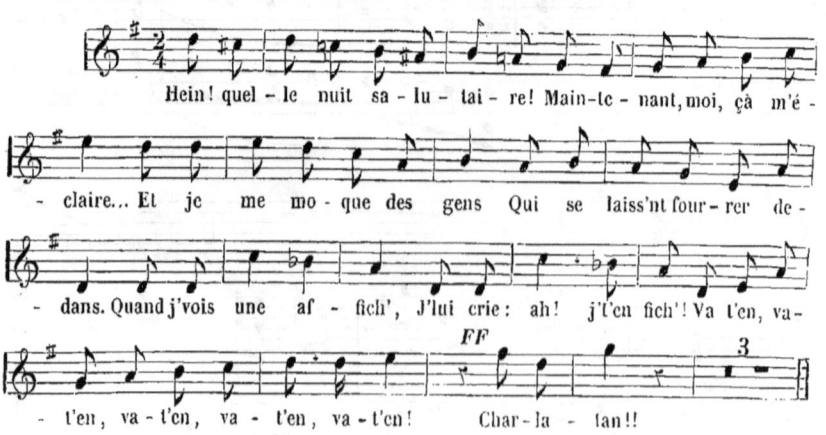

Hein ! quel-le nuit sa-lu-tai-re ! Main-te-nant, moi, ça m'é-claire... Et je me mo-que des gens Qui se laiss'nt four-rer de-dans. Quand j'vois une af-fich', J'lui crie : ah ! j't'en fich' ! Va t'en, va-t'en, va-t'en, va-t'en, va-t'en ! Char-la-tan !!

TROISIÈME COUPLET.

J' voyais un diabl' de gnôme,
Inventant, pas trop mal,
La pommad' Philocome
Et le Chou colossal!...
J'ai vu les vieux Burgraves
Claqués par cent Romains,
Nouvelle espèc' d'esclaves
Qui n' craint pas *l'air aux mains*!..
Dans un' chaudièr' construite
Tout en or, j'ai surpris
Satan faisant la suite
Des Mystèr's de Paris.

Et ça n'a rien qui m'étonne, vois-tu?... vu que cet ouvrage *Chocnosophique* fait tellement *floresque*, qu'on vient de *l'arquepincer* dans l' monde le plus *rupin* .. à preuve, que j'entendais, un jour que j'étais à la porte de l'Opéra, une jeune demoiselle qui disait, en parlant de la première chanteuse :
— N'est-ce pas, maman, que, ce soir, la *Goualeuse* a été *Chouette*!.. Sans compter que le lion actuel tire la savate, et pratique avec chic la *Garde à Papa*, et la *Pochade à la Rodolphe* .. car vois-tu, vieux !... il n'y a eu qu'une chose au monde... pour faire oublier *les Mystères*.. c'était la *Voiture aérienne*... En voilà une mécanique chicocande !.. Et qui a

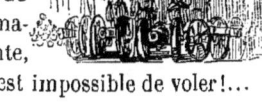

si promptement dégringolé quel' inventeur a obtenu médiatement le brevet du *Paravol*!..autre machine étourdissante, avec laquelle il est impossible de voler!...

REFRAIN : Hein !... quelle nuit salutaire !...
Maintenant, moi, ça m'éclaire... etc.

QUATRIÈME COUPLET.

D'un chanteur à la mode
J'ai vu les sacs d'écus ;
J'ai vu *Chicorabode*
Riche comme un Crésus!...
Et devant la chicane
Aux grands yeux étonnés
La bett'rave et la canne
Se battre en raffinés !...
Pour vivre un peu moins maigres,
Loin des fouets tourmenteurs
J'ai vu messieurs les nègres
Planter là... les planteurs !,..

Car enfin, tu sais que grâce à la canne, les malheureux sont couverts de noirs... On s'occupe tellement d'eusses, vois-tu, que le nègre finira par disparaître totalement et imperceptiblement de la surface de la boule, à preuve qu'un beau jour : bonsoir ! ni vu, ni connu, j' t'embrouille !... ça sera une race perdue, comme celle des carlins et des cochers d' coucou. Mais ce n'est pas là... qu'est la pièce curieuse et intéressante... je t'ai parlé nègre, et je t'ai annoncé que la voiture aérienne n'était qu'un mauvais canard... Arrive ici un peu, mon vieux !... que j' te cause magnétisse, galvanisse, sans vouloir dire pour ça qu'il s'agisse de l'argenture et de la dorure du sieur Ruoltz, particulier très connu, auquel il est bien prouvé, à présent, que la fortune vient toujours quand on *dore*.. comme lui... Il s'agit présentement d'un jeune Somnambule, Funambule ou Noctambule... qui travaille mieux, les yeux fermés, que toi-z'-et moi les yeux ouverts !... à preuve qu'il traverse, avec ses yeux de *sphinx*, et à l'aide d'un bandeau très épais, toutes les espaces *inimaginaires*... il

lit, déchiffre et observe la ponctuation à travers les murailles, les maisons et les royaumes... comme seraient susceptibles de le faire tes deux sœurs, si toutefois elles étaient *jumelles*.

REFRAIN : Hein !... quelle nuit salutaire !...
Maintenant, moi, ça m'éclaire ;
Et je me moque des gens, etc.

CINQUIÈME COUPLET.

J'en ai la têt' timbrée
A me casser le cou !...
Enfin, dans la chambrée,
On me prend pour un fou !...
J'en ai vu, d' ces *Topiques*
Radicaux, pectoraux,
J'ai vu des *Cosmétiques*
A remplir des boisseaux !...
J'ai vu, pour les provinces,
Des tas de *Caout-chouc*,
J'ai bu de l'*Eau des princes*,
J'ai flairé l' *Racahout*.

Et note bien, ma vieille, que j' te passe l'*Ambassade en Chine*... ainsi nommée, parce qu'elle n'y pénétrera pas du tout... attendu que la fameuse muraille de ce pays n'est pas, comme on l' croyait, en *porcelaine*... mais, *Anglaise*. Je ne te dis rien des *Messagers parisiens*, qui se battent *à l'heure*... qu'il est avec les *commissionnaires* comme des *crocheteurs*.

des *Chemins de fer atmosphériques*, avec lesquels, sans vapeur, on va se donner de l'air !...

Je ne te parle pas, non plus, des aventures du *Télémaque*, navire infortuné, auquel on n'a pas encore pu donner une position amicale.... mais je te touche trois mots de la *statue de Molière*.. qu'on vient de placer au-dessus de *la fontaine*... *Richelieu*. La Comédie française est venue le saluer... M. *A. Régnier* a enlevé *sa toile*... et ça a suffi pour inaugurer la *fontaine* avec une certaine pompe... Je finis la chose, en te disant que ce que j'ai entreperçu de plus bouffon, c'était un gros bataillon de grandissimes trompettes.. un tas de galapias qui s'en allaient criant partout : Plus de fumée !!... *Plus de mal de mer !!...* plus de filasse !!... plus de cheveux blancs !!... plus de vieux habits !!... plus de toux !!... plus de vieilles étoffes !!... plus d'enfants oisifs !!... plus de frottage !!... plus d'oignons brûlés !!... Ce à quoi la foule répondait : Nix ! nix ! nix !... Ce qui m' fit rire glorieusement, en m'écriant, avec le calembour, que le *Garde des sots*... chez nous n'était pas *Garde national !!...*

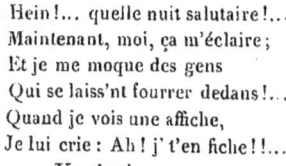

    Hein !... quelle nuit salutaire !...
    Maintenant, moi, ça m'éclaire ;
    Et je me moque des gens
    Qui se laiss'nt fourrer dedans !...
    Quand je vois une affiche,
    Je lui crie : Ah ! j' t'en fiche !!...
        Va-t'en !
        Va-t'en !
        Charlatan...

IMPRIMERIE DE J. BELIN-LEPRIEUR FILS, RUE DE LA MONNAIE, 11.

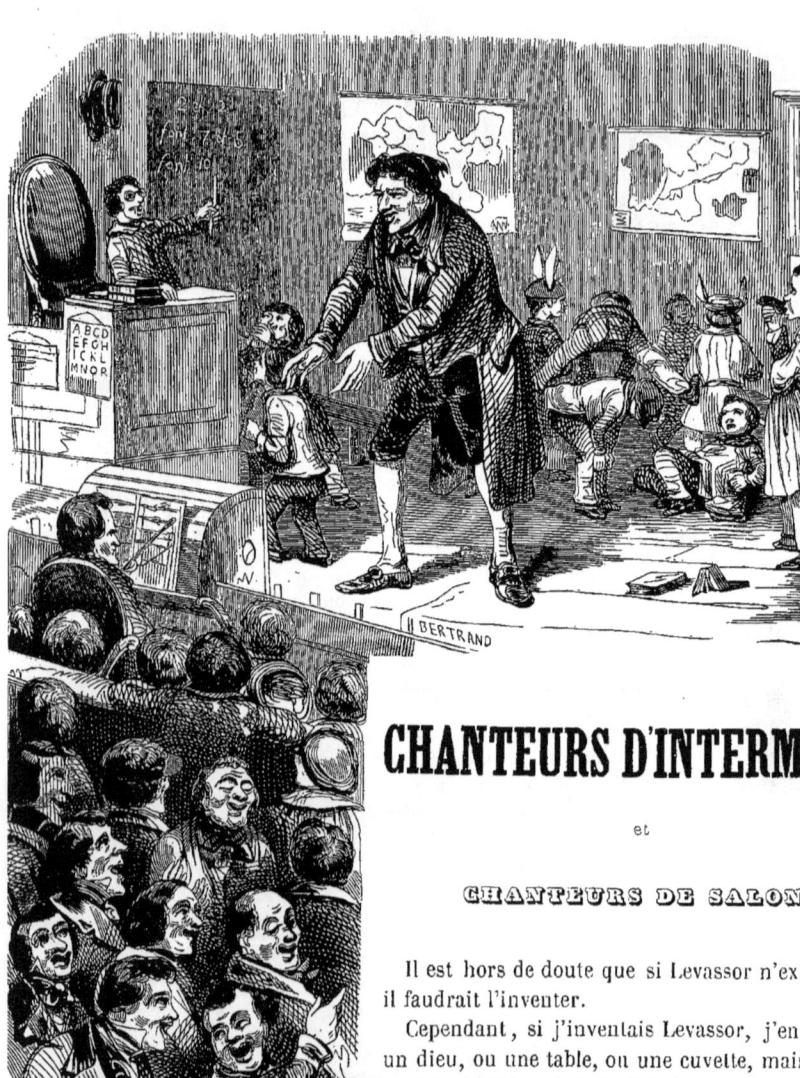

CHANTEURS D'INTERMÈDES

et

CHANTEURS DE SALON.

Il est hors de doute que si Levassor n'existait pas, il faudrait l'inventer.

Cependant, si j'inventais Levassor, j'en ferais ou un dieu, ou une table, ou une cuvette, mais l'idée ne me viendrait pas de faire de lui tout cela tout à la fois. Je le prierais de choisir entre la gloire d'être le plus ébouriffant de nos chanteurs d'intermèdes, ou la tâche pénible, pour lui, de jouer la comédie, et pour le public de la lui voir jouer. Ceci demande peut-être quelques éclaircissements.

Nul plus que nous n'apprécie la finesse, la ténuité déliée, l'agrément de détails, la vivacité et même la fécondité du talent de Levassor. C'est une souplesse inimaginable d'intelligence et d'observation. Il y a dans la manière dont il dit les choses, dans la façon dont il marche, dont il gesticule, dans son sourire aigu, dans son regard qui ressemble, si l'on peut le dire, à une étincelle endormie, dans tout cet ensemble à la fois vif et douceret, dans ce mélange de chaleur et de sang-froid, une étonnante puissance d'attraction, et quelquefois une dépense d'esprit qui va jusqu'à la prodigalité. Les acteurs ont tous plus ou moins le talent de l'imitation. Mais il ne faut pas s'y tromper. On peut imiter avec exactitude, rendre un type dans toute sa vérité, et toutefois ne pas atteindre le but que l'imitation se propose. A côté de la vérité, ou plutôt en même temps que la vérité, le spectateur demande autre chose, il veut que le personnage qu'on lui présente soit, dans sa parfaite ressemblance, une satire de lui-même; en un mot, il faut que l'imitation soit critique. Levassor est peut-être le seul qui ait su conduire ainsi le vrai jusqu'au comique, le comique jusqu'à l'épigramme, sans pour cela faire descendre le comique jusqu'à la parade, et la caricature jusqu'à la charge. Levassor n'oublie jamais qu'il est derrière la rampe d'un théâtre, et non sur des tréteaux de foire. Il a ce beau privilége de faire rire les gens d'esprit.

Ce serait peut-être ici le cas de distinguer entre les bouffons, les grotesques, les arlequins de tous genres qui encombrent nos théâtres, et le petit nombre de vrais comiques dont notre scène est douée. Mais passons.

Levassor n'est pas un comique parfait. Il a de moins ce qu'Achard a de trop. Celui-ci est tout expansif, tout en dehors, il soulève le rire avant la réflexion; celui-là est trop contenu, trop en dedans, et ce n'est que la réflexion qui nous le rend comique. Au lieu de peindre à grands traits, par des empâtements hardis, par des touches fières et soudaines, Levassor pointille, économise sa couleur, s'éprend des détails, s'épuise à tout rendre, et arrive, à force de finesse, à des effets exigus. C'est un peu le Miéris des acteurs de genre. Il oublie qu'un acteur est vu de loin, comme un décor. Une toile de fond qui serait touchée en miniature n'offrirait à l'œil que des masses confuses et monotones. Cela fait que Levassor, dès qu'il abandonne le bord de la rampe pour se mouvoir en pleine scène, au milieu d'une action, semble s'amoindrir et se perdre parmi ses camarades. On le cherche, on ne l'aperçoit plus. Mais on le retrouve à l'intermède, lorsque le rideau se lève sur lui tout seul, et qu'il s'avance tout au bord du théâtre, aussi près que possible de nos yeux et de nos oreilles. C'est alors seulement que nous découvrons les admirables petites beautés de cette spirituelle miniature.

Nous séparions tout à l'heure les vrais comiques des paillasses, ne devrait-on pas distinguer aussi entre les comiques de la scène et les comiques de salon? Levassor s'est beaucoup perfectionné dans les salons. C'est peut-être un malheur irréparable pour lui.

Quoi qu'il en soit, il est désormais facile d'expliquer une bizarrerie que beaucoup de gens ne peuvent encore comprendre, c'est que Levassor, délicieux dans certaines pièces, est dans beaucoup d'autres d'une pâleur, d'une décoloration désolante. Pourquoi? le voici: tous les rôles où Levassor a brillé sont des rôles qu'il faudrait appeler des rôles d'*intermède*, parce qu'à eux tous seuls, ils constituent toute la pièce. La pièce alors n'est plus qu'une scène comique plus ou moins prolongée. Otez-lui le personnage de Johnson des *Trois Dimanches*, qui est encore à la rigueur un intermède traversant toute la pièce, ses autres créations ne sont plus que des scènes comiques proprement dites. Le *Bas-Bleu* se compose de quatre intermèdes noués ensemble par un semblant d'action; les *Informations Conjugales*, de quatre autres intermèdes, cousus très pauvrement; la *Famille des Bombés*, de quatre intermèdes encore; le *Brelan de Troupiers*, de trois intermèdes; lesquels représentent, dans la première de ces pièces, les types d'un médecin, d'un Normand, d'un bas-bleu, et d'un étudiant; dans la seconde, ceux d'un vieil employé, d'une chanteuse, d'un bossu, et d'un débardeur; dans la troisième, ceux de quatre variétés de bossus; dans la quatrième, enfin, ceux d'un invalide, d'un troupier et d'un conscrit; autant de physionomies, autant de scènes originales et spirituelles, mais qui ne sortent point du genre si bien exploité par Levassor dans l'*Entr'acte au Paradis*, le *Postillon de ma'am Ablou* et le *Galopin industriel*.

Il résulte naturellement de tout cela que M. Levassor, qui est un homme d'esprit, devrait avoir assez de tact pour se renfermer dans la stricte nature de ses moyens, et ne pas abandonner, comme il le fait depuis quelque temps, ces chansonnettes qu'il nous débite si bien. Un peu de lassitude de sa part, peut-être un peu de vanité, quelques méchantes langues disent un peu d'avidité, ont fini par éloigner de lui Bérat, Édouard Granger, Bourget, et beaucoup d'autres auxquels Levassor doit le meilleur de sa réputation. Croyez-moi, monsieur Levassor, ne soyez pas coupable d'indifférence en matière de chansonnettes; l'indifférence du public pourrait vous en punir.

Et maintenant que j'ai à peu près démontré ce qu'il faudrait faire de Levassor, si, dans ce siècle où l'on invente tant de choses, on éprouvait le besoin de l'inventer, l'on me permettra de passer du théâtre au salon, et des chanteurs comiques de la rampe aux chanteurs comiques du piano.

Tenons-nous dans les généralités physiologiques.

Un chanteur de salon est, dans la pluralité des cas, employé quelque part, comme à l'administration des boues, à la grande ou à la petite voierie, au mont-de-piété, au contrôle du salon de Mars ou aux pompes funèbres. Quelquefois il est tout simplement *compteur d'œufs* à la halle ou marqueur de billard dans un estaminet des boulevards. Mais s'il s'est fait ce qu'il est dans la vie civile, il est devenu ce qu'il croit être, dans les arts, par la seule grâce de Dieu : c'est l'enfant de la nature. Il chante pour chanter, comme les oiseaux du ciel; il chante surtout pour avoir le plaisir, vers neuf heures du soir, de mettre son habit de gala, celui qu'il avait le jour de ses noces ou lorsqu'il débuta *dans la carrière*, l'habit avec lequel il enterrera son vieux père ou son petit premier, celui qu'il met pour pleurer, et qu'il remet encore pour faire rire, un de ces habits-phénomènes que la mode retaille, retourne, recoupe, déforme, bouleverse chaque année, mais qui se laisse faire avec cette bonhomie souriante du vieillard que lutinerait une coquette.

Aussitôt que le chanteur de salon est dans son habit noir, il oublie qu'il est employé à mille francs, et qu'il déjeune, un jour sur deux, par les dents de foi. Ces misérables détails de l'existence, il ne les connaît plus. D'ailleurs ne va-t-il pas souper d'un salmis de bravos? Lorsqu'il entre dans le salon, il a le cœur assiégé de mille commotions secrètes. Le piano est-il bien en vue? Apercevra-t-on bien le chanteur? S'il apprend qu'un académicien doit lire d'abord sa tragédie, il sourit, il est content. J'aurai le plaisir d'éveiller tout le monde, se dit-il. C'est un succès tout fait. Il vénère aussi les jeunes pensionnaires qui jouent des sonates, les amateurs qui proposent des charades, les mamans qui font danser au piano, et les enfants qui récitent des fables. Ce sont autant de repoussoirs à son profit. Le chanteur de salon possède deux ficelles infaillibles, elles sont de tradition, elles lui sont léguées de père en fils. La première ficelle est de promettre quatre romances, mais de n'en chanter que deux, parce qu'il est attendu ce soir-là, dit-il, dans une foule d'autres maisons. Cela signifie *qu'on se l'arrache*. La seconde ficelle consiste à préluder par l'annonce d'un rhume ou d'un enrouement subit. Les plus audacieux allèguent leurs fatigues. Cela signifie alors qu'ils triomphent sept fois par semaine et trois ou quatre fois par soirée.

Les chanteurs de salon se divisent en deux grandes catégories : les figures tendres et les figures bêtes. Les figures tendres sont accompagnées de longs cheveux bouclés, et d'un col de chemise renversé sur une cravate noire : elles roucoulent la romance. Les figures bêtes ont une cravate blanche, des cheveux courts, des favoris maigres et des oreilles rouges : elles grincent la chanson comique. La figure tendre ne consomme absolument qu'un verre d'eau sucrée à l'eau de fleurs d'oranger ; mais la figure bête accepte volontiers un verre de punch, à moins qu'elle n'en accepte deux. Les figures qui ne sont ni bêtes, ni tendres, ont une autre spécialité, c'est d'être laides. Une de ces dernières s'est fait une réputation colossale avec une chansonnette qui a pour titre : *A bas les Hommes!* Toutes les femmes qui voyaient le chanteur étaient si bien de son avis, qu'elles lui ont fait un succès.

Excepté un ancien horloger, qui *va-t-en* ville avec madame son épouse, à raison de cent francs par soirée, et fournit les bals, les raouts, les noces et les concerts hors barrière, tous les chanteurs de salon chantent gratis. C'est le côté moral de l'institution.

Nous terminerons par une appréciation générale du talent de ces artistes. Ils se distinguent tous par un don qui, pour être naturel, n'en est pas moins une qualité rare, extraordinaire, étrange, une de ces facultés qu'une longue habitude peut perfectionner sans doute, mais dont le germe est une faveur du ciel ; ce privilége, c'est de savoir marcher sans se crotter.

Le chanteur de salon visite au moins trois maisons dans sa soirée, ce qui l'oblige à plusieurs courses, quelquefois très longues, au milieu des boues et des ténèbres de Paris. Eh bien ! je défie qui que ce soit de prouver qu'il ait jamais vu la plus légère tache sur la chaussure irréprochable d'un chanteur de salon. Et cela est remarquable assurément, aujourd'hui que nous comptons si peu d'hommes et si peu de choses à l'abri de toute souillure !

MARC FOURNIER.

L'ART D'AIMER.

ROMANCE.

PAROLES DE ***. — MUSIQUE DE M. JULES BELIN.

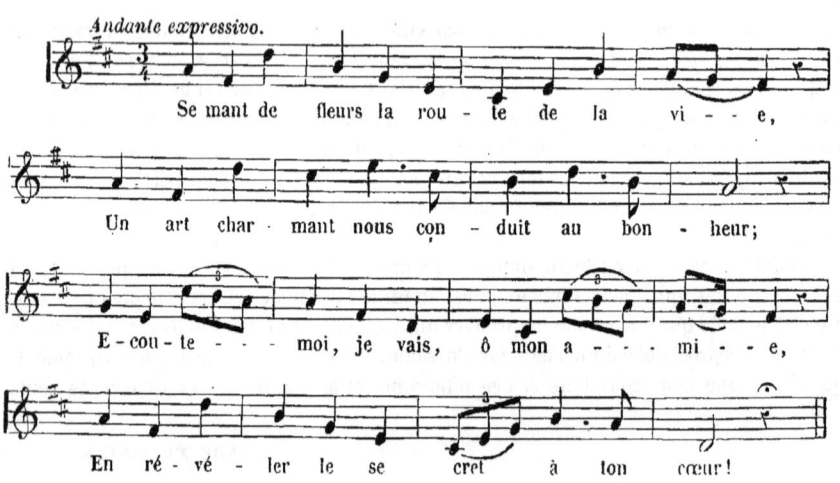

Semant de fleurs la route de la vie,
Un art charmant nous conduit au bonheur;
Écoute-moi, je vais, ô mon amie,
En révéler le secret à ton cœur!

2.

De mes leçons l'importance est extrême :
La voix, le geste, il faut tout imiter.
Toutes les fois que je dirai : Je t'aime,
Bien tendrement tu dois le répéter.

3.

Avec tendresse, ou langueur, ou délire,
Lorsque mes yeux interrogent les tiens,
Dans leurs regards soudain ils doivent lire
Autant d'amour qu'en expriment les miens.

4.

Aux doux baisers quand ma bouche t'invite,
Livre la tienne à ses tendres efforts,
Et que ton cœur, lorsque le mien palpite,
Vers lui s'élance avec mêmes transports.

5.

Dans l'art d'aimer voulant te rendre habile,
Si je promets de n'instruire que toi,
Jure-moi bien d'être toujours docile,
Et de n'avoir d'autre maître que moi.

1844

LES FLEURS MOURANTES.

Air : *De Jacquemin.*

Notre siècle désabusé,
Abruti par la bourgeoisie,
Vit sans bonheur, sans poésie
Comme un sybarite blasé,
Qui s'éteint, après s'être usé.
Sous mille formes différentes,
Les sots ont remplacé les fous ;
Leurs victoires désespérantes
Nous font gémir.... mais à genoux !
Et la gloire et l'esprit chez nous
Ne sont plus que des fleurs mourantes ! *(ter.)*

Autrefois, nos fiers orateurs
Faisaient respecter la patrie ;
Maintenant, c'est la fourberie
Qui dirige tous nos flatteurs,
Nos avides escamoteurs....
La France est bien indifférente
A ces grands sauveurs de cités ;
Pour l'ambition dévorante
Ils se sont toujours disputés....
L'éloquence des députés
Est encore une fleur mourante ! *(ter.)*

Sans prêcher comme au Vatican
Sur l'abus des danses nouvelles,
Je trouve que nos demoiselles
Font trop usage du cancan,
Et que cela devient choquant !
Leurs figures, peu rassurantes,
Ont peut-être trop de splendeur,
Et leurs postures conquérantes
S'enlaidissent par trop d'ardeur...
Danse et gaîté, grâce et pudeur,
Ne sont plus que des fleurs mourantes ! *(ter.)*

Jeune fille dont les seize ans
Font l'espérance et la richesse,
Tu te pares de ta jeunesse,
Et cherchant des cœurs bien aimants,
Tu rêves des amants charmants !
Pour un lion d'humeur souffrante,
Pauvre enfant tu vas t'embraser,
Son cigare va te griser....
Ah ! la volupté du baiser
Est encore une fleur mourante ! *(ter.)*

Partout nos Saphos en bas bleus
Du milieu vont à la surface.
Drames, romans, vers et préface,
Tous leurs ouvrages nébuleux
Ont des succès très fabuleux.
Vivant de flammes pénétrantes,
De leurs maris se mêlant peu,
A leurs filles trop ignorantes
Elles apprennent plus d'un jeu...
Et les vertus du pot-au-feu
Ne sont plus que des fleurs mourantes ! *(ter.)*

J'avais vu Rose à l'Opéra,
Belle, riche et diamantée ;
Soudain, sa prunelle aimantée
Sur mon cœur brûlant opéra,
Et mon tendre amour espéra...
Rêvant une nuit délirante,
J'apprends bientôt, le croirait-on ?
Que ma nymphe était figurante
Au théâtre du Panthéon...
Rose, je vous croyais bouton...
Vous n'étiez qu'une fleur mourante ! *(ter.)*

ROCHEFORT.

L'Homme du Jour.

Air : *J'ons un curé patriote.*

Facile, doux et commode,
Aimant tout le genre humain,
L'homme du jour à la mode
A tous vient tendre la main.
D'être votre protecteur,
Il veut bien avoir l'honneur.
    Ah! vraiment,
    C'est charmant!
Cet homme a son agrément
Surtout pour le gouvernement.

Mince pédant de collége,
Pour un cuistre on le connut,
Mais aujourd'hui Monsieur siége
Sur un banc de l'Institut.
La science assurément
Lui vint un jour en dormant.
    Ah! vraiment,
    C'est charmant!
Cet homme a son agrément
Surtout pour le gouvernement.

Autrefois dans votre bourse
Il puisa plus d'une fois,
Le temps aura dans sa course
Mis sa mémoire aux abois....
Mais un jour riche et puissant
Il sera reconnaissant....
    Ah! vraiment,
    C'est charmant!
Cet homme a son agrément
Surtout pour le gouvernement.

Vous pouvez compter d'avance
Sur le bien qu'il vous prédit,
Il vous donne l'assurance
D'user pour vous son crédit...
A sa porte un beau matin
Vous sonnez, hélas! en vain....
    Ah! vraiment,
    C'est charmant!
Cet homme a son agrément
Surtout pour le gouvernement.

Si l'on en croit la chronique,
On dit que de protestant
Il se fit bon catholique,
Les jésuites aidant;
Mais laissant là leur giron,
Il reprit son chaperon....
    Ah! vraiment,
    C'est charmant!
Cet homme a son agrément
Surtout pour le gouvernement.

Certain jour le sort se lasse,
Un grand sut le protéger,
Mais bientôt tombe en disgrâce,
Faudra-t-il la partager?...
Il l'embrasse en gémissant,
Puis va voir son remplaçant...
    Ah! vraiment,
    C'est charmant!
Cet homme a son agrément
Surtout pour le gouvernement.

Pour atteindre la fortune
Le voyez-vous s'élancer
Sur la route à tous commune,
Comme il sait tout renverser!
Le voilà riche et puissant,
Il vous écrase en passant.
    Ah! vraiment,
    C'est charmant!
Cet homme a son agrément
Surtout pour le gouvernement.

A. BARON.

AVENTURES DU SOPRANO GERONIMO.

CHANSON BOUFFE.

Avec accompagnement de Guitare. (Obligé.)

PAROLES DE M. M. F. — MUSIQUE DE M. MOGINO.

Je fus jadis un pauvre hère; Car la signorita ma mère Disparut en corricolo, Ah! povero Géronimo! Poursuivre un jeune capitaine, De la garde napolitaine, En son château. Ah! povero Géronimo, Ah! povero Géronimo!

Me voilà donc sans sou ni maille,
Couchant, comme un gueux, sur la paille,
Et le jour tendant mon chapeau.
    Ah ! povero
    Geronimo !
Je chantais pour tromper ma peine,
Et ma voix, dit-on, riche et pleine
    Charmait l'écho.
    Ah ! povero
    Geronimo !

Lors un barbier passe et m'écoute ;
Je mets tous ses sens en déroute ;
Il jure par san Gennaro.
    Ah ! povero
    Geronimo !

Viens, me dit-il, quitte ta niche ;
Je veux te faire illustre et riche
Et soprano...
    Ah ! povero
    Geronimo !

Hélas ! je me laissai séduire,
Et l'on appela pour m'instruire
Un fort grand maestro... chirurgo.
    Ah ! povero
    Geronimo !

Son instrument fit des merveilles ;
Je ne gardai que... mes oreilles,
Do, mi, sol, do...
    Ah ! povero
    Geronimo !

On m'apprend une cavatine,
Et dans la chapelle Sixtine
Je charme le pape Urbano.
    Ah! povero
    Geronimo!
Pour moi désormais tout prospère,
Et je deviens pour le Saint-Père
    Carissimo.
    Ah! povero
    Geronimo!

Mais voilà qu'une cantatrice
Me plaît et me prend par caprice,
Et me fait son... sigisbeo.
    Ah! povero
    Geronimo!
Mais ce duo tout platonique,
Selon les lois de la musique,
    Fut un solo.
    Ah! povero
    Geronimo!

Bientôt je sus pourquoi la belle
Avait choisi dans la chapelle
Un époux... accaponato.
    Ah! povero
    Geronimo!
J'eus dix enfants de ma charmante,
Car l'unité dix fois augmente
    Avec zéro.
    Ah! povero
    Geronimo!

Las d'être époux en effigie
Aux mécréants de la Phrygie
De ma femme je fis cadeau.
    Ah! povero
    Geronimo!
Mais, bast! le sabre sur la nuque,
De ma femme on me fait l'eunuque
    Ex-professo...
    Ah! diavolo!
    Geronimo!

Or, voyez la mésaventure,
Le Turc était de sa nature
Presqu'aussi neutre dans sa peau.
    Qu'el povero
    Geronimo!
Et mon épouse incorrigible
Un jour donne au Turc peu sensible
    Un bambino...
    Ah! povero
    Geronimo!

On m'emprisonne et l'on m'accuse
D'avoir protégé par la ruse
Ce malhonnête quiproquo.
    Ah! povero
    Geronimo!
En vain je crie et je réclame;
On me force à jeter ma femme
    Au fond de l'eau.
    Prestò, prestò,
    Geronimo!

Pour ne pas survivre à la belle,
Vite, je m'élance après elle;
On est touché d'un trait si beau.
    Bravissimo!
    Geronimo.
Mais je laisse ma femme au diable,
Et je grimpe, au moyen d'un câble,
    Sur un vaisseau.
    Ah! beatò
    Geronimo!

Enfin, nous voguons vers la France,
Où devait, avec ma souffrance,
Se terminer l'imbroglio.
    Incognitò,
    Geronimo
Bientôt auprès du roi se lance,
Et d'eunuque on fit Excellence
    El castratò.
    Ah! que' gusto!
    Geronimo!

LA QUÊTEUSE.

PAROLES DE M. M. F. — MUSIQUE DE M. MOGINO.

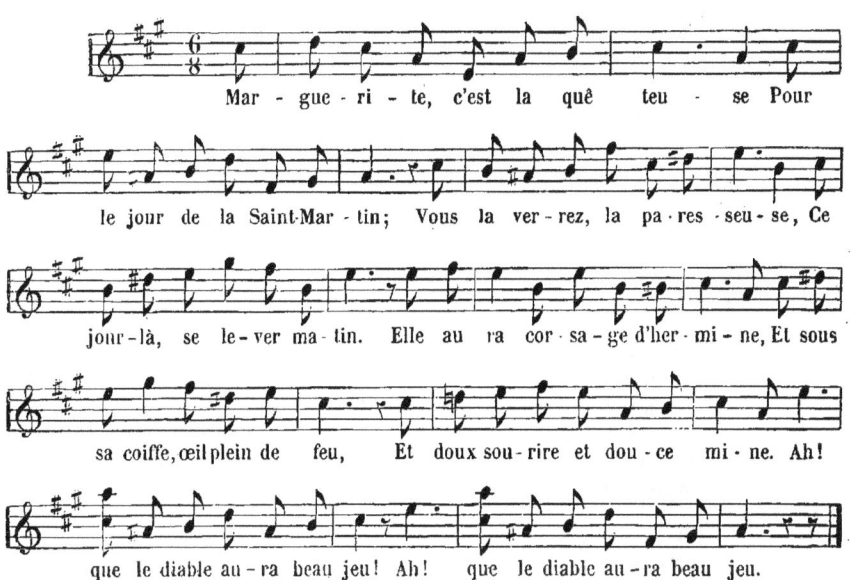

Marguerite, c'est la quêteuse Pour le jour de la Saint-Martin; Vous la verrez, la paresseuse, Ce jour-là, se lever matin. Elle aura corsage d'hermine, Et sous sa coiffe, œil plein de feu, Et doux sourire et douce mine. Ah! que le diable aura beau jeu! Ah! que le diable aura beau jeu.

La voyez-vous entrer au prône,
Déjà tous les yeux sont distraits ;
Vers le siége où le bailli trône
Elle a porté ses pas discrets ;
Mais un page passe près d'elle,
Du châtelain, c'est le neveu...
Un soupir tombe en l'escarcelle.
Ah! que le diable aura beau jeu !

Donnez, donnez, dit Marguerite,
Et le page soupire encor,
Et l'escarcelle qu'on agite
Reçoit deux belles pièces d'or ;
« Mais quoi ? de l'or, divine dame,
« Rien que de l'or, ah! c'est trop peu,
« Prenez aussi toute mon âme.... »
Ah! que le diable aura beau jeu !

Et puis tout bas, le page ajoute :
« Des trois vertus que Dieu command',
« La *Charité* veut qu'on m'écoute,
« La *Foi* qu'on croie à mon serment,
« Mais la troisième est la plus belle,
« Je l'invoque avec ton aveu,
« C'est *Espérance* qu'on l'appelle... »
Ah! que le diable aura beau jeu !

Tant il advint que la galante
Ne quêta plus dans ces hameaux,
Et le curé d'une voix lente
Un jour laissa tomber ces mots :
« Je veux que ce soit la plus laide
« Qui désormais quête au saint lieu,
« Et que le ciel lui soit en aide...
« Car le diable a toujours beau jeu. »

A MOLIÈRE.

Couplets qui ne devaient pas être chantés à l'inauguration de son monument.

AIR : *Ah ! si madame me voyait !*

Te voilà mort depuis longtemps !
Tu croyais, peut-être, Molière,
Faire rentrer dans la poussière
Les martyrs que tes vers mordants
Dilacéraient à belles dents ?
Détrompe-toi, poëte auguste ;
A l'heure où plusieurs corps savants
Viennent inaugurer ton buste,
Tes *bonshommes* sont très vivants. (*bis*)

Si tu te piquas d'avoir mis
Les tartufes à fond de cale,
Ta cécité fut sans égale.
Le succès que tu te promis
Fut un beau rêve, et j'en gémis.
Regarde près de toi, grande ombre...
Tes coups n'ont frappé que le vent.
Tartufe n'a plus l'air si sombre ;
Mais le *pauvre homme* est bien vivant. (*bis*)

Tu disais peut-être en ton cœur :
Ma plume badine et féconde
Va rayer, au livre du monde,
L'avarice, d'un trait vainqueur...
Tu t'abusais, divin moqueur.
L'or est notre idole suprême.
Harpagon, moins gueux que devant,
Ne court plus s'arrêter lui-même ;
Mais le bonhomme est très vivant. (*bis*)

Tu flagellas, en si beaux vers,
Les ânes de la médecine,
Que cette cohorte assassine
Semblait, à force de revers,
Prête à déserter l'univers.
Mais, malgré les ris du parterre,
Aujourd'hui, comme auparavant,
Purgon porte les gens en terre,
Et le bonhomme est bien vivant. (*bis*)

Tu charmas tous les bons esprits
Avec ton *Bourgeois gentilhomme*,
Et ta muse troubla le somme
De ces orgueilleux mal appris
Qui d'un blason étaient épris.
Mais, malgré le bât qui le blesse,
De sa chute se relevant,
Jourdain forge encor sa noblesse,
Et le bonhomme est très vivant. (*bis*)

Des pédants tu fus l'Attila.
Tu perças leurs masses serrées
De mille flèches acérées.
Tu bravas les doctes, holà !
Et le public se régala.
Mais d'une race qui trognonne
Paris est le tableau mouvant,
Trissotin fleurit et rognone...
Le bonhomme est toujours vivant. (*bis*)

Tu vidas enfin ton carquois
Sur le dos des femmes savantes.
Leurs grandes phrases décevantes,
Leurs mots latins, grecs, iroquois
Tombèrent sous ton vers narquois,
Mais le beau sexe métromane
Trouve des cavaliers servants.
Regarde l'hôtel Castellane...
Les bas-bleus sont toujours vivants (*bis*)

Nous t'avons perdu tout entier ;
Il est mort, le vieux Molière.
Notre époque est une écolière,
Et, dans ce siècle trop altier,
Le talent n'est plus qu'un métier.
Seule, dans notre mappemonde,
La sottise a des survivants :
Molière n'est plus de ce monde ;
Ceux qu'il tua sont bien vivants. (*bis*)

A. BAISSEY.

Le nom écrit au bas de cette piquante et spirituelle chansonnette rappellera le souvenir de beaucoup d'autres refrains non moins heureux auxquels *le Corsaire* a eu le bon esprit lui-même d'ouvrir ses colonnes. C'est dans ce journal que M. A. Baissey s'est acquis depuis long-temps le renom que devait lui mériter la verve toute satirique de ses inspirations.

UNE MANIÈRE DE VOIR.

A M. le docteur Ch. Saudens.

Air : *Du Carnaval.*

Chaque mortel, jeté sur cette terre
Par le Destin reçoit son lot de mal
L'un est bossu, mais droit de caractère,
L'autre est bien fait, mais boiteux au moral.
J'ai l'esprit faux, on le dit, je m'en moque,
S'il m'inspira souvent de méchants vers,
C'est qu'ici-bas, tout me semble baroque...
Que voulez-vous, moi j'y vois de travers.

On aime à voir ce tribun taciturne
Contre le centre ameuter les sifflets ;
Mais le jour vient où sa boule dans l'urne
Donne à ses sœurs le doux baiser de paix.
N'oublions pas, quand tonne à la tribune,
Le tiers-parti contre le parti-Thiers,
Qu'à la buvette, on n'a plus de rancune...
Que voulez-vous, moi, j'y vois de travers.

Je me souviens qu'un vaillant cri de guerre
Fit un matin frémir les Léopards,
Et dès le soir, on entamait la terre,
Pour y semer le granit des remparts.
Sublime élan ! mais répondez sans gêne,
Ces lourds canons dont les forts sont couverts,
Menacent-ils le Rhin ou bien la Seine ?...
Que voulez-vous, moi, j'y vois de travers.

Quoi ! tour à tour de louange ou d'opprobre,
Vous accablez ces ministres d'un jour,
Ce premier mars ou ce vingt-neuf octobre,
Pauvres jouets dont s'amuse la cour.
Injustement, votre voix les harcèle,
Ce sont pantins sous le manteau des pairs :
On sait la main qui tire la ficelle..
Que voulez-vous, moi, j'y vois de travers.

Ne vantez pas ces fougueux publicistes,
Ces fils d'Armand, et du vieux Châtelain ;
Les noms proscrits, barbouillés sur leurs listes,
Honnis hier, seront absous demain.
Tous ces Zénons, assemblés au Portique,
Et griffonnant autour des tapis verts,
Sont des marchands, assis dans leur boutique...
Que voulez-vous, moi, j'y vois de travers.

J'entends partout chanter la tolérance,
De cet abbé, riche pharisien,
Qui, tout rempli d'une sainte espérance,
Couvre son front du bonnet phrygien.
Je pense alors qu'une œuvre d'imposture
Autour de nous étend ses fils pervers,
Sous le bonnet j'aperçois la tonsure...
Que voulez-vous, moi, j'y vois de travers.

Vite, messieurs, çà qu'on se transfigure
En ducs et pairs, sur le nouveau Thabor,
Plus d'épiciers, de vilains, de roture,
Tous les Français sont égaux devant l'or.
Mais, croyez-moi, dans vos armes nouvelles,
Écartelez d'hermines et de vairs,
Un pain de sucre entre quatre chandelles...
Que voulez-vous, moi, j'y vois de travers.

Au temps jadis, écoutez bien, madame,
La reine Berthe, en ce temps-là, filait,
De fille honnête on faisait une femme,
Et pas plus mal, le monde n'en allait.
Mais aujourd'hui, jugez la peccadille !
Nous avons mis les choses à l'envers,
Et c'est la femme, hélas ! qui devient fille...
Que voulez-vous, moi, j'y vois de travers.

M. F.

BOURRÉES, SAUTEUSES, RONDES, BRANLES,

et autres Danses populaires.

Croquis.

A de naïfs tableaux je trouve un charme étrange.
J'aime à me rappeler ces danses du pays,
Tous ces gais campagnards s'échauffant dans la grange,
Pendant que les anciens boivent frais au treillis.

Voyez-les, en sabots, côtoyant leur gros ange,
Et guettant des baisers souventefois cueillis,
Bondir et démener leurs jambes de vendange
A fatiguer l'orchestre, à vous rendre ébahis.

Oui, j'aime ces danseurs et ces brusques allures.
La main qui prend la taille est rouge d'engelures,
Mais la fraîche amoureuse aime ces gros garçons ;

L'orchestre est un vielleur juché sur une tonne ;
Un lampion sert de lustre en n'éclairant personne ;
C'est burlesque... mais c'est du plaisir sans façons.

(UN PAYSAN.)

Comment ces danses se trouvent-elles là ? Par quelle idée, dans un recueil *chantant*, avons-nous autre chose que des chants ? et d'où vient, à la place d'un air gai ou langoureux, l'ébattement pittoresque de ces rustiques danseurs, ces jupes et ces blouses qui se confondent, ces gestes qui s'animent, ces sabots qui martellent le sol en frappant la mesure? — Eh ! mon Dieu, messieurs, approchez-vous des groupes, prêtez un peu l'oreille, et dites-moi quel orchestre agite ces danses? Une musette, ou une vielle parfois ; mais le plus souvent la voix même des danseurs, qui trouvent dans leur énergique plaisir la force de chanter l'air de leur danse, et sont à la fois stimulateurs et stimulés. Écoutez ce que ces voix chantent : ce ne sont pas seulement des notes ; ce sont des paroles, des vers naïfs, des *chansons* enfin... Vous voyez que nous rentrons dans notre cadre, si toutefois ç'avait été en sortir que de parler de danses (car lorsqu'on chante on est si près de danser!) (1). C'était tout bonnement rester dans notre sujet ordinaire, avec la danse par-dessus le marché.

Nous allons, cette fois, en fouillant dans ces richesses ignorées ou du moins peu connues, nous occuper de productions fraîches, mais simplettes, et presque *primitives* par leur couleur et leur allure. Mon but n'est point de faire de l'érudition à propos de ces danses; les danses mêmes, je n'en parlerai qu'accessoirement : ce que je veux vous faire connaître, ce sont les chansons des danseurs. C'est ce qui nous occupe ici ; nous voguons pleinement dans notre matière.

Nous avons (j'use encore parfois du *nous* magistral) recueilli quelques-unes des paroles adaptées par ces imaginations naïves aux notes de leurs sauteuses, de leurs branles, et de leurs bourrées. Nous en avons conservé les airs avec toute la fidélité dont notre mémoire a été susceptible, forcé de nous en remettre à elle, ces airs n'étant notés que dans le gosier des danseurs. Voici ces échantillons. Maintenant, pour peu qu'on n'ait pas trop de dédain pour les humbles choses que nous envoient les brises des villages, on est presque sûr de trouver un doux charme dans ces simples paroles. Il est vrai que toute la couleur locale n'y sera pas; vous n'entendrez pas ces timbres faits exprès pour ces notes, ces intonations particulières, ces traînements de voix chevrotantes, brusquement interrompus par des saccades de sons rapides, le tout couronné de cris aigus et fortement accentués, menant les danseurs hors d'haleine au baiser sonore qu'ils appliquent sur l'épaule... et quand ils peuvent, sur la joue de leur infatigable et rubiconde partenaire... Mais, que voulez-vous ? nous ne sommes pas ici dans les montagnes de l'Auvergne ou les plaines de la Bourgogne ! Le bois fidèle qui précède cette notice, et les airs qui vont suivre ces lignes, suppléeront tant bien que mal à ce manque forcé du pittoresque dans ce souvenir de nos danses villageoises.

(1) Et qui empêcherait même un compositeur de s'emparer de ces simples mélodies, et de s'en servir à nous faire un quadrille, qui, certes, ne le céderait à aucun autre pour le naturel et l'originalité ? — Je lui en fais la demande, ne fût-ce que pour justifier ma parenthèse.

Cette bourrée (1), ainsi que la sauteuse suivante, n'a de paroles que pour un couplet, ce qui n'empêche pas la chanson d'être longue. Tout ce que chantent les paysans est la plupart du temps interminable, grâce au procédé facile du *bis*, du *ter*, du *quater*, etc., etc., qu'ils emploient avec la plus luxueuse prodigalité. Que leur fait, à eux, que ce soient les mêmes paroles qui reviennent? Pourvu que ce soient les mêmes notes, ces notes qui les font danser et sauter jusqu'à la courbature, leur esprit est content ; car ce n'est pas leur esprit qu'ils mènent au bal, c'est leurs jambes. Et je vous réponds qu'elles s'en donnent! — Voici la sauteuse :

Cet air est plus pressé, plus vif que le précédent. Si vous voyiez les danseurs en marquer avec le pied les notes les plus rapides, vous en seriez à vous demander comment leur gosier peut les chanter, comment leur voix peut subsister avec leur geste, comment dans des corps si démenés il peut se faire deux telles besognes à la fois ? Ce qu'il y a de remarquable sur cette sauteuse, c'est que dans les paroles il est question de musette et de flageolet, et qu'il n'y a pas le moindre flageolet ni la moindre musette à l'orchestre. Doit-on en induire que cet air fut d'abord dansé à l'aide de ces deux instruments ? ce serait probable, attendu que les deux ménétriers, *Claude* et *Nicolet*, cités dans les paroles, ne sont pas là pour des prunes, et que le principal mérite des poésies villageoises est la fidélité dans les peintures. Un beau jour les deux joueurs auront manqué à la grange, et le bal, ne voulant pas cesser pour si peu, les danseurs auront entonné... et dansé l'air sans les instruments. C'est la moindre chose.

D'autres fois les paroles des danses, au lieu de revenir constamment les mêmes, se déroulent, se succèdent, et forment une espèce de *petit* poëme... quand elles n'arrivent pas à être aussi *longues* que les indéfinies, les éternelles à un couplet. C'est toujours, du reste, la même simplesse dans les mots et dans les airs. La danse prend alors le nom de *branle* ou de *ronde*. En voici une, dont je vous recommande principalement les paroles, l'air n'ayant rien d'extraordinaire, quoique agréablement accentué. Elle est conservée dans toute sa naïveté ; elle a la senteur de son cru :

(1) On peut voir, comme complément aux airs et paroles de cette notice, la *Bourrée charollaise* et la *Chanson campagnarde*, que nous avons citées dans LE BOURGUIGNON, type des *Français* de L. Curmer.

En chang'ra qui voudra ; pour la mienne il est bèlle ; *(bis.)*
Elle a le cœur content et la bouche *merveille*... } *(bis.)*
Le bon vin, etc. . . . .

Qu'on m'apporte mon ch'vau, et qu'on z'y mett' sa bride, *(bis.)*
Pour aller voir, o gué ! Marguerite ma mie... } *(bis.)*
Le bon vin, etc. . . . .

Non, jamais tu n'auras ce que j'ai z'évu d'èlle. *(bis.)*
J'ai z'évu de son cœur la *fleure* la plus bèlle... } *(bis.)*
Le bon vin, etc. . . . .

J'ai bien couché trois nuits et trois nuits avec èlle, *(bis.)*
Dedans un beau lit blanc tout garni de dentèlle... } *(bis.)*
Le bon vin, etc. . . . .

Z'aux quatre coins du lit z'y a quatr' pomm' d'orange, *(bis.)*
Et tout au beau mitan *(milieu)* le rossignol y chante... } *(bis.)*
Le bon vin, etc. . . . .

Quand. . . . . *(bis.)*
. . . . } *(bis.)*
Le bon vin, etc. . . . .

Le septième et dernier couplet est remplacé ici par des points, attendu que les points sont plus présentables que les malencontreuses paroles qu'on y a fourrées. Les paysans n'ont pas de gradation ; quand ils sortent de la naïveté, ils tombent dans le cynisme. C'est ainsi qu'ils gâtent parfois leurs plus fraîches productions ; mais c'est un plaisir à l'attrait duquel ils ne savent pas résister.

Il est ensuite certaines autres de leurs danses, qui peuvent servir de variantes à celles que vous venez de voir. Ils ont des paroles qui tourmentent moins leurs jambes, et pour lesquelles la danse ne semble être qu'une espèce d'accompagnement. C'est la pantomime qui vient en aide aux paroles, mais ce ne sont point les paroles qui impriment le mouvement. Dans ce cas la chanson triomphe ; la danse n'est que secondaire. — Le couplet suivant va nous servir d'exemple :

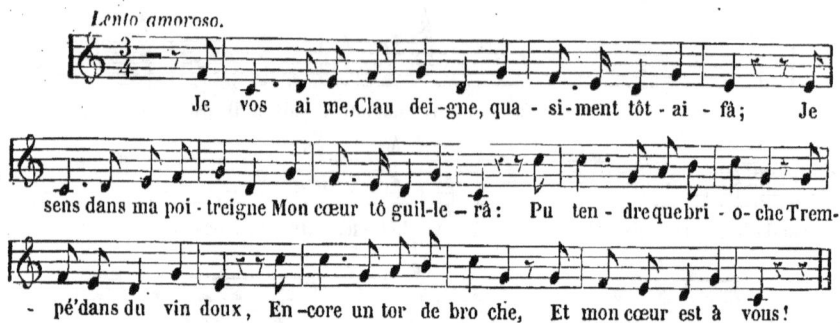

L'air en est un peu traînant, un peu langoureux, mais pittoresque : ce n'est pas précisément une danse qui l'accompagne, c'est un balancement, une ondulation, quelque chose de doux, de simple et de fin en même temps dans le geste et le maintien... mais c'est plutôt à voir qu'à dépeindre.

Je me souviens aussi d'une ronde, qui rentre, par le genre des paroles, dans la catégorie des bourrées, en ce sens qu'elle n'a qu'un couplet, répété indéfiniment. Seulement, la danse a une accentuation différente; le geste est expressif, et prend presque la couleur des mots. Le tout, air et paroles, est pastoral et champêtre; c'est un couplet de bucoliques, un vrai vers d'églogue traduit et paraphrasé par Jeannot :

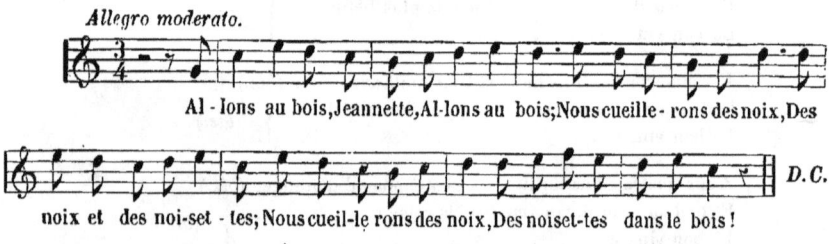

Y a-t-il des noix dans les bois, que vous sachiez? — J'y ai bien mangé des noisettes... Mais les paysans n'y regardent pas toujours de si près. Cette fois, ils auront sans doute été séduits par la richesse de la rime, et ils auront sur-le-champ transplanté leurs noyers près des coudriers de la forêt. Dans un couplet rien n'est plus facile.

Un autre chant dit encore :

— J'ai la rose vermeillette ;
J'ai le jasmin et l'œillet.
— Jardinier, je veux la rose
Pour la mettre à mon corset.
— J'vous vois ben v'nir, ma p'tit' Rose ;

C'est pour plaire à Mignonnet ?
— Non, jardinier, je t'assure,
Ton Mignonnet ne m'est rien.
J'aim' mieux rester, je te l'jure,
Avec toi dans ton jardin...

Je ne sais si le chant s'arrête là; c'est tout ce que j'en ai entendu. L'air et la pantomime qui l'accompagnent ajoutent à sa naïveté, que je trouve moins franche, moins primitive que celle des autres morceaux cités précédemment. Elle est plus maniérée, et sent davantage le muguet. Le bel esprit du village a sans doute voulu passer par-là.

Voici une ronde (ou branle) autrement décidée, d'une allure autrement nette et précise, et dont les notes sautantes donnent du fil à retordre aux jambes les plus vigoureuses et les plus opiniâtres. Elle peut se classer, pour les paroles, avec celle imprimée sous le numéro 3 de cette notice :

Quand l'raisin est bon,
La vendange est bonne ;
Tout ras du bondon
J'emplissons la tonne...
Elle est.....

Tout ras du bondon
J'emplissons la tonne ;
Autour j'nous mettons
Tant d'gens que d'personnes...
Elle est.....

Autour j'nous mettons
Tant d'gens que d'personnes ;
D'un coup j'la perçons :
Sa liqueur bouillonne...
Elle est.....

D'un coup j'la perçons :
Sa liqueur bouillonne ;
Tout autour du rond
Court la tass' mignonne...
Elle est.....

Tout autour du rond
Court la tass' mignonne ;
Tant plus j'la vidons,

Tant plus on l'y en donne...
Elle est.....

Tant plus j'la vidons,
Tant plus on l'y en donne ;
Si ben que j'laissons
Creux l'ventre d'la tonne...
Elle est.....

Si ben que j'laissons
Creux l'ventre d'la tonne ;
Et quand j'nous cherchons,
J'trouvons plus personne ;
Elle est.....

Et quand j'nous cherchons,
J'trouvons plus personne :
Sur nos *bonnets-ronds* (têtes)
La vigne *détonne* (tape)...
Elle est.....

Sur nos bonnets-ronds
La vigne détonne.
Quand l'raisin est bon
La vendange est bonne...
Elle est.....

Si vous croyez qu'on résiste à l'entrainement de ces paroles vives et que leur intonation rend presque spirituelles, je n'ai qu'un conseil à vous donner : c'est d'aller en essayer. Vous vous dégourdirez malgré vous ; vous sauterez, vous danserez, vous tournerez,.... et ensuite, de votre incrédulité passée, vous viendrez, beau danseur, me donner des nouvelles.

Maintenant, une chanson du bouvier ramenant ses vaches dans la montagne. Figurez-vous le moment où *majores cadunt altis de montibus umbræ*, comme dit Virgile, et prêtez l'oreille... vous démêlerez là-dedans, si vous êtes habile, la poésie de ces chants du soir entendus dans les campagnes, et accompagnés par le tintement des clochettes que les vaches portent à leur cou :

Le bouvier ne manque pas, chaque fois qu'il redit son couplet, de pousser son cri : *Oh! Colauda!* qui n'est autre que le nom de sa vache, à qui il dit de marcher. Ce cri, jeté brusquement et dans un ton tout différent de celui du couplet, fait une chute dont l'effet est des plus comiques, et provoque infailliblement le rire. . . . .
. . . . Mais, ne serait-il point temps de mettre un terme à toutes ces citations? l'excès nous jetterait dans la fadeur, et je n'aime abuser de rien. Ce que nous en avons vu est plus que suffisant pour remplir les deux buts que je me suis proposés : d'abord celui de faire arriver à votre imagination une idée quelconque de ces plaisirs du village, analogues à ceux que nous goûtons dans notre ville opulente; ensuite celui de vous montrer que les choses les plus détournées en apparence peuvent rentrer dans notre sujet, et que ces pauvres danses ignorées de vous, grotesques parfois, mais plus souvent naïves et gracieuses, viennent comme à votre insu consoler le trône élevé dans ce recueil à l'impérissable reine des heures joyeuses..... la CHANSON !

F. FERTIAULT,
Traducteur des *Noëls bourguignons* de *La Monnoye* (1).

(1) LE NOEI BORGUIGNON DE GUI-BARÔZAI, publiés pour la première fois avec une traduction littérale en regard du texte patois, précédés de l'*Historique des Noëls en Bourgogne* et d'une *Notice sur* LA MONNOYE, et suivis de la *Musique de tous les vieux airs du temps*. A Paris, chez Lavigne et Ch. Gosselin. 1 vol. format anglais, 5 fr. 50 c.

L'ÉGOÏSTE.

Air : *Que ne suis-je la fougère.*

Egoïste par principe,
Je n'aime au monde que moi ;
Jamais je ne m'émancipe
Pour un autre que pour moi.
On fait des vers pour sa belle,
Son roi, son pays,... mais moi,
A mon système fidèle,
J'en fais aujourd'hui pour moi.

Je n'ai point pris l'habitude
De prodiguer mes écus ;
On n'obtient qu'ingratitude
De ceux qu'on a secourus.
Lorsque le malheur afflige,
On ne les retrouve pas ;
Aussi jamais je n'oblige
Pour ne pas faire d'ingrats.

J'ai pris femme assez gentille,
Mais de peur d'être... trompé,
J'ai fait de verroux et grille
Un rempart pour sa vertu.

Tant de maris, bons apôtres,
Dupes de leur bonne foi,
Ont des femmes pour les autres !...
Ma femme n'est que pour moi.

Dans un banquet, d'ordinaire,
Le champagne si vanté,
Le muscat ou le madère
Au dessert est présenté.
Ma santé m'étant très chère,
Je fais beaucoup mieux, je croi,
De conserver mon madère
Et mon champagne pour moi.

Qu'on me siffle ou m'applaudisse,
J'en suis peu touché vraiment,
Sur les procédés je glisse,
Soit critique ou compliment.
Pour moi, lorsque je chansonne,
Mes vers étant à mon gré,
S'ils ne plaisent à personne,
Tout seul je m'applaudirai.

PAUL SIRANDY.

Comme quoi le chant peut parfois influer plus qu'on ne pense sur le moral de l'homme.

Elle chantait!...

(Thomas Moore.)

n a de tout temps cité de nombreux exemples de l'influence de la musique, influence exercée par elle sur nous et jusque sur les corps inanimés qui nous entourent. L'antiquité même, dont nous avons perdu tant d'autres choses, s'est mêlée de la partie en fait d'exemples de ce genre, et la harpe de David, apaisant les humeurs noires de Saül, est là pour nous servir de preuve. — N'allez pas croire, cependant, que je veuille passer en revue toutes les belles fables que nous ont laissées à ce sujet chroniqueurs, conteurs et historiens; ma plume et vos yeux auraient trop à faire : et, comme avant tout, je suis de mon siècle, c'est de choses modernes et contemporaines que je veux vous entretenir. — D'ailleurs, le plus grand nombre des exemples cités, si l'on en excepte celui de Stradella émoussant de sa voix le poignard de ses assassins, sont ceux d'effets produits par des instruments, et c'est principalement du chant que je songe à vous démontrer l'influence. Ainsi donc, depuis Errik, ce bon roi de Danemarck, à qui la musique inspirait une telle fureur qu'il en tuait ses meilleurs domestiques, jusqu'au musicien (*Hist. de l'Acad. des sciences de Paris*), guéri d'une fièvre violente par un concert entendu de son lit, nous allons tout laisser de côté, pour ne nous occuper que de notre instrument par excellence, la voix.

Quel est celui de nous qui ne se rappelle avec un charme inexprimable les premiers chants parvenus à son oreille : la chanson douce et monotone avec laquelle l'endormait sa nourrice ; le refrain favori tombant des lèvres de sa mère aux longues heures de la veillée ; le premier branle dansé à quatre et cinq ans avec les naïves petites filles de son âge ; et plus tard la première romance qui lui a fait battre le cœur en s'exhalant de deux lèvres bien-aimées ? Il n'est personne dont l'âme ne se dilate à ces chers souvenirs ; personne, si avancé qu'il soit dans la route du dédain ou de l'incrédulité, qui ne sente, à de certains moments, ces airs lointains s'éveiller doucement en lui, et, à l'aide de leurs délicieux bruissements, le bercer des rêves indicibles du passé. — Donc, si sur chacun de nous les chants les plus ordinaires produisent un effet si remarquable, que doivent produire, sur certaines organisations, des chants exceptionnels, et dont l'émission peut être entourée de circonstances bizarres, d'accessoires extraordinaires ?

J'ai connu un père de famille, rigoriste de probité, mais bourru en diable, grognant son fils qu'il aimait, brusquant et rudoyant sa femme qu'il aimait aussi, et dont sa fille faisait tout ce qu'elle voulait avec une romance, un couplet, un simple vers chanté ou fredonné. — Un jeune peintre, seul à Paris avec sa sœur et une domestique, ne sent l'inspiration lui venir que lorsque cette sœur, seule personne lui restant de sa famille, lui chante auprès de son chevalet les vieux airs de sa province..... — Je citerais comme cela vingt exemples. Mais ces vingt exemples, plus ou moins piquants, ne sortiraient pas des choses que l'on peut voir tous les jours, tandis que je vous en ai gardé un, recueilli dans la causerie intime d'un salon, et qui gagnerait un bien autre prix à être lu par vous si je pouvais vous nommer le héros de l'épisode. Dans tous les cas, et comme dédommagement, je vais le laisser conter lui-même, vous rapportant ses paroles avec tout le scrupule dont ma mémoire va se trouver capable. — Vous lui demanderez ensuite si une chanson n'est rien dans la vie.

Il commence :

« J'avais, dit-il, vingt ans. C'est l'âge de feu pour les imaginations vives ; et la mienne était impétueuse. La moindre chose qui la frappait y laissait trace, et ce qui n'eût produit qu'une faible secousse dans celle d'un autre eût facilement porté la mienne jusqu'à l'exaltation.

Je passais un été à la campagne de ma mère. La saison était délicieuse, et je me laissais aller tout entier au bonheur des beaux jours : tantôt c'était une chasse avec quelques amis, tantôt une excursion à deux, tantôt aussi une promenade solitaire, une lecture ou une rêverie à l'ombre des grands arbres : la fatigue ou le repos, mais toujours une jouissance.

A un quart d'heure de la propriété de ma mère se trouvait un parc magnifique, dont les alentours étaient baignés du plus frais ombrage. C'était souvent le but de mes courses quand j'étais seul. J'aimais à m'asseoir sur le gazon, au pied d'un mur de lierre, où, remettant pour ainsi dire le soin de ma vie à Dieu, je me laissais tout doucement couler dans le monde de la pensée. Des heures se passaient ainsi, et je retournais calme et heureux.

Parmi les idées qui revenaient le plus souvent visiter mon esprit, l'amour était en première ligne. Je n'avais pas encore aimé, et mon cœur sentait en lui une faculté puissante, qui cherchait un aliment. L'orage était déjà formé; pour éclater il ne lui fallait que l'étincelle... ce fut la foudre qui me frappa!

Un jour j'étais à ma place ordinaire, couché sur l'herbe, et lisant ou plutôt savourant ces lignes divines où Paul dit à Virginie : « Quelque chose de toi reste dans l'air où tu passes, etc. » Mon cœur, menant mon esprit, me peignait déjà l'être chéri auquel je pourrais adresser de semblables paroles..., lorsque tout à coup une voix retentit sonore au milieu du silence. Je me soulève à demi; mes yeux errent un instant sur mon livre sans rien voir; mes oreilles se tendent et écoutent... je demeure immobile.

Quels rapports mystérieux et insaisissables Dieu a-t-il donc établis entre les hommes? Quelle puissance invisible vient donc parfois lier ensemble deux existences? J'entendais cette voix pour la première fois, et à l'entendre il me semblait non seulement que je la connusse, mais aussi la personne qui chantait. Tout mon être était saisi d'une surprise indéfinissable, et ce qui me surprenait à ce point, je me figurais y être familiarisé depuis longtemps!... Je n'entreprendrai pas de vous dire ce que j'éprouvai alors; cela tient du rêve, du vertige, et, ajouta-t-il en souriant, je ne veux pas vous le donner.

Je revins à la maison, pensif et tout en moi-même. Depuis ce jour, plus de chasses, plus d'excursions, plus de courses à deux; mais ma promenade, ma promenade solitaire et chérie, mon pèlerinage au lieu où une existence sympathique s'était révélée à moi. Tous les jours je m'y rendais, et presque tous les jours j'entendais cette voix, dont les accents, tout en coulant doucement sur mon âme, l'embrasaient et s'en emparaient de la manière la plus impérieuse. Et à chaque audition, j'étais plongé dans le même charme et dans la même extase... J'aurais voulu que la voix chantât toujours et que la nuit ne vînt pas; j'aurais voulu concentrer toutes les heures dans l'heure présente.

— Que chantait donc cette voix?

— Un chant sans nom. Ce n'était ni une chanson proprement dite, ni une romance, ni une ballade; c'était quelque chose où l'on retrouvait de ces trois choses à la fois. Du reste j'analysais peu dans ce moment; mais maintenant comme alors, je crois que ce chant échapperait à l'analyse. Vous verrez plus tard de quelle nature il était.

Ma mère, inquiète de ce changement si brusque d'humeur, et d'ailleurs voyant sur ma figure les traces d'une passion quelconque, me demanda ce que j'avais. Je lui répondis d'une manière évasive. Sa tendresse ne se trouva pas suffisamment rassurée, et elle me fit suivre adroitement par un domestique, qui revint lui dire le but de ma promenade, l'endroit où je m'asseyais, comment j'y rêvais, et surtout ce que j'y entendais.

— Tu es amoureux, Louis? me dit ma mère lorsque je rentrai le soir.

Cette question, faite d'un ton très affirmatif, m'interdit.

— Vous savez trop bien lire sur mon visage, répondis-je, pour que je songe à vous rien cacher.

— Mais sais-tu de qui, mon fils?

— D'une voix, jusqu'à présent.

— D'une folle.

— D'une folle?...

— Oui, mon fils! oui, mon Louis!...

Et ma mère s'était jetée à mon cou, et une larme tombait de ses yeux sur ma joue.

— Mais, comment savez-vous, ma mère?...

— Je le sais, Louis.

— Mais, qui est-elle donc? car je ne l'ai jamais vue.
— Je te le dirai, cher enfant; je te conterai son histoire.
— Vous la connaissez donc?
— Non; l'on m'a seulement parlé d'elle. Mais repose-toi.
— Oh! destinée horrible! m'écriai-je.

Et ma tête tomba dans mes mains. Mes yeux étaient secs et brûlants.

— Oh! ma mère, repris-je un instant après, vous ne savez pas le malheur que m'apportent vos paroles! ma vie entière tenait à cet amour, et voilà que cet amour est brisé! Toutes les forces de mon âme s'étaient réunies pour aimer cette créature inconnue, et voilà que l'objet de mon culte m'échappe et s'évapore! Oh! ma mère! on ne ressent qu'une fois l'amour comme je l'ai ressenti! et cet anéantissement subit de celle que je m'étais habitué à entendre, va creuser en moi un gouffre que rien ne pourra combler... Mon cœur, jeune et ardent, consumé par lui-même, incapable d'un autre feu, va porter avec lui son vide et son néant!... Oh! ma mère!... ma mère!...

— Console-toi, mon Louis; une douce affection viendra plus tard effacer les traces de cet orage.
— Je crains que ce ne soit impossible.

Et en effet ce fut toujours aussi impossible que je l'avais dit d'abord. Une fois j'ai voulu essayer, pour faire plaisir à ma mère... je n'avais sans cesse dans les oreilles et l'esprit que la voix fatale, que j'entendrai jusqu'à la fin de mes jours.

— Quelle était donc cette folle?

— C'était la fille du propriétaire du parc à l'ombre duquel j'aimais tant à me reposer. Ce propriétaire avait fait sa fortune dans une ville de l'Amérique. Il revenait en France avec toute sa famille, lorsqu'une tempête affreuse les surprit au terme de la traversée. Le père et la mère périrent, plus un jeune frère... La pauvre Laurence seule échappa au naufrage... son corps, du moins; car son âme y est restée... l'âme n'est-elle pas la raison?... Oui, on la retira saine et sauve, mais folle! Son frère aîné, qui avait toujours demeuré à la ville voisine, vint avec elle habiter le château. Sa douleur la suivait partout, et elle s'était composé des paroles incorrectes et sans suite, mais bizarres, et qu'elle psalmodiait sur un air touchant... Ce sont ces paroles qui traversèrent malheureusement pour moi les arbres de son parc, et dans lesquelles je trouvai le charme fatal que vous savez! — Et maintenant même, que nombre d'années ont passé sur cette aventure, je ne puis me défendre d'un certain saisissement lorsque j'y songe;... que sera-ce aujourd'hui que je viens de la raconter? »

Ainsi parla le conteur de la soirée; et je vous assure que chacun de nous songea plus d'une fois à son histoire. Un amour inspiré et brisé par un chant, me disais-je! Quelle magique influence la voix exerce donc sur nous? Quels liens mystérieux établit donc le chant entre les hommes! quelles secrètes sympathies fait donc naître l'air gai ou mélancolique d'une chanson ou d'une romance!

Et vous aussi, lecteurs et chanteurs de notre recueil, vous pourriez vous exclamer sur la fraternité qui règne entre vous; vous pourriez apostropher les influences, les sympathies, les liens qui agissent sur vous et vous rapprochent : car, suivant un axiome de la nature, suivant certaines règles senties de l'harmonie générale des corps, chanter c'est faire vibrer un centre qui vous attire, c'est mettre son âme à l'unisson : en un mot, et pour dépouiller le style imagé, chanter c'est être frères !

F. FERTIAULT.

L'Ange des jeunes Filles.

Il est un ange aimé des femmes,
C'est leur soutien, leur doux espoir;
Dans la nuit il parle à leurs âmes,
Perdu dans les ombres du soir.
Comme un fantôme dans un songe,
Frais, parfumé comme une fleur,
Il apparaît sans qu'on y songe
En disant de doux mots au cœur.

Aussitôt que la nuit s'élève
On le voit doucement passer,
Comme le flot qui sur la grève
S'avance et dépose un baiser;

Et sa voix murmure sans cesse,
Comme un faible et plaintif écho,
Un chant pur, charme de tristesse,
Doux comme le vol d'un oiseau.

Il aime les blanches tourelles,
Couvertes de verts arbrisseaux;
Il aime à reposer ses ailes
Sur les donjons des vieux créneaux.
On voit toujours ce doux fantôme
S'enfuir aux premiers feux du jour.
— Est-ce un lutin, un djinn, un gnôme?
Non — ce bel ange — c'est l'amour (*).

Maxime Ducamp, visiteur du Caveau.

(*) Extrait de la dixième année du *Caveau*, publié par Ébrard, passage des Panoramas, 61.

LE ROI PASTEUR.

PAROLES DE M. MARC FOURNIER. — MUSIQUE DE M. COHEN.

ISABELLE.

PAROLES DE M. ALFRED DES ESSARTS. — MUSIQUE DE M. LAHAUSSE.

Que vous pa-rais-siez bel-le, I-sa-bel-le, Quand on vo-yait les cieux, Dans vos yeux! Vous é-tiez la plus sa-ge Au vil-la-ge; Les ga-lants n'allaient pas Sur vos pas. Vous ve-niez à l'é-gli-se A-vec Li-se, Sui-vant les é-glan-tiers Des sen-tiers. Tou-jours à votre ap-pro-che, No-tre clo-che Je-tait ses plus beaux airs Dans les airs.

Procédés de Tautenstein et Cordel, 30, rue de la Harpe.

DEUXIÈME COUPLET.

Vous avez la richesse...
    Mais sans cesse
Vous regrettez le temps
    Du printemps.
Quand on vous porte envie,
    Votre vie
Voit pâlir ses couleurs
    Sous les pleurs.
Les bijoux, les parures,
    Les voitures,
La loge à l'Opéra,
    Est-ce là
Le rêve que votre âme,
    Pauvre femme,
A, par sa liberté,
    Acheté?

TROISIÈME COUPLET.

Sous vos robes de soie
    Plus de joie!
Vos manteaux de velours
    Sont bien lourds!
Déjà sur votre tête
    La tempête
A déchaîné le vent
    Trop souvent.
Et vous jouez l'air tendre
    Pour mieux prendre
Par vos charmes vainqueurs
    Tous les cœurs!...
Mais vous étiez plus belle,
    Isabelle,
Quand on voyait les cieux
    Dans vos yeux.

PETITE FILLE ET GRAND'MÈRE.

— Que fais-tu, petite imprudente ?
C'est un pas des plus dangereux !
J'avais comme toi l'âme ardente ;
Mais j'éloignais mon amoureux.
Tranquille, tu te laisses faire ;
Il prend un peu trop ses ébats...
— Comment ! vous l'évitiez, grand'mère ?...
Ah ! grand'mère, vous n'aimiez pas !

— Bon ! j'aimais plus que toi peut-être ;
Mais je savais le lui cacher :
Toi, pour mieux le faire paraître,
Volontiers tu l'irais chercher.
Pour un baiser j'étais sévère.
Et tu ris s'il te tend les bras...
— Comment ! vous le grondiez, grand'mère ?...
Ah ! grand'mère, vous n'aimiez pas !

— Pas plus en août qu'en décembre
Il n'eut mon hospitalité.
Le tien monte un soir dans ta chambre ;
Tu l'y reçois... avec bonté !
Quand il l'osait, mon téméraire,
Je le faisais sauter en bas...
— Comment ! vous le chassiez, grand'mère ?...
Ah ! grand-mère, vous n'aimiez pas !

F. FERTIAULT.

L'Amoureux Cosmopolite.

STYRIENNE.

Mon An-da-lou-se Ja-louse, Voudrait que je l'é-pouse, Qu'ell' chan-ce! Pour la gar-der en Fran-ce, J'ba-lan-ce, Et bien sou-vent je pen-se Que j'peux, Mor-bleu! trou-ver mieux. Dan-seu-se, Jo-yeu-se, Val-seu-se, Ri-eu-se, El-le n'est heu-reu-se Qu'à la cachu-cha. J'aime en-cor mieux L'ardente I-ta-li-en-ne, Qui m'ap-par-tien-ne Sans nul-le pei-ne, Qui, l'œil en

PASTORALE.

Les bons amis que nous faisons!
Oh! les doux airs! oh! les doux sons!
Rossignol, chante à perdre haleine;
Je cherche, en remède à ma peine,
La nuit, la lune et tes chansons :
Comme un fou j'aime Madeleine...
Tu me parles de mes amours;
Petit oiseau, chante toujours!

Rêvant d'elle, aux sentiers du bois
Je vais par jour rôder vingt fois.
Je l'appelle; j'aime à l'attendre,
Assis tout seul sur l'herbe tendre :

Les arbres prennent une voix
Que mon cœur sait fort bien entendre...
Vous me parlez de mes amours;
Beaux arbres, murmurez toujours!

Je crois la voir dans le ruisseau,
L'entendre sous l'ombreux berceau,
Près d'elle au champ danser mes rondes :...
O Madeleine aux tresses blondes,
Pourquoi tant fuir ton jouvenceau....
Gazons, fleurs des prés, fraîches ondes,
Vous me parlez de mes amours;
Germez, brillez, coulez toujours!

F. FERTIAULT.

L'ENRAGÉ

ou

LES TORTURES DE FRANCHOI.

PAROLES DE F. FERTIAULT. — MUSIQUE D'ALEXANDRE MARCHAND.

C'est tot d' même queuqu' chose éd' ben incompeuriensibe que l' mal éd' bète féroce que j'ai la douleur d'épreuver dépi deux vou trois semaines. I a pas à dire; à tous les instants que l' bon Dieu a faits dans l' monde, j' sis là que j' souffre et que j' pâtis. La jornée, quante j' sis dans l' pré à garder mes vaques, si i fait caud vou fraid, je n' sais point; j' breûle tòjor. Va-j'-ti por miger mon pain, ben l'bonsoir! la place elle est prise... y a queuqu' chose qui m' barré l' passage. La nuét, quante j' va por dremi dans ma grange, ça m' breûle encore; çà m' piquote, ça m' piquote dans mon lit, qu'on dirait des bataillons d'épingues...

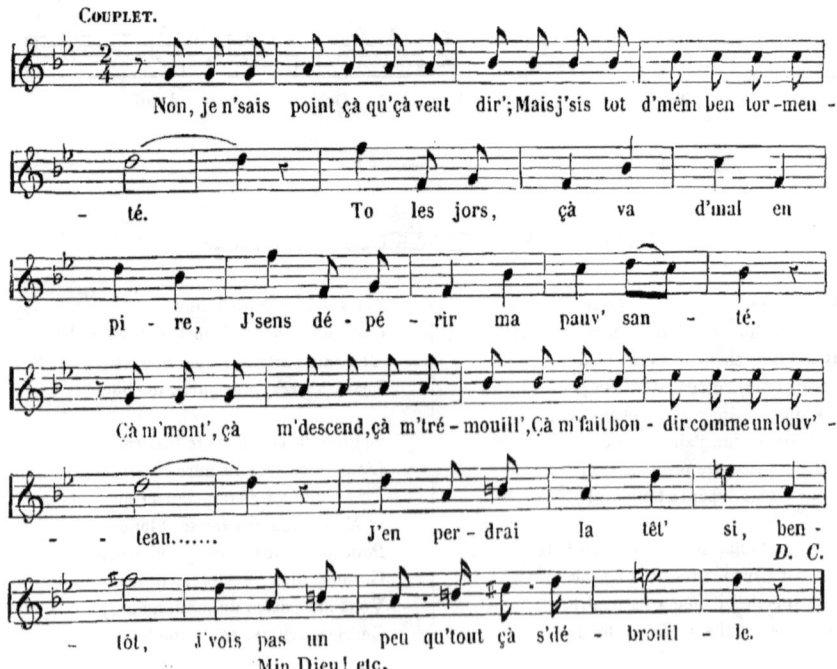

Min Dieu! etc.

Si encore les autres i pouvint m' dire ça qu' c'est, au moins! mais, pas! I n'en savont pas pu long que moi là-dessus. Ou ben alors, i voulont pas me l' dire. Ben pu mieux! j'crois qu' ça les fait rire, tout ce tas d' drôlichons-là! C'est-i pas être enhumain comme deux tigres que d'cacher à un pauvr' misérable la caus' éd' sa crucifiction! Avant-zhier j' rencontr' él' vieux père Mathurin, l' gard' champêtre; j'va por li dire bonjor, v'là qui s' gauss' éd' moi : Eh ben, gros joufflu? qu'i m' dit. — Gros joufflu! merci! on treuverait pas dans ma piau d' quoi fair' él' parchemin d'un tambor, tant qu'elle est récrépite... La mère Monichonne fait itou des quolibets su mon compte... et les ceux du village d'en haut, donc? on dirait, quoi! que j'sis là por leur bon plaii, comm' él' bêtes curieuses éd' là foire... Ma, ma, ma, ma! qu'équ' c'est-i donc qu' ça?

> Quante i m'voyons v'ni dans l' village,
> I s'rangeont tous autour éd'moi :
> Ah! qu'i m'criont, l' drôl' éd' visage!
> A-t-i l'air nigaud, c'pauvr' Franchoi!
> Et je m'démèn' comme un beau diable;
> J'sis un vrai crin ; j'les battrais tous...
> Ouiche! i s'mett' à rir' comm' des fous...
> Faut donc qu'j'ai l'air ben lamentable!
>
> Min Dieu! etc.

I en a qu'ambitionnont d'arriver au-dessus de leus états... J' veux ben que l'loup m' croque si j'sis pas lassé du mien. J' peux pas voir une oie vou un canard sans avoir l'envie d' prendr' sa place. C'est vrai qu'i aurait pas ben du ch'min à faire, car i faut conveni avec moi que j'sis bigrement imbécile. Attends, attends! j' m'en va aller voir la vieille guérisseuse, et j'tâcherai de savoir tout. Une vieille sorcière qui demeure dans une mâzure toute noire, au bas de la levée. Elle a des cartes, un chat, des lunettes au bout du nez, et ell' vous fait un tas d'simagrées et d' grimaces qu'on n'i voit qu' des étoil's en plein midi, quoi! mais ça n' fait rien; j'irai li dire comme ça :

> La vieille, on dit qu'vous êt' savante,
> Qu' vous d'vinez tout, d' vinez-moi donc.
> J'ai queuqu' maniganc' qui m'tormente,
> Et qui m' rend pu bêt' qu'un dindon.
> I a des moments que j'breûl', que j' rage;
> I en a d'autr' que j'pleur' comme un veau :
> J'ai par là d' zeng'lur's au cerveau,
> La fièvr', la pest', ou mieux qu'ça, j'gage...
>
> Min Dieu! etc.

Et pi si elle peut pas treuver, elle non pu, la chienn' éd' dent qui m' mord; si elle peut pas m' dire qui qui m'a ensorcelé, sur quelle herbe que j'ai foulé un beau matin por êtr' si malheureux... Eh ben, j'ferai des prières; j'irai à la messe; j'irai trouver l' bedeau de la paroisse por qu'i m' mette la tête dans l' bénitier; j' commanderai des neuvaines; j'enteurprendrai un pelerrinage, les pieds nus... comme ça (*il ôte ses sabots qu'il prend à ses mains*)... en laissant mes chaussons, pasqu'i a des épines... et pi j'marcherai, j'marcherai... su la tête, si i faut... j'irai me j'ter à la rivière, dans l' puits, dans l' for, partout...

(*apercevant venir une jolie paysanne.*) Ah! ma! que'que j'vois, là-bas, qui vient? (*Il laisse tomber ses sabots.*) Toinette!!... bon!!...

>V'là mon mal qui me r'prend d'pu belle...
>Ma poitrin' va s'casser en deux...
>J'trebill!... j'y vois trent'six chandelle...
>Ma têt' me bout... j'sis tot en feux...
>Dieu! qu'elle est brav' dans sa toilette!..
>V'là mes jamb's qui prenn't mal au cœur...
>J'voudrais parti,... rester... malheur!...
>Ah! c'est toi qui m'chagrin', Toinette!...

>>(*Il la prend par sa robe.*)

Oh! n'va point t'en sauver, au moins! tu n'sais donc pas qu'en te t'nant, j'tiens ma guérison, oui dà?

>J'commence à voir él' mal que j'ai:
>Toinett', je n'sis pas enragé. (*bis*)

Non, non, ma mignonnette, j'n'ai point la rage aux dents; j'te f'rai point d'mau, ma j'veux qu'te restes. Te resteras, d'abord pasque j'sis heureux avec toi, pasque j'sis pu malade, et pi pasque j'veux leus y montrer, à tous, que j'sis pas pu bête qu'euses. (*Il les appelle fort.*) Ohé! les autre', ohé! les gausseux? Venez donc voir, si vos plaît, là? non, mais v'nez voir un p'tit brin. Dites-moi donc encore si j'ai l'air drôle à c't'heure, hein? r'gardez-moi, c'te mine équ'j'ai, pas vrai? et pi, faites-moi l'plaît de j'ter un coup d'œil là-dessus (*il leur montre son amoureuse*)... touchez pas, j'n'permets point. Maintenant, nom d'un petit bonhomme! embrasse-moi, Toinette, et viens! j'devine un peu, dà!

>Oui, l'mal d'amour, c'est l'mal que j'ai;
>Et v'là: j't'aime comme un enragé! (*bis*)

Vive Franchoi! vive Toinette!!...

>>(*Ils sortent en gambadant.*)

MES SOUVENIRS.

Air : De Philoctète.

Sylphes légers, êtres mystérieux,
Subtils esprits créés par la pensée,
Qu'autour de moi votre troupe empressée
Sème des fleurs sur mon front soucieux.
Ressuscitez mon passé qui sommeille;
Par vos récits venez me rajeunir.
Sylphes légers, enfants du souvenir,
A vos accents j'aime à prêter l'oreille.

Vous le savez, quand mon esprit mutin
Foulait aux pieds les études moroses,
D'un beau printemps je préférais les roses
A tous les fruits d'un automne incertain.
Buvant le miel, sans imiter l'abeille,
Pour le présent j'oubliais l'avenir.
Sylphes légers, enfants du souvenir,
A vos accents j'aime à prêter l'oreille.

Dites, amis, dites ces heureux jours,
Age éphémère où, tout à la folie,
De Léonor courant à Nathalie,
J'éparpillais mes folâtres amours.....
Mais des plaisirs j'ai brisé la corbeille ;
L'illusion ne doit plus revenir :
Sylphes légers, enfants du souvenir,
A vos accents j'aime à prêter l'oreille.

Dites encor ce prisme radieux,
Et ces élans d'ardente poésie,
Et l'âme en feu d'un saint transport saisie,
Rêvant toujours des chants mélodieux.
Ces rêves d'or que chaque nuit réveille,
Ma pauvreté n'a pu les rembrunir :
Sylphes légers, enfants du souvenir,
A vos accents j'aime à prêter l'oreille.

Pierre Lachambeaudie, visiteur du Caveau.

CE QU'IL FAUT FAIRE.

Air : *Tarare pompon.*

Amis, les ans sont courts ;
Qu'une joyeuse ivresse
Embellisse sans cesse
Leur trop rapide cours.
Armés de notre lyre,
Vibrant sur tous les tons,
Laissons les sots médire,
   Chantons !

Un caprice du sort
Dispense la fortune :
Sur la route commune
Nous nous plaignons à tort.
La gaieté vive et franche
Tient lieu de millions !
Toujours qu'elle s'épanche,
   Rions!

Formons de pampres verts
Une fraîche couronne
Qui sur nos fronts rayonne,
Au mépris des hivers.
Par le jus de la grappe,
L'esprit que nous avons
En gais propos s'échappe,
   Buvons !

Jeté par le destin
Sur la machine ronde
Chacun a dans ce monde
Sa dose de chagrin.
Mais par bonheur les femmes,
Adorables démons,
Viennent charmer nos âmes,
   Aimons !

Les forts et les remparts
Sont de vaines défenses,
Pour venger nos offenses
Levons nos étendards.
Fils chéris de la gloire,
Comme autrefois cherchons
Pour appui la victoire,
   Marchons !

Un faible demi-jour
Vient éclairer à peine
Le boudoir où ma reine
M'attend belle d'amour.
Sa robe voltigeante
Montre ses charmes ronds ;
Pour combler son attente,
   Entrons !

Joyeux fils du Caveau
Ne mettez votre gloire
Qu'à chanter, rire et boire
Jusqu'auprès du tombeau.
Qu'on est heureux de vivre
En vidant ces flacons ;
Dût l'ivresse s'en suivre,
   Trinquons !

GAGNEUX, membre titulaire du Caveau.

IMPRIMERIE DE J. BELIN-LEPRIEUR FILS, RUE DE LA MONNAIE, 11.

Y A-T-IL ROMANCE ET ROMANCE.

Il y a peut-être fagot et fagot, je ne contesterai pas la valeur de cette découverte essentiellement philosophique.

Mais il n'y a pas romance et romance. Ce petit poëme, ce petit refrain, cette petite musique, en un mot ce petit je ne sais quoi qui se lamente sur le mode mineur depuis un nombre de siècles inimaginable, a cela de commun avec toutes les choses éternelles, qu'il est et sera toujours semblable à lui-même.

Avant d'aller plus loin, prenons bien garde de ne pas nous embrouiller dans les mots.

Une romance, ce n'est pas autre chose qu'une romance; ce n'est ni une chanson, ni une chansonnette, ni une vilanelle, ni une ariette, ni un vaudeville, ni une complainte, ni un lai, ni un virelai, ni une séguidille, ni rien au monde qu'une romance, et voilà tout.

Une romance, c'est une petite chose en trois couplets, quelquefois en quatre, rarement en plus grand nombre. Dans cette petite chose, il y a un soupir : ce soupir, c'est celui d'un monsieur qui aime et qu'on n'aime pas, quand ce n'est point celui d'une dame qui aime et qu'on n'aime plus.

Ce monsieur et cette dame soupirent ainsi depuis la création du monde, ou, si l'on veut, depuis la découverte des bémols, ce qui revient absolument au même.

Si tous les hommes étaient constants, si toutes les femmes étaient humaines, la romance n'existerait pas; et si la romance n'existait pas, il ne faudrait pas l'inventer.

Mais puisque nous sommes tous plus ou moins des monstres de cruauté ou de perfidie, il est bien juste que, pour la peine, nous subissions la romance sans nous plaindre, et mademoiselle Puget avec résignation. Ayons le courage de nos petits défauts.

Cela dit, je conviendrai d'une chose, car je repousse avec horreur toute espèce de système absolu.

Si la romance est immuable dans son essence, il est cependant reconnu qu'elle change quelquefois de robe, et ne méprise pas tout à fait les capricieuses lois de la mode en ce qui concerne ses atours.

Par exemple, j'ai une tante et une grand'mère. Eh bien! il est facile d'établir une différence notoire entre les *bergeries* que ma tendre aïeule réussit quelquefois à fredonner *quand de vin pur elle a bu deux doigts*, et les roucoulements sentimentals de ma digne collatérale.

Ici comme là, il s'agit bien toujours de cruelles et d'inhumaines, d'inconstants et de volages, de Lovelaces et de Célimènes; c'est bien toujours, si vous voulez, ce petit monde galant et *soupireur* qui relève exclusivement de la romance, mais on sent que le vertugadin de ma grand'mère a été remplacé chez ma tante par ce corsage à la grecque, de séduisante mémoire, et cette tunique transparente qui rendaient madame Tallien et madame Récamier si belles dans les salons du Luxembourg.

Et vous, Louisa, ma gentille grisette, qui habitez sous les toits avec les hirondelles, vous aussi, vous chantez; mais, hélas! que vos romances ressemblent peu, ma mie, aux ritournelles plaintives de mes grands parents!

Il faut cependant rendre justice aux grisettes en général et à Louisa en particulier.

La grisette est d'une nature essentiellement sérieuse dans les choses du cœur. Le genre un peu cavalier de Monpou et d'Alfred de Musset a bien pu, dans ces derniers temps, corrompre cette gravité sentimentale qui la distingue, mais ce n'a été qu'une erreur passagère, et Louisa, égarée un instant par la *marchesa d'Amaëgui*, est retournée bien vite à ce principe éternel de toute romance et de tout cœur de modiste :

<blockquote>
Vois-tu, mon ange,
Jamais le cœur ne change ;
L'amour d'un jour
Ça n'est pas de l'amour.
</blockquote>

La grisette, et ceci fait l'éloge de cette constance que de mauvaises langues lui dénient, est demeurée la seule de toutes les beautés de notre époque qu'on puisse séduire aujourd'hui en pinçant de la guitare.

Louisa donne un thé tous les samedis, et ces jours-là, quelques étudiants, ses convives, déploient un talent sur la mandoline qui livre le cœur de la pauvre enfant à de violents orages. Cette circonstance est de notoriété publique.

Malheureusement, il faut bien le dire, toutes les grisettes aujourd'hui ne demeurent pas sous les toits, et toutes n'ont pas pour l'étudiant de première année une égale estime. Quelques-unes, échappées de la loge du portier, ne se sont envolées dans les mansardes que pour retomber de chute en chute jusqu'au premier étage de la maison, dans un boudoir de princesse, tout tapissé de velours et tout jonché de fleurs. Ces beaux anges des gouttières, en se laissant choir dans un lit de guipures, sont devenus quelque peu diables, et méritent tous plus ou moins qu'on les apostrophe de ces deux vers du poëte :

> Non, non, vous n'êtes plus Lisette,
> Non, vous ne portez plus ce nom.

Aussi ce doux nom de grisette, elles ne le portent plus. Louisa n'aime plus la guitare, ni les étudiants en droit ; Louisa ne chante plus à sa lucarne, Louisa ne donne plus de thés le samedi soir, Louisa ne se souvient plus de ces romances qui jadis la faisaient tant rêver, *la Folle, la Poitrinaire, ma Normandie, la Montagnarde, Je veux t'aimer sans te le dire, Quoi! tu le veux, il faut partir*, et tant d'autres mélodieux soupirs qu'elle exhalait autrefois d'une voix tremblante.....

Non, non, Louisa n'est plus Lisette, c'est Louisa, c'est la grande dame, c'est la grande coquette, c'est la lionne, c'est la *lorette* enfin !

Qu'est-il résulté de là ? Je vais vous le dire.

Du jour que la grisette a changé de nom, la romance a changé d'allure. Il a fallu, pour plaire, quitter les doux sentiers de la galanterie et brûler le pavé sur la grande route des passions. Poëme et musique, on a tout enflammé d'un feu plus vif, et le soupir antique et solennel a dû céder la place à tous les égarements du cœur et de la raison.....

> Oh ! sur ton front qui penche
> J'aime à voir ta main blanche
> Peigner tes cheveux noirs !
> Beaux cheveux qu'on rassemble
> Les matins, et qu'ensemble,
> Nous défaisons les soirs !

Après cela, je conviendrai que les *bergères* du dix-huitième siècle, et les *belles* plus ou moins cruelles de 1819 et années suivantes avaient bien aussi leurs petits défauts. Les Chloris de Marmontel et de M. le chevalier de Boufflers n'étaient pas précisément aussi blanches que leurs moutons, elles étaient toutes un peu rosières de la façon de Joconde, ou, si vous aimez mieux, *à la façon de barbari, mon ami*. D'ailleurs, il faut bien avouer qu'elles professaient pour les ramiers amoureux une estime singulièrement exagérée.

Quant aux *dames* qui brillaient sous la Restauration, et qui envoyaient chaque matin leurs chevaliers à la guerre combattre pour les lis et pour l'amour, on ne saurait rien dire sur leur compte qui tendît à ternir leur haute réputation de vertu. Le jeune et beau Dunois croyait en l'honneur de sa dame comme en celui de son roi. C'était le beau temps de toutes les belles croyances... en chansons.

Il y avait cependant par-ci par-là des *Adèle*, des *Sophie*, des *Julie*, des *Hortense*, des

Constance, voire des *Elvire* et des *Célimène*, qui préféraient garder leurs amants près d'elles, au risque de les faire endiabler, plutôt que de les voir partir pour la Syrie. Celles-là ne voulaient d'autres combats que ceux de l'amour, et n'aspiraient à d'autre gloire qu'à celle de les renouveler souvent. Elles avaient toutes *un sein d'ivoire, des dents de perles, des lèvres de corail, une peau d'albâtre* et *des cheveux de jais*, rude assemblage de corps solides qui explique jusqu'à un certain point la dureté de leur cœur *de rocher*. Coquettes ou inhumaines, elles ne sortaient pas de là. Leurs amants, du reste, étaient d'assez bonnes pâtes d'homme. Ils s'écriaient communément :

> Je veux braver son inconstance,
> Je veux n'être plus amoureux,
> Je veux... mais sitôt que j'y pense
> Je ne sais plus ce que je veux *(bis.)*

M. Romagnési et M. Amédée de Beauplan ont fait déraisonner comme cela une foule d'honnêtes gens.

Mais quoi qu'il en soit des bergères, des Adèle et des tendres amies, il n'en reste pas moins démontré que jusqu'à la venue des femmes légères de la rue Saint-Georges, la romance ne s'était pas avisée des énormités qui la distinguent aujourd'hui. On ne saurait le nier, nos *belles* d'aujourd'hui préfèrent le cigare à la houlette, et plument plus de pigeons qu'elles ne caressent de colombes. La *plaintive Philomèle* se gêne peu pour aller conter *sa peine* aux échos du bois de Boulogne, montée sur un pur-sang. Elle préfère le vin de Champagne au cristal des ruisseaux, et, s'il est encore des bergères, elles sont femmes à se laver cavalièrement les mains du lait de leurs brebis.

Quant à la romance purement attendrissante, nous aurions tort de lui refuser une sorte d'existence parmi nous. Mais un point remarquable qui la sépare des idylles et des pastorales d'autrefois, c'est qu'elle est devenue d'une certaine force sur la géographie.

Du temps de M. Romagnési, villages et hameaux, ruisseaux et bocages, tout se ressemblait. Que la scène fût sur les rives du Bosphore ou sur les côtes du Morbihan, ou sur les bords du Tage, ce n'était pas là l'important. M. Romagnési trouvait partout des bocages pour faire soupirer ses Annettes, ou des coudrettes pour faire danser ses Lucas. Dans ce temps d'innocence, l'opéra-comique ne possédait qu'une toile de fond, laquelle représentait un hameau, et figurait aussi bien les montagnes du Valais que les campagnes de Golconde, ou les jardins de Bagdad. On n'y entendait pas malice.

Aujourd'hui, la grisette veut de la couleur locale, et exige que M. Bérat respecte la vérité, lorsqu'il lui arrive de chanter sa Normandie, ce fameux pays qui lui a donné le jour. Elle prétend aussi, quand on lui parle de la Bretagne, apercevoir réellement :

> La passerelle en planches,
> Et le torrent sauvage où j'aimais tant à voir
> Nos Bretonnes, pieds nus et le point sur les hanches,
> S'en aller en chantant du gros bourg au lavoir.

Elle sait de même ses *Orientales* sur le bout du doigt, et mépriserait mademoiselle Puget s'il lui arrivait de mettre le Bosphore en musique autrement qu'en ces termes :

> Nous irons le matin écumer le rivage,
> Des pêcheurs négligents ramasser le corail,

Et puis nous ravirons quelque vierge au passage,
Pour l'offrir en hommage au sultan du sérail
   Monte dans ma tartane,
   Jeune Grecque à l'œil noir.

Il est évident que M. de Beauplan n'eût pas trouvé tartane, et eût bravement écrit : *Monte dans ma nacelle... bergère, aux yeux de jais.*

Je me suis arrêté à ces détails que pour mettre en lumière une précieuse vérité qui est celle-ci :

La romance, c'est l'homme.

Ainsi que l'homme, elle change d'habits et de coiffure, quitte la culotte gris de perle et la triomphante perruque à l'oiseau royal, adopte comme lui tous les caprices de Staub ou de M. Roolf, se coiffe de toutes les lubies de Gibus ou de Gausseran, mais n'en demeure pas moins, ainsi que l'homme, une chose passablement médiocre et monotone ; — ce qu'il fallait démontrer.

MARC FOURNIER.

L'ANGE DU PÊCHEUR.

Barcarolle.

PAROLES DE M. EUGÈNE DE MIRECOURT. — MUSIQUE DE M. AUGUSTE MOGINO.

DEUXIÈME COUPLET.

Son vol, triste présage,
Nous annonce l'orage;
Mais tes beaux yeux
Pour moi sont des étoiles,
Et je prendrai pour voiles
Tes longs cheveux.

TROISIÈME COUPLET.

Si ma barque se brise,
Ton souffle, douce brise,
Nous conduira

Vers le ciel, ta patrie,
Où Dieu, ma belle amie,
Nous sourira.

QUATRIÈME COUPLET.

Puis les saintes phalanges
De tes frères les anges
Aux ailes d'or,
Nous ouvrirons la sphère
Où mieux que sur la terre
On aime encor.

L'AMOUR ET LES CHANSONS.

AIR : *Allez-vous-en, gens de la noce.*

L'amour est vieux comme le monde,
Et jeune on nous peint Cupidon;
Sous les traits d'une aimable blonde
S'offre à nous l'antique chanson.
Tous les deux d'une douce extase,
Longtemps embelliront nos jours :
Dans les chansons, dans les amours,
On retourne la même phrase,
Et l'on recommence toujours.

Par décret de l'Être suprême,
L'homme, pour peupler l'univers,
Dit à la femme : Je vous aime,
En turc, en chinois, prose ou vers.
Tout poëte qu'amour embrase
Célèbre de divins atours :
Dans les chansons, dans les amours,
On retourne, etc.

L'oiseau, dès l'aurore nouvelle,
Remplit les airs de ses chansons;
Vous entendez la tourterelle
Roucouler en toutes saisons.
L'on répète jusqu'au Caucase
Les vieux refrains des troubadours :
Dans les chansons, dans les amours,
On retourne, etc.

Après des chanteurs qu'on ignore
Parut jadis Anacréon ;
A Panard, que la France honore,
Succéda notre vieux Laujon.
En vain Béranger nous écrase,
Désaugiers réveille des sourds;
Dans les chansons, dans les amours,
On retourne, etc.

Tant qu'à l'automne sur la treille
On verra mûrir le raisin,
Les francs amis de la bouteille
En buvant chanteront le vin ;
Les femmes, comme un joli vase,
Nous charmeront par leurs contours :
Dans les chansons, dans les amours,
On retourne, etc.

Certains amateurs nous font croire
Qu'ils sont de force à tout tenter,
Et puis ils manquent de mémoire
Quand vient le moment de chanter;
A qui lui parle avec emphase,
Emma dit : « Pas tant de discours !
« Dans les chansons, dans les amours,
« On retourne, etc. »

Il m'importe peu qu'on me dise :
Vous ne faites rien de nouveau !
Tel je me conduis avec Lise,
Tel je me conduis au caveau.
Je lance, ferme sur ma base,
Trois ou quatre couplets bien lourds ;
Dans les chansons, dans les amours,
On retourne la même phrase,
Et l'on recommence toujours.

J. LAGARDE,
Membre titulaire du Caveau.

L'Homme des Champs.

CHANSON ÉGLOGUE.

Air : *Un guernadier, c'est une rose.* (Jolis soldats.)

Je suis l'ami de la nature,
A la ville tout me déplaît ;
Quand je vois un brin de verdure,
Alors mon bonheur est complet.   (*bis.*)
Devant un carré de luzerne,
En extase je me prosterne ;
Lorsque près des foins je me rends,
J'ai de sympathiques élans.
Voilà (5 *fois*) pourquoi j'aime les champs !

Fort sur l'histoire naturelle,
Je pourchasse dans le vallon,
Le moucheron, la sauterelle,
Le cousin et le papillon.   (*bis.*)
Comme Buffon, mon divin maître,
Je prends les hannetons en traître ;
Aussi, dans mes appartements,
J'ai mille insectes différents.
Voilà (5 *fois*) pourquoi j'aime les champs.

Dans la ferme, je vois la poule.
Au jeune coq faire de l'œil ;
J'entends le pigeon qui roucoule,
Ainsi qu'un amoureux en deuil.   (*bis*)
Le cochon, nouveau Diogène,
Sur un gras fumier se promène ;
Les dindons font leurs gloussements,
Et les canards font des cancans.
Voilà (5 *fois*) pourquoi j'aime les champs !

J'ai du goût pour la botanique,
Dans les simples je suis instruit,
Aussi je connais et j'explique
Les goûts, les mœurs du pissenlit...   (*bis.*)
J'ai dit, dans un style suave,
Les amours de la betterave ;
D'un oignon, dans mes vers touchants,
J'ai peint les pleurs et les tourments.
Voilà (5 *fois*) pourquoi j'aime les champs !

La nature très prévoyante
Est pour nous prodigue de soins,
Au printemps, elle nous présente
Ses frais trésors pour nos besoins.   (*bis.*)
Avec amour, aussi je cueille
De nos bois la première feuille,
Joli mois de mai, tes présents
Obligent dans les cas pressants.
Voilà (5 *fois*) pourquoi j'aime les champs !

Je suis flâneur de cent manières,
Comme un cabri je fais des sauts ;
Ou je descends dans les carrières,
Ou je grimpe sur les coteaux.   (*bis.*)
Je visite les fours à plâtre,
Dans les prés je cours en folâtre,
Je cherche des oiseaux et prends,
Parmi les blés, des nids d'amants.
Voilà (5 *fois*) pourquoi j'aime les champs !

Le matin, je bois un laitage
Pur de cervelle de mouton,
L'après-midi, sous le feuillage,
Je m'attable jusqu'au menton.   (*bis.*)
J'arrose de mainte rasade
Le morceau de veau, la salade,
Puis le soir, je rentre à pas lents,
Pour me fourrer dans mes draps blancs.
Voilà (5 *fois*) pourquoi j'aime les champs !

Justin CABASSOL, *membre titulaire du Caveau.*

IMPRIMERIE DE J. BELIN-LEPRIEUR FILS, RUE DE LA MONNAIE, 11.

N'ouvre pas ton Cœur.

PAROLES DE F. FERTIAULT (*). — MUSIQUE D'ALEXANDRE MARCHAND.

N'ou-vre pas ton cœur, O fil le Gen-til - le, N'ou-vre pas ton cœur, Per-drais ton bon - heur Comme un ten-dre ger - me Cou-vé dans un sein, Dans tout cœur s'en - fer - me Un tré sor di - vin. Mais son char - me at - ti - re, Prends gar - de, ou quelqu'un Vient, pas - se et res - pi - re Le di - vin par - fum.

DEUXIÈME COUPLET.

Comme en une coupe
Ornée au jardin,
Dans tout cœur se groupe
Un bouquet divin.
Prends garde au profane ;
Un souffle coquet
Vient, se pose, et fane
Le divin bouquet.

N'ouvre pas, etc.

TROISIÈME COUPLET.

Comme en l'escarcelle
Se cache un sequin,
Dans tout cœur se cèle
Un trésor divin.

Prends garde ; avant l'aube
Plus d'un larron sort,
Qui guette et dérobe
Le divin trésor.

N'ouvre pas, etc.

QUATRIÈME COUPLET.

Car ces trois richesses,
Fleur, trésor, parfum,
Si tu te les laisses
Voler par quelqu'un :
Adieu, blondinette,
Tout bien, tout beau jour ;
En elles, pauvrette,
L'on prend ton amour !

N'ouvre pas, etc.

(*) Ces paroles sont extraites du LION, almanach des Salons, Paris, A. Royer.

C'EST A PEU PRÈS LA MÊME CHOSE.

Air : *Et voilà comme tout s'arrange.*

Pour réussir dans les chansons
Il faut s'y jeter, corps et âme,
Il faut, en dépit des glaçons,
Que leur feu sacré vous enflamme ;
Mais autrement, croyez-le bien,
Si c'est un devoir qu'on s'impose,
Soyez ou non épicurien,
Tout ce que vous ferez et rien
C'est à peu près la même chose.

Chanter, cela me convient mieux,
N'en déplaise à nos nouvellistes,
Que de me fatiguer les yeux
Sur leurs écrits plus ou moins tristes :
Dans mes loisirs si je m'abstien
De lire leurs vers ou leur prose,
C'est qu'en dépit d'eux je soutien
Que ce qu'ils m'ont appris et rien
C'est à peu près la même chose.

Papas et mamans, empêchez
Que vos filles ne soient seulettes ;
C'est lorsque les coqs sont lâchés
Qu'il faut veiller sur les poulettes :
Souvent un aimable vaurien
Entr'elles et vous s'interpose,
Et quand une fille aime bien,
Tout ce qu'on peut lui dire et rien
C'est à peu près la même chose.

Lorsque vos pas sont chancelants
Et que la vieillesse est venue,
Mesdames, de vos cheveux blancs
Pourquoi nous dérober la vue :
N'usez plus d'un pareil moyen,
L'hiver vient-il ? près de la rose
Nous avons beau mettre un soutien,
Tout ce que nous mettons et rien
C'est à peu près la même chose.

Aux spectacles, dans les salons,
Combien de jeunes gens s'observent !
On les prendrait pour des Solons
A la gravité qu'ils conservent :
A leur aplomb, à leur maintien,
Avec raison on leur suppose
Une tête meublée, eh bien !
Ce qu'ils ont dans la tête et rien
C'est à peu près la même chose.

Que d'hommes sages et posés
Au ministère l'on accueille,
Qui bientôt tombent écrasés
Sous le poids de leur portefeuille !
Comme ce conquérant ancien,
Avec l'arme dont on dispose
On veut trancher le nœud gordien,
Et puis ce que l'on tranche et rien
C'est à peu près la même chose.

En dépit de la faculté
Que tout homme sensé redoute,
Je ne connais que la gaîté
Qu'on puisse opposer à la goutte :
Le régime quotidien,
Les privations qu'on s'impose,
Le plus habile praticien,
Toute la pharmacie et rien
C'est à peu près la même chose.

Au lieu de chanter, entre nous,
Je ferais bien mieux de me taire ;
Le talent, vous le savez tous,
Est rarement héréditaire.
Je n'amasserai pas du bien
A ce métier-là, je suppose ;
Car tout calcul fait, je convien
Que l'argent que je gagne et rien
C'est à peu près la même chose.

EUGÈNE DÉSAUGIERS,
Membre honoraire du Caveau.

LA PÉNITENCE.

AIR : *Les anguilles et les jeunes filles.*

Comme en notre machine ronde
L'homme est fort enclin à faillir,
Il est reçu par tout le monde
Qu'un pécheur doit se repentir.
Ayant, las ! commis une offense,
Je dois chercher à l'effacer ;
Aussi voilà ma pénitence
Qui va bien vite commencer.

D'abord, pour expier mon crime,
Je vais me mettre à deux genoux,
Maintien qu'il faut à la victime
Pour apaiser votre courroux.
Si cette posture, j'y pense,
Par malheur allait vous blesser,
Ne dites rien ; ma pénitence
Ne fait encor que commencer.

Je prendrai vos mains dans les miennes ;
Doucement je les presserai ;
Tout cela causé par les peines
Qu'alors je vous exprimerai.
Dessus, par une autre licence,
Mes lèvres iront se placer...
Attendez ; car ma pénitence
Ne fait encor que commencer.

Mes yeux, que vous verrez humides,
Vers les vôtres se lèveront,
Cherchant, par leurs regards timides,
Si les vôtres pardonneront.
Ils rapprocheront la distance
Qu'entre eux nous aurions pu laisser...
Attendez ; car ma pénitence
Vient à peine de commencer.

Ma voix alors, faible et tremblante,
Chère, implorera mon pardon,
Et puis mon âme repentante
D'un tendre mot vous fera don.
Craindriez-vous cette éloquence ?...
Par là faudra bien en passer.
Que voulez-vous ? ma pénitence
Ne fait rien que bien commencer.

J'irai fouiller jusqu'en votre âme
Pour voir comment vous m'y portez.
Si j'allais... sentir quelque flamme,
Mes vœux seraient-ils rejetés ?
Non ; vous n'aurez pas l'inclémence
De voir tout mon cœur se froisser... ;
On doit finir la pénitence,
Quand on a su la commencer.

Il était jadis un usage
Fort en vogue chez nos aïeux ;
Usage que je crois fort sage
Et qui me conviendrait au mieux :
Celui qu'avait frappé l'offense,
Le contrit devait l'embrasser... ;
Achevons donc la pénitence,
Dussions-nous la recommencer !

Un Pécheur repentant.

NOÉMI.

AIR :

Oh ! qu'as-tu fait, jeune femme,
 De cette âme
Où le ciel avait jeté
 Sa beauté ?
Et de la si douce image
 Du village
Où j'étais ton seul ami,
 Noëmi ?

Tu n'as donc plus souvenance
 De l'enfance
Qui nous a faits tant heureux
 Tous les deux ?
De nos courses aux prairies
 Si fleuries,
Où tu m'as dit tant de foi
 « Souviens-toi ? »

Elle est donc de ta pensée
Effacée
L'époque de nos beaux jours,
Doux amours ?
Et la messe en robe blanche,
Le dimanche ?
Et ta peur aux sentiers noirs,
Certains soirs ?...

Oui, tu voles dans la sphère
Qui préfère
Le bruit, l'éclat au bonheur,
L'or au cœur.
Pour le monde tu veux vivre...
Qu'il t'enivre,
Sans t'aiguiser quelque dard
Pour plus tard !

Que les plus joyeuses fêtes
Te soient faites,
Empêchant tout souvenir
De venir !
Que la foule avec délice
T'applaudisse !
Que tous, par tes yeux aimés,
Soient charmés !

Que le tourbillon t'entraîne !
Va ! sois reine !
Que ton front soit promené
Couronné !..
Et qu'à toi, jadis si bonne,
Dieu pardonne !...
Je ne veux que du bonheur
Pour ton cœur !

F. FERTIAULT.

LES CHEVEUX BLANCS.

Air : *De Philoctète.*

O vous, amis, qui comptez par printemps,
Les jours heureux dont se forme votre âge;
Aimables fous, dans votre voisinage,
On se complaît : on n'a plus que vingt ans.
Obéissez à votre gaîté folle,
Avec plaisir, je la verrai toujours ;
Mais, un instant, suspendez vos discours, ⎫
Les cheveux blancs demandent la parole : ⎬ *bis.*

Et nous aussi, sur nos fronts rayonnants,
Nous avons vu la blonde chevelure
S'épanouir, boucler à l'aventure,
Et subjuguer des tendrons de seize ans !
Ce temps n'est plus, mais par bonheur extrême,
L'amour survit aux arrières saisons ;
De ce beau feu ménagez les tisons :
Les cheveux blancs n'empêchent pas qu'on aime.

Quand on est jeune, avec quelque impudeur
On rit de tout, sans en être plus sage ;
De son esprit on fait mauvais usage,
On est badin, mais on n'est pas frondeur.
A cinquante ans, brisant la tirelire
Où notre esprit logea tant de travers,
On rit à point des sots et des pervers :
Les cheveux blancs n'empêchent pas de rire.

Pour écarter les ennuis, le chagrin,
Pour lire en beau les pages de la vie,
Que faut-il donc à notre âme ravie ?
Un peu d'amour et quelques brocs de vin.
Or, le buveur a donc aussi sa gloire ?
Eh ! bien, enfants, descendez en champ clos,
Buvons ensemble, et puis comptons les pots :
Les cheveux blancs n'empêchent pas de boire.

Sur les débris du boudoir, du salon,
Si quelque jour la chanson peut renaître,
A sa gaîté vous saurez reconnaître
Les souvenirs et l'esprit d'un barbon.
Le vieux Laujon, de sa voix chevrotante,
En gais refrains traduisait le bonheur,
A ses leçons, amis, faisons honneur :....
Les cheveux blancs n'empêchent pas qu'on chante.

La faux du temps se promène au hasard.
Et, sous ses coups, jeune et vieux, tout succombe ;
On voit passer du berceau dans la tombe,
L'unique espoir du débile vieillard.
Ce n'est donc pas pour quelque peu de givre
Que les hivers se montrent désastreux,
Plus d'un bâton supporte un homme heureux :
Les cheveux blancs n'empêchent pas de vivre.

SALGAT, visiteur.

A QUI L'HONNEUR?

Dialogue entre CHANSON et ROMANCE.

Trouvez-moi dans ce monde celui qui dira à un autre : « Vous avez plus de mérite que moi, je ne viens qu'après vous.... passez. » Trouvez-le-moi, vous dis-je, et j'anéantis d'un trait de plume ce dialogue, qui cependant m'a coûté... plus qu'il ne vaut.... une veille !

Chanson l'éveillée et demoiselle Romance, qu'on prétend sa sœur, se rencontrèrent un jour à l'angle d'un trottoir. L'une s'en allait vive et légère, œil malin, nez au vent, jupe écourtée, décidée dans son allure, et jetant ses refrains à tous les échos ; l'autre, yeux baissés, bras nonchalants, teint mélancolique, et voilée d'une gaze traînante, mesurait ses pas, et ne faisait remarquer sa présence que par de profonds et tendres soupirs. Mais fiez-vous donc, d'un côté à l'air plein de franchise de la Chanson, de l'autre à l'air doux et modeste de la Romance? — Chacune d'elles, en apercevant sa sœur, eut bien envie de la saluer; mais une autre difficulté surgit; le haut du pavé, pour laquelle sera-t-il? laquelle convaincra l'autre de sa supériorité, et aura les honneurs de la rue?....

Là je suis obligé de manquer à mon rôle d'historien fidèle, et de laisser une lacune.... de plusieurs pages peut-être: ces deux dames dérogèrent tellement aux règles de l'urbanité et du bon ton, qu'il ne pourrait guère m'être permis de rapporter les premières paroles de leur rencontre. Elles y dépensèrent assurément beaucoup de vivacité, de finesse et d'esprit; mais c'est pour cela seulement que ma lacune est regrettable.... la politesse n'y aurait rien gagné.

Je les laisse donc épuiser leur fiel à discrétion, tant qu'elles ne diront rien qu'à propos de leur dignité blessée; mais une fois que cela deviendra intéressant, qu'elles définiront réciproquement leur nature, ma foi! fût-ce en style de la halle, force nous sera bien de les écouter.

Voyons, la discussion s'échauffe; Romance dit *vous*, et Chanson *tutoie*. Romance parle avec aigreur... c'est le moment... écoutons:

ROMANCE. — C'est dommage que nous n'ayons pas d'armes, nous nous en servirions pour vider notre querelle.

CHANSON. — J'ai raison, cette arme me suffit.

R. — Raison? vous, enfant déguenillée de la folie?

C. — Dans ce siècle, grande dame, les fous sont les sages; et, dans tous les cas, ce n'est pas avec tes airs pleureurs que tu mèneras à la sagesse.

R. — Je ne mènerai pas non plus à la guinguette, où vous faites si bon marché de la retenue, et souvent même de la pudeur.

C. — Oh! ma bonne amie, tu en sais trop pour ne pas savoir que rien n'est plus mauvais que les prudes. Il n'est pire eau que l'eau qui dort, dit le proverbe. Mieux vaut montrer son mollet et s'en tenir là, que de cacher sa cheville et....

R. (*sentant son flacon*). — Fi! chère sœur, je ne vous entends plus!

C. — Tiens! est-ce que j'aurais touché juste? Allons, ne t'effraie pas; je suis bonne fille..., à tout péché miséricorde. Mais tu m'avoueras que pour faire un faux pas, autant vaut le faire en riant qu'en pleurant. Je ne déteste rien plus que ce vernis de sentiment dont on s'entoure aujourd'hui, et pourquoi? je te le demande; pour cacher absolument les mêmes faiblesses que je me fais pardonner, moi, par ma gaieté et mon franc rire! Dis-moi, sœur, là, en conscience, parce que je saute et gambade un peu vivement, que je grivoise par-ci par-là, et que je m'assieds parfois sur les genoux de l'ouvrier, je vaudrais moins que toi, qui te laisses faire la cour sur un divan, qui t'enivres de la douce atmosphère des salons, et t'y montres souvent le sein aussi nu que les épaules?.... Mais vraiment, ce serait établir la supériorité du boudoir sur la mansarde, du piano sur l'orgue de barbarie, des dorures sur les bois vermoulus, et les dorures, chère sœur, ne font rien à la morale.

R. (*impatientée*). — Non, mais au moins y a-t-il des dorures.

C. (*toute surprise*) — Quel pas tu as fait depuis tout à l'heure, sœur chérie! Allons! allons! nous finirons par nous entendre... et tu céderas l'honneur du pavé à ton aînée. Je ne suis pas coquette, j'espère.

R. — Non, mais terriblement ambitieuse.

C. — Parce que je me fais gloire de ma priorité d'âge? Peu de femmes en feraient autant, et toi-même, tu n'as pas l'air bien courroucé de ma protestation. Les hommes ont chanté avant de savoir écrire....

R. — Oh! quant à l'érudition, faites-m'en grâce. Vous pensez donc, ma sœur, qu'une idée de douce tristesse n'a pu venir dans l'esprit de l'homme avant une idée grivoise?

C. — Je n'en sais rien, mais j'ai toujours cru que l'on a su rire avant de savoir gratter de la mélancolique guitare.

R. — Et vous pouvez remarquer avec quel soin les descendants de votre premier rieur ont conservé le feu sacré qui a pu l'animer d'abord!

C. — Qu'est-ce à dire, Romance ma belle? la chanson ne serait pas?....

R. — Pas toujours très poétique, chère fauvette.

C. — C'est donc parce que tu es toujours très nuageuse, que tu n'y vois rien?

R. — Les nuages ne sont pas toujours mon domaine. Je sais les douces choses du cœur et de l'esprit, et vous ne connaissez guère, ma toute belle, que l'éloquence de la bouteille, le gros sel de la rime commune et bourgeoise.

C. — La bouteille a de bonnes inspirations, chère amie, et les preuves en seraient nombreuses depuis Horace jusqu'à Béranger. Pourrais-tu me citer, même parmi tes plus chers, des noms qui valussent ceux-là?

R. — Je vous ai déjà priée de passer sur l'érudition; mais si vous y tenez, j'ai pour moi les femmes les plus distinguées, les âmes les plus tendres, et si à la rigueur il vous faut des noms, Byron, Moore et Châteaubriand n'ont-ils pas inscrit les leurs dans mes annales?

C. — D'accord, mais tu mets en regard *une ou deux romances* de ces grands noms, et *des recueils entiers* de chansons du plus éminent mérite.

R. — Je sais que la chanson foisonne. Je ne nie pas la quantité, belle chanteuse, mais....

C. — La qualité, peut-être? toi qui t'es condamnée aux soupirs les plus plats, et qui prends tout, pourvu que tes langoureux roucouleurs accouplent des *montagnes* et des *campagnes*, des *amours* et des *beaux jours*, des *cœurs* et des *bonheurs*, et deux ou trois autres rimes de ce genre, qui constituent le bagage éternel de tes refrains? toi qui as mis l'amour à toutes les sauces, et qui fais de la poésie à l'eau sucrée à propos d'une feuille de rose, ou d'un sein idem? où diable veux-tu trouver quelque chose de plus banal?

R. — Dans tes couplets, buveuse anacréontique, lesquels sont tout hérissés de *lie* et de *folie*, de *treille* et de *liqueur vermeille*, de *grelots* et de *goulots*, de *verres* et de *trouvères*, et de bien d'autres lieux communs encore, tout aussi neufs, tout aussi piquants...

C. — Que les vieilles complaintes dont tu descends, sœur caustique et inconséquente... Oh! laisse-moi rire, car pour une grande dame, c'est une singulière origine.

R. — Chanson, Chanson, prenez garde, vous qui devez naissance à la première démangeaison de gosier d'un buveur ivre. J'aime mieux pour berceau la douce larme d'un cœur souffrant, que la goutte fumeuse qui brille au fond du verre.

C. — Tu fais de l'étymologie à ta façon, ma chère Romance, comme si l'origine était tout. Et ce que l'on se fait soi-même, donc? Je suis autrement répandue que toi, ma belle prude. D'ailleurs tu ne me contestes pas ma popularité, au contraire tu m'en fais un reproche. Je ne dis pas que ce soit par envie. Cependant considère: je fais rire un peu plus de gens que tu n'en fais pleurer, et le goût des masses est d'un certain poids; je suis libre, et tu es maniérée; je plais à tout le monde et tu ne fais plaisir qu'à quelques-uns; je suis une généralité et tu es une exception. Rousseau, dans son dictionnaire de musique, te consacre une demi-page, et à moi il m'en donne complaisamment cinq ou six entières.

R. — Rousseau n'a fait là que de l'érudition très légère; il ne vous a pas considérée sous le même point de vue que moi. Et que dirait-il aujourd'hui s'il voyait votre dégénérescence, vous qui vous êtes modifiée jusqu'à devenir la grossière et informe *chansonnette?*

C. — Tu en prends à ton aise, ma belle! c'est dommage qu'on n'ait pas inventé un diminutif pour qualifier tes progrès d'écrevisse.

R. — *Romancette.* peut-être? ce serait joli!

C. — Ni *romancette*, ni *romançonnette* … attendu que tu ne l'es guère souvent, toi (*romance honnête*). Tiens, va-t'en te faire chanter par tes commis-voyageurs et tes marchands de nouveautés, et laisse-moi tranquille avec mes bonnes gens aux bras nus; les grands airs me font peur.

R. — Est-ce encore un calembour?

C. — Je voudrais t'en donner une indigestion!

R. — Et que j'y succombasse?… vous seriez sûre de passer la première.

C. — Pas plus que maintenant. Gare! (*elle la pousse brusquement.*)

R. (*se retournant*) — Impertinente!

C. — Pouah! comme tu sens le musc, ma chère!

R. — Et vous le vin! Oh! c'est un martyre! de grâce, passez!

C. — Ah! enfin! (*elle fait un pas pour prendre le haut du pavé.*)

R. (*Lui barrant le passage*) — Non pas, s'il vous plaît!

C. — Alors, recommençons…..

Au moment où Romance ouvrait la bouche pour répondre à Chanson, la foule les sépare. Chanson se trouve entraînée du côté du ruisseau, et Romance du côté du mur.

R. (*Un éclair de joie dans les yeux*) — Voyez si vos maîtres savent vous rendre justice! Adieu, et bon voyage, ma sœur!

C. — Je suis au milieu de ceux qui m'aiment, prude maladroite!

R. — Et qui vous donnent la seconde place, toute aimée que vous êtes!

C. — Ils font comme les gens polis, ma toute chère, et comme je veux bien faire aussi en ce moment pour toi: aux étrangers les honneurs de chez moi….. passe, mademoiselle!…

R. (*s'éloignant avec dédain*) — C'est l'impudence de la faiblesse!….

C. — Non, c'est la générosité de la force et du bon droit. Va t'éteindre, ma fille; le monde ne veut plus guère de toi.

R. — Les lèvres les plus fraîches s'ouvrent pour me chanter; les choses les plus délicieuses s'encadrent dans ma forme… c'est toi qu'on va délaisser et qui vas périr.

C. (*souriant*) — Béranger va publier un nouveau volume. (*Elle lui fait une révérence moqueuse; la foule les sépare tout à fait*).

F. FERTIAULT.

LA MANOLA.

Boléro chanté par Mademoiselle **Alice Ozy** au théâtre des Variétés (Voyage en Espagne).

Paroles de MM. THÉOPHILE GAUTIER et PAUL SIRAUDIN,

MUSIQUE DE M. J. NARGEOT,
de la Chambre du Roi et chef d'orchestre du théâtre des Variétés.

Un jupon ser-ré sur les hanches, Un peigne e norme à son chi-gnon,

Jam-be ner-veuse et pied mi-gnon, OEil de feu, teint pâle et dents

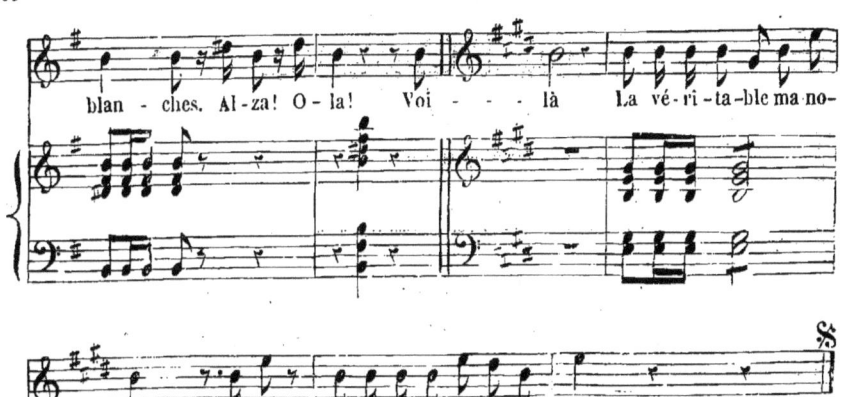

Procédés de Tantenstein et Cordel, 90, rue de la Harpe.

DEUXIÈME COUPLET.

Gestes hardis, libre parole,
Sel et piment à pleine main,
Oubli parfait du lendemain,
Amour fantasque, et grâce folle,
    Alza! ola!
    Voilà
La véritable manola;
    Voilà
La véritable manola.

TROISIÈME COUPLET.

Chanter, danser aux castagnettes,
Et dans les courses de taureaux,
Juger les coups des toreros
Tout en fumant des cigarettes.
    Alza! ola!
    Voilà
La véritable manola;
    Voilà
La véritable manola.

Fleur des Champs

ou

LES CONFESSIONS DE SIMPLETTE.

Odyssée villageoise en trente couplets.

Air : *Pégase est un cheval qui porte.*

De son rang le boudoir abuse ;
Ça tourne à l'incivilité.
Par tout le monde on nous accuse
D'un excès de simplicité :
Fleur des champs, dit-on, fleur naïve...
Naïve tant que l'on voudra !
Il faut que notre tour arrive ;
Les champs valent bien l'Opéra !

Belle aubaine, lorsque vos dames,
Par le manége des doux yeux,
Ont pris quelques douzaines d'âmes !...
Aux champs nous faisons beaucoup mieux :
Quand la fillette au frais visage
S'amuse à jeter l'hameçon,
Elle vous prend tout le village
Sans qu'il en reste un seul garçon.

Si dans votre coquetterie
L'esprit et l'art sont mis en jeu,
Dans notre amoureuse industrie
La finesse se glisse un peu.
J'en sais plus d'une à l'air tranquille,
Simple dans ses simples atours,
Dont vous, mesdames de la ville,
Pourriez convoiter les bons tours.

Si je ne passais pour modeste
Auprès du bedeau. mon futur,
Je vous conterais bien... mais, peste !
Le *conjungo* serait-il sûr ?
Je tiens à devenir sa femme...
Bah ! voyons ! hasardons toujours ;
Mon futur est une bonne âme....
A l'histoire de mes beaux jours !

Seulement vous m'allez permettre
De garder cet air simple et doux,

Que vous aimez tant à nous mettre
Quand on fait nos portraits chez vous.
La paupière calme et baissée
Sur un fichu croisé bien haut,
Et la joue un peu caressée
De rougeur, ce joli défaut.

Nul ne pourra lire ma feinte
Sous un aussi candide aspect,
Et mon bedeau pourra sans crainte
M'environner de son respect.
C'est un récit fait dans l'oreille ;...
Mesdames, vous n'en direz rien ?
Chut ! en circonstance pareille
Simplette vous le rendra bien.

C'est Simplette que l'on me nomme
Bel enfant tout droit descendu
D'Ève la croqueuse de pomme. ,
J'aime assez le fruit défendu.
Il paraît qu'à mon premier âge,
Me mêlant aux garçons lutins
Je parlais déjà mariage...
J'avais des amours enfantins !

Cette précocité d'allure
Devait promettre à mes amis,
Et j'en tins plus tard, je vous jure,
Plus que je n'en avais promis.
A peine au sortir de l'école,
J'avais déjà mon amoureux ;
Mais, hélas ! j'encensais l'idole
Sans que le dieu sût être heureux !

Je n'étais guère plus savante ;
Mais j'avais un instinct parfait,
Si bien que la jeune ignorante
Sut bientôt mettre Claude au fait :

C'était un soir après la danse,
Loin, dans les sentiers reculés,
En rentrant j'avais quelque transe...
Mais il fait si bon dans les blés !

La brune éteignait sur ma joue
Certain vermillon trop marqué;
Maintenant encor je me loue
D'un mensonge bien fabriqué.
Je dis à ma mère, incapable
De soupçonner rien de si noir :
« La brebis blanche a fui l'étable,
« Et je l'ai fait rentrer ce soir. »

Et ma mère accueillit la chose
Avec un geste bienveillant :
« Comment ! ma fille, à la nuit close !
« Ma fille, c'est un coup vaillant ! »
Et moi, voyant le stratagème
Ainsi tourner à mon profit,
Je ne saurais... vous compter même
Les courses que la brebis fit.

Si chaque course était pour Claude ?...
Claude heureux vous répondrait : Oui.
Je ne dois pas tenir pour fraude
Un cousin frais épanoui,
Inoffensive créature
Dont je dus, las ! avoir pitié...
C'était le cri de la nature :
La parenté veut l'amitié.

Mais un beau jour Claude s'avise,
Voyez la noirceur de son tour !
De chercher dans une paysse
Un supplément à mon amour.
A ce procédé du volage
Je devins triste... un bon moment.
Hélas ! à quoi sert d'être sage !...
Aussi pris-je un nouvel amant :

Un beau *Lion*, lassé sans doute
De quelques onéreux penchants,
Et voulant flairer sur sa route
Le parfum d'une fleur des champs,
Il s'est baissé, puis m'a cueillie...
Mesdames, j'espère, entre nous,
Que je n'en serai point haïe...
Je suis du même bois que vous !

Mais, las ! dès qu'à sa fleur champêtre
Il ne trouva plus de parfum,
Je pleurai le départ du traître...
Mon bel amour était défunt !
Que faire ? Fallait-il reprendre
Parmi les garçons de l'endroit ?...
Chut ! un jouvenceau frais et tendre
Vient remplacer l'autre tout droit.

Encor sur les bancs du collège,
Mon jeune imberbe est pris d'amour.
Ce fut un bien autre manège ; ..
Je me laissai faire la cour.
Ce doux serviteur platonique
Rêvait, brûlant au fond du cœur;
Mais pour mettre un rêve en pratique
Il était bien... mon serviteur !

Cependant la chose était grave;
Mon amoureux de dix-huit ans
Venait de décider en brave
Qu'il m'épousait dans peu de temps.
J'avais tourné sa pauvre tête ;
Il ne voyait plus que par moi ;
Il en était même un peu bête ;...
Mais je vaux bien un peu d'émoi.

Je ne puis m'empêcher de rire
En voyant son air, son maintien.
Quand, timide, il venait me dire :
« Cher ange, oh ! oui, je t'aime bien ! »
Sa candeur était poursuivie
De la crainte de m'offenser ;
Sa lèvre pétillait d'envie...
L'enfant n'osait pas m'embrasser !

Un instant ! n'allons pas si vite;
Tout change, même la candeur :
Un soir mon Franck me rend visite,
Et mon Franck n'a plus aussi peur.
Je simule un peu la rebelle;
Mon Franck se déconcerte un peu,
Puis recommence de plus belle...
Mon avenir était en jeu.

Je savais que lorsqu'on se presse
Le mariage cloche après ;
Mais le moyen d'être diablesse
Quand on vous serre de si près !

Je fis semblant d'être éplorée,
Après avoir bien combattu..
Et la colombe est dévorée!...
Le loup prend d'assaut ma vertu!...

Dès lors, le jour du mariage
Devint de plus en plus lointain ;
Franck s'affranchit de son servage
En vrai triomphateur mutin.
En même temps que la moustache
Le savoir-faire lui poussa
Pour une amazone à cravache
Mon jeune barbu me laissa.

J'ai su depuis que l'amazone
Où courait mon ex-épouseur,
Était madame la *Lionne*
Dont le *Lion* toucha mon cœur.
Devant ce réciproque échange
Tout mon courroux a descendu ;
Je ris quand le hasard me venge :
Pour un prêté c'est un rendu.

Mais que faire dans mon veuvage ?
Si, pour varier mes plaisirs,
J'essayais de la fille sage ?
Cela remplirait mes loisirs,
Dis-je ; et, transportant mes pénates
Dans un village détourné,
J'effaçai les coupables dates
D'un bel âge désordonné.

Je redevins tranquille et pure,
Sentant la candeur de très loin ;
J'avais la plus douce figure
Dont le ciel ait pu prendre soin.
Enfin, mesdames... le dirai-je ?...
Un beau jour on me soupçonna...
D'être la perle du cortége...
Et rosière on me couronna !

Pardonnez-moi ; je m'humilie.
Au ciel c'était faire un affront ;
Mais on me trouvait si jolie
Avec ma rose blanche au front !
D'ailleurs ce ne fut point ma faute ;
Malgré moi j'eus la chaste fleur ;

Et vite en mes aveux je l'ôte
Pour n'en point ternir la fraîcheur.

Et, dames, voyez si le blâme
Doit s'appuyer sur moi si fort :
Un doux garçon me prend pour femme...
Le soir des noces il est mort!
Le cher défunt a donc pu croire
Sur moi tout ce qu'il a voulu ;
On ne peut rien sur sa mémoire ;
Il est sauf... quelle chance il eut !

Mais pour un choc si déplorable
Devais-je m'éteindre à mon tour ?...
C'est depuis ce soir mémorable
Que mon bedeau me fait la cour.
En voyant sa rosière veuve
Avant le premier goût d'hymen :
« Vierge, dit-il de façon neuve,
« Après le deuil, j'offre ma main. »

Et moi, pour la main du brave homme
Je ne fis point difficulté :
Cela, dames, vous montre comme
Je sus répondre à sa bonté.
Dans huit jours sans vol et sans fraude,
Le doux lien doit nous unir ;
Je suis madame la bedeaude...
Mais, peste ! il faut bien me tenir.

Il faut que moi-même j'oublie
Certains accrocs à mon honneur ;
Car je veux que l'époux publie
Le lendemain tout son bonheur.
Aussi je suis sage et décente ;
Mes torts ne sont plus aperçus :
J'ai, par ma sagesse récente,
Passé l'éponge là-dessus

Et vous, qui m'avez entendue,
Mesdames, je vous prie encor,
Qu'à mon bedeau je suis rendue
Sans qu'il soupçonne son trésor !
Vous avez reçu de Simplette
Une entière confession ;
Que votre langue soit discrète...
Cela vaut l'absolution !

Écrit par un PAYSAN ÉDUQUÉ sous la dictée de SIMPLETTE.

A LA BREBIS TONDUE DIEU MESURE LE VENT.

Air : *De l'artiste.*

A la faiblesse humaine
Dieu modère toujours
Le travail et la peine
Réservés à nos jours...
Plus l'âme est abattue,
Moins le mal est cuisant :
A la brebis tondue
Dieu mesure le vent !...

Quand l'avalanche gronde,
Le petit Savoyard
Fuit sa terre inféconde,
Pour tenter le hasard...
La neige s'est fondue
Au sentier moins glissant :
A la brebis tondue, etc.

La colombe et l'abeille
De froid allaient périr ;
Mais l'aurore est vermeille,
L'hiver vient de finir...
L'atmosphère est rendue
Au zéphyr caressant :
A la brebis tondue, etc.

Mon espoir est un rêve,
S'écrie un laboureur,
Si le hâle m'enlève
Le fruit de mon labeur.
Sa plainte est entendue,
L'eau féconde son champ :
A la brebis tondue, etc.

Pensez à la chaumière,
Vous qui fixez l'impôt ;
Que sa part soit légère,
Si modeste est son lot...
Protégez la charrue,
Non le char opulent :
A la brebis tondue, etc.

Sur le rivage, errante,
La veuve du pêcheur
Attend, toute tremblante,
Son fils, son protecteur...
Sombre encore est la nue,
Mais l'orage est mourant...
A la brebis tondue, etc.

Et le jour où la vie
Est un fardeau cruel,
Elle nous est ravie :
Bienfait de l'éternel !...
L'âme au ciel est reçue,
Et, pour le châtiment :
A la brebis tondue, etc.

Que la critique acerbe
Epargne ma chanson ;
Qu'importe le brin d'herbe
Au fougueux aquilon...
La satire est perdue
Contre un luth impuissant :
A la brebis tondue, etc.

Auguste. GIRAUD, membre titulaire du Caveau.

L'ENFANT DU CAVEAU.

Air : *Monsieur d' la Palisse est mort.*

Je suis enfant du Caveau,
 Oui, je m'en fais gloire ;
Et je veux jusqu'au tombeau
 Rire, chanter et boire.

Ailleurs, quarante, à grand prix,
 Mettent l'esprit en vente :

Ici, vingt peuvent gratis
 En revendre à quarante.
Je suis enfant du Caveau, etc.

Otez l'eau de mes regards,
 Elle glace ma veine :
C'est l'élément des canards,

Autant vaut le Suresne.
Je suis enfant du Caveau, etc.

Un tonneau me sert d'autel ;
  Nouvel anachorète,
Je n'invoque l'Eternel
  Qu'en vidant ma burette.
Je suis enfant du Caveau, etc.

Dans le vin, le vieux Caton
  Puisait son éloquence :
Il se gardait bien, dit-on,
  De parler d'abondance.
Je suis enfant du Caveau, etc.

La bière plaît aux Anglais,
  Bien plus que le Madère :
Puissent-ils tous à jamais
  S'enfoncer dans la bière.
Je suis enfant du Caveau, etc.

A gémir sur nos malheurs
  Que l'on trouve des charmes,
Moi je ne verse des pleurs
  Que quand je ris aux larmes.
Je suis enfant du Caveau, etc.

Qu'un mari, pour un affront,
  Chez lui gronde et tempête :

Eh ! que m'importe le front
  Quand j'ai perdu la tête.
Je suis enfant du Caveau, etc.

Tu m'as l'air d'un bon garçon,
  Me dit un jour Victoire,
Mais laisse-là ta chanson,
  Et voyons ton histoire.
Je suis enfant du Caveau, etc.

Si, grâce à mon appétit,
  En dînant je succombe,
Je hais l'eau, je vous l'ai dit,
  Point de pleurs sur ma tombe.
Je suis enfant du Caveau, etc.

Si de mes vers chacun rit,
  Pardonnez au poëte :
Il aurait bien plus d'esprit,
  S'il n'était pas si bête.

Je suis enfant du Caveau,
  Oui, je m'en fais gloire,
Et je veux jusqu'au tombeau
  Rire, chanter et boire.

              VEISSIER DES COMBES,
                  Membre titulaire.

LA CRIQUE ME CROQUE.

CROQUIS LYRIQUE.

Air : *De la famille de l'apothicaire*, ou ; *Si ça t'arrive encore.* (Marraine.)

J'avais un rendez-vous hier
Au coin d'une certaine rue :
Mes feux bravaient les froids d'hiver,
Quand je faisais le pied de grue.
On ne vint pas : comme un nigaud,
Je me tins ce beau soliloque :
Si je croque encor le marmot,
Je veux que la crique me croque.

Des croque-notes amateurs
M'invitèrent à leur soirée :
Combien j'éprouvai de douleurs ;
Mon oreille fut déchirée !
L'un râclait en aveugle expert,
Et l'autre soufflait comme un phoque.
Si j'entends encore un concert,
Je veux que la crique me croque !

Dans un restaurant en crédit,
Un certain jour de fête j'entre,
Je me dis : j'ai grand appétit,
Je vais bien arrondir mon ventre !
On me servit de vieux poulets,
Puis du lapin très équivoque :
Si je croque encor de tels mets,
Je veux que la crique me croque !

Un tendron gentil à croquer
A l'air simple autant que candide,
D'un coup d'œil vint me provoquer :
Près de lui je fus peu timide.
J'en eus pour trente jours bien longs,
Après le plus tendre colloque.
Si je croque encor des tendrons,
Je veux que la crique me croque !

Un croque-mort me fait horreur,
Eût-il la mine très gentille ;
A son aspect, j'ai grand' frayeur ;
J'aime mieux voir un crocodille !
Moi, partisan de la gaîté,
Je redoute qu'il ne me bloque ;
Si j'en fais ma société,
Je veux que la crique me croque !

Mon refrain a dû fatiguer,
Car j'ai rimé des fariboles ;
Muse, c'est trop extravaguer,
Vous méritez cent croquignolles !
Que chacun prenne le sifflet,
Pour accueillir mon chant baroque.
Si je reprends un tel sujet,
Je veux que la crique me croque !

JUSTIN CABASSOL, membre titulaire.

ÇA NE BLESSE PERSONNE.
Air : *De l'artiste.*

Quand chez nous tout annonce
Le dégoût et l'ennui,
Faut-il que je renonce
A chanter aujourd'hui ?
Des traits que je façonne
Pourquoi me dessaisir ?
Ça ne blesse personne
Et ça me fait plaisir ! } *bis.*

Ma verve se réveille
Lorsque s'enfuit l'hiver,
Car ainsi que l'abeille
Je travaille en plein air :
Les chants que je fredonne,
Je les dois au zéphyr ;
Ça ne blesse personne, etc.

Qu'un ami qu'on signale
Pour savoir bien traiter,
Au Rocher de Cancale
Veuille un jour me fêter ;
L'occasion est bonne
Et je dois la saisir :
Ça ne blesse personne, etc.

L'éloquente parole
D'un ministre de Dieu
Me charme et me console,
Je vous en fais l'aveu ;
A sa voix qui raisonne,
J'aime à me recueillir :
Ça ne blesse personne, etc.

De l'homme qui m'outrage,
Je ne veux pas la mort,
Quand plus calme et plus sage,
Il reconnaît son tort ;
Mon cœur qui lui pardonne
Croit à son repentir :
Ça ne blesse personne, etc.

J'éprouve un peu de honte
Lorsqu'à table je vois
Qu'auprès de moi l'on compte
Les verres que je bois ;
Sur le vin que j'entonne
Pourquoi s'appesantir ?
Ça ne blesse personne, etc.

Que quelqu'oiseau butine
Dans mon petit verger,
Avec ma carabine
Je cherche à m'en venger :
A l'arme qui détonne,
Soudain je le vois fuir :
Ça ne blesse personne, etc.

Au pauvre qui demande,
Je parle avec douceur,
Et ma modeste offrande
Est faite de bon cœur ;
Du peu que je lui donne,
J'aurais tort de rougir :
Ça ne blesse personne, etc.

Dieu recevra, j'espère,
Au séjour des élus,
Ceux que j'aimais sur terre
Et que je n'y vois plus ;
Chaque jour je leur donne
Un pieux souvenir,
Ça ne blesse personne, etc.

Si mes vers, quoiqu'étranges,
Ont pu vous plaire encor,
A toutes vos louanges
Donnez un libre essor ;
J'aime, quand je chansonne,
A m'entendre applaudir :
Ça ne blesse personne, etc.

EUGÈNE DÉSAUGIERS, membre honoraire.

LE PRINCE DES TROUVÈRES.

Je vais discourir du plus grand *parolier* qui ait paru dans les temps modernes, — et même je ne sais si les temps antiques ont rien en ce genre qui puisse lui être comparé.

Le héros en question apprit à lire dans le *Dictionnaire des Rimes* de Richelet, et pinçait déjà du pentacorde à l'âge où les enfants ne pincent communément que le sein de leur nourrice. Myrtil Barboteau, tel est le nom qu'il a reçu de ses pères.

Dès qu'il eut fait ses dents, il ne se nourrit plus que de la brise du soir, dissoute dans la rosée du matin, des bluets de la prairie, de la mousse des bois, de l'azur du ciel bleu, des rayons de la lune et de tartines aux confitures. Il composait lui-même les complaintes au moyen desquelles madame sa mère l'endormait chaque soir, et savait les imprégner déjà de cette puissance somnifère qui devait distinguer plus tard ses plus touchantes productions.

M. Panseron, qui avait alors le monopole d'endormir les petits enfants, pour lesquels il écrivait *la Berceuse, la Mère au berceau de son Fils, Dormez, petits enfants*, et d'autres poésies épiques en sol mineur, ne put supporter l'idée d'avoir trouvé un maître, et son nez prit dès lors cette dimension prodigieuse qu'il a gardé depuis.

A i x ans, le jeune Myrtil Barboteau fut décoré.

Les hommes d'âge que nous avons consulté sur les commencements de Myrtil prétendent que, à une époque déjà fort éloignée, le ciel permit que ce jeune troubadour devînt un incube. Alors il le suscita à madame Pauline Duchambge, et cette union mystique produisit une lignée nombreuse de petits amours, de jeunes bergères, de gondoliers, d'anges gardiens, de nochers, d'exilés, de jeunes guerriers et de demoiselles à marier. Au reste, madame Pauline Duchambge ne fut pas d'une fidélité à toute épreuve, et mit au jour un grand nombre d'autres enfants, en collaboration avec M. Jules de Rességuier, M. Guttinger, M. Scribe, M. Soumet, M. de Custine, M. Émile Souvestre et M. Vatout. C'est à la suite de cette déception pénible, que les cheveux du jeune M. Barboteau commencèrent à grisonner, et qu'il tomba dans une manie mélancolique dont nous parlerons plus bas.

Aujourd'hui, M. Myrtil a vu quarante-cinq fois les pissenlits fleurir; c'est un homme. Il a conservé toute son onction poétique, et déjeune toujours d'un soupir de la brise dans un verre de rosée édulcoré de miel.

M. Myrtil a des mœurs paisibles, des manières caressantes, un regard humide et tendre, et la chevelure chinchilla. Il parle habituellement d'une voix douce et modulée, comme le susurrement du zéphyr, et scande son discours de points et de soupirs qui ressemblent à des dactyles et à des spondées; il s'exprime en vers, et méprise profondément la prose de Bossuet. En résumé, c'est un monsieur candide, en cravate blanche, qui marche sur la pointe de ses bottes vernies, qui sourit fort agréablement, qui n'aime pas les femmes, mais qui chérit le beau sexe.

Pour se faire une idée à peu près exacte de ce prince des trouvères et apprécier convenablement la surprenante fertilité de ce vaste front, il suffira de l'évaluation suivante, dont les chiffres nous ont été fournis par un professeur de statistique employé au ministère de l'intérieur.

M. Myrtil Barboteau approvisionne presque tous les magasins de musique de Paris et de la banlieue, ou plutôt, pour parler plus exactement, il fait les paroles de presque toutes les mélodies qui se chantent dans les mansardes, dans les pensionnats de jeunes filles, au coin des rues, et chez M. le président de la Chambre.

Or, selon les supputations de notre employé, et d'après les calculs établis par un autre savant, auteur d'un traité anti-voltairien sur la chronologie chaldéenne, il est à croire que M. Myrtil Barboteau, dans le cours de son existence, a déjà produit vingt-deux mille deux cents romances de chacune trois couplets au minimum, chaque couplet roulant sur un chiffre moyen de dix vers; ce qui fait, toujours au plus bas, une couronne poétique de six cent soixante-six mille rimes, non compris la raison, qui n'y entre d'ailleurs que pour une fraction décimale aussi insaisissable que le rapport du diamètre à la circonférence.

Voici, en substance, au moyen de quels logarithmes on est parvenu à préciser cet effrayant total.

Un compositeur de musique, lorsqu'il éprouve le besoin d'écrire une mélodie, demande à M. Myrtil dix romances, sur lesquelles il se permet d'en choisir une. Les neuf autres ne lui servent qu'à compléter, corriger, polir et refondre entièrement la dixième. Si bien que M. Masini, auteur d'un album annuel de douze romances, et qui ne consomme que des paroles-Barboteau, dévore cent vingt romances à son co-rossignol, soit trois cent soixante couplets, soit trois mille six cents vers, ci. 3,600

Mais M. Myrtil Barboteau, dont la verve ne s'épuise pas pour si peu de chose, fournit, bon an mal an, la matière de deux albums de ce genre aux mêmes conditions que ci-dessus; de façon que, pour être juste, nous devons faire figurer en ligne de compte une seconde somme de trois mille six cents vers, ci. 3,600

De plus, et toujours à la plus grande gloire de cette inspiration aussi inépuisable que la munificence royale, M. Myrtil possède une clientèle flottante de vingt compositeurs, terme moyen, lesquels lui prennent trois romances chacun, année commune; mais, plus accommodant sans doute que les faiseurs d'albums, ils ne lui mangent que dix romances sur trois; ce qui nous offre un pauvre petit casuel de deux cents romances seulement, soit six cents couplets, soit six mille vers, ci. 6,000

Après cela, n'oublions pas le chiffre des essais. Quel est le poëte, — je le demande à M. Emile Deschamps, à M. Emile Souvestre, à M. Émile de Girardin lui-même, sous les yeux de qui sa femme a mis si méchamment à mort ce malheureux Holopherne, — quel est le poëte qui n'a pas ses jours de brume, où l'inspiration perce de rayons indécis les brouillards de la pensée, et où la plume errante ne laisse sur le papier que des hiéroglyphes à rendre stupide M. Champollion-Figeac? Ce sont ces hiéroglyphes, traces confuses des avortements de notre trouvère, qu'on peut bien, vu la rigueur des temps et la conscience bien connue du roi des *paroliers*, évaluer sans exagération au misérable chiffre de cinquante vers par matinée de pluie; ce qui nous fait, si l'on se borne à compter six mois de mauvais temps sous le beau ciel de Lutèce, un total de neuf mille vers de rebut dans les années tempérées, ci. 9,000

Présentement, nous prierons celui de nos lecteurs qui aura l'héroïsme de l'essayer, de vouloir bien additionner ces légions formidables de quotités numériques, et de considérer que, depuis plus de trente années, l'illustre troubadour dont nous nous occupons fait gémir tous les pianos, clavecins et serinettes du monde sous la puissante harmonie de ses vers. Le lecteur courageux qui tentera cette multiplication cyclopéenne, arrivera sans doute à la découverte du chiffre final, base de l'édifice de gloire élevé par le premier des derniers bardes à sa propre immortalité. Je ne vous dirai pas si l'édifice est de granit, mais il rappelle au moins, par ses dimensions étranges, ces effrayants propylées, parvis immenses de temples disparus, dont les ombres incommensurables s'allongent encore sur les sables où dort Balbech ensevelie!....

M. Myrtil Barboteau ne peut être décemment comparé qu'à une machine à vapeur de soixante chevaux.

Mais toute gloire a son revers, comme toute lumière a son ombre; et M. Myrtil Barboteau, en proie à cette versification sans relâche qui produit le jour, la nuit, à toute heure, en tous lieux, s'entasse autour de lui masses par dessus masses, monte, monte toujours, comme l'inexorable marée, grandissant, grossissant, mugissant, tourbillonnant sans limite visible, sans terme probable, sans fin et sans repos, M. Myrtil, ô terreur! court l'infaillible danger d'être englouti vivant sous ses hémistiches, et, comme Diomède, croqué par ses chevaux, de finir un jour dévoré par ses vers!

M. Myrtil Barboteau, dans le but présumé de conjurer cet effroyable péril, a tenté de mettre un ordre quelconque dans ses productions, et de les ranger par myriades, dans des cartonniers immenses disposés à cet effet contre les hautes cloisons de son cabinet de travail. C'est un coup d'œil superbe. Vous apercevez chaque légion de vers dans son carton respectif, rangée sous le commandement d'une étiquette en petite bâtarde du plus agréable effet. Il y en a là pour tous les goûts, pour tous les caractères, pour tous les âges, pour toutes les dispositions de l'âme, pour les naturels gais, comme pour les cœurs tendres, comme pour les esprits mélancoliques; c'est au choix des personnes. Il n'y a qu'un magasin d'épiceries qui puisse donner l'idée de cet ingénieux assemblage. Voici quelques-unes des étiquettes :

Scènes pour voix de basse.
Scènes de jalousie.
Aveux naïfs.
Aveux brûlants.
Rêves de jeune fille.
Les premières amours.
Les dernières amours.
Chants du soir.
Chants maritimes.
Barcarolles assorties.
Cantilènes.
Choix de soupirs.
Fabliaux.
Rondes villageoises.
Nocturnes.
Départs de conscrits.

Retours au village.
Souvenirs du pays.
Abandons divers.
Guitares diverses.
Mélodies diverses.
Sur des fleurs.
Regrets variés.
Duos de chasse.
Chants de guerre.
Bandits et contrebandiers.
Fiancés de tous genres.
Aventures de bal.
Pages et châtelaines.
Archers, écuyers et moyen âge.
Chants de pâtres.
Secrets des jeunes cœurs, etc., etc.

On a prétendu que M. Myrtil Barboteau recevait une pension des beaux-arts en qualité d'homme de lettres. A vrai dire, nous en doutons beaucoup. Nous vivons malheureusement à une époque ingrate et difficile, où il est rare que les générosités ministérielles tombent sur le vrai mérite. Cependant, si M. Cavé avait la moindre idée des six cent soixante-six mille vers de M. Myrtil Barboteau, nous aimons à croire qu'il lui donnerait quelque marque de sa juste estime. L'espace nous manque pour lui en soumettre des échantillons. Toutefois, nous pouvons rappeler ici les titres des principaux chefs-d'œuvre de notre illustre poëte, dans l'espoir que cette petite nomenclature attendrira M. le directeur des beaux-arts. M. Myrtil a produit, entre autres pièces capitales :

Toi.
Moi.
Toi et moi.
Pas moi, toi.
Toujours toi, jamais moi.
Sans toi.
Encore toi.
Et moi, toi.
Amour à toi.
Malheur à toi.
Bonheur à toi.

Ce n'est plus moi.
Crois-moi.
Éveille-toi.
Un mot de toi.
Est-ce toi?
Souviens-toi.
A toi.
Vous.
Lui.
Elle.
Viens.

Là.	*M'amour.*
Partez.	*Fais-moi mourir.*
Restez.	*Guérir, c'est mourir.*
Pourquoi?	*Non.*
N'aimez jamais.	*Oui.*
Aimez toujours.	*Oui et non.*
Fuyez!	*Es-tu la sœur des anges?*
Bien loin.	*Peut-être!*
Dans les champs.	*Si tu voulais!*
Ensemble.	*Tu ne veux pas!*
Sur l'eau.	*Elle le veut!*
Le soir.	*Au revoir!*
Tes yeux.	*Toujours!*
Avant le bal.	*Adieu!*
Pendant le bal.	*Bonsoir.*
Après le bal.	

Cette notice ne finirait pas, si nous voulions tracer un portrait achevé de l'élégant parolier qui veut bien poser en ce moment. Nous terminerons au plus vite par la mention d'une de ces petites faiblesses dont le génie est presque toujours inséparable, et que M. Myrtil Barboteau doit, dit-on, à l'ébranlement causé jadis à ses facultés intellectuelles par les infidélités multipliées de la volage madame Duchambge, ainsi qu'on a pu le voir au commencement de cet article. M. Myrtil Barboteau, puisqu'il faut le dire, a contracté (c'est, du reste, un bruit que nous ne voulons pas garantir) la touchante et triste habitude de se moucher dans ses romances.

Est-ce affection naturelle pour ces légers enfants de ses veilles? est-ce une de ces manies fantastiques qui ne frappent, comme nous le disions tout à l'heure, que les grands esprits ébranlés? Nul ne le sait, nul ne pourrait le dire. Mais lorsque M. Myrtil a livré un nouveau chef-d'œuvre aux gosiers mélodiques de l'univers, il baptise aussitôt l'un de ses foulards du nom de la romance en vogue, et se mouche philosophiquement dans la *pauvre Etoile fidèle*, s'essuie avec *Elle*, et crache sur la *Sœur des Anges*. C'est un goût. Ne chicanons pas là-dessus notre immortel trouvère!

MARC FOURNIER.

QUAND ON N'A PLUS SON COEUR.

Air :

Oui, la belle, je te vois faire :
    Toutes les fois
    Que tu me vois,
Tu m'avances ton frais minois;
C'est pour toi l'importante affaire.
Mais, la belle, hélas! que veux-tu?
Suis-je à tout amour qui m'appelle?...
Quand on n'a plus son cœur, la belle,
Peut-on aimer encor, crois-tu?

Tes mines sont parfois charmantes :
    Je n'ai jamais,
    Je te promets,
Trouvé plus d'art que tu n'en mets...
Et parfois même tu me tentes.
Mais, la belle, hélas! que veux-tu?
Pour tes yeux puis-je être infidèle?...
Quand on n'a plus, etc.

Cela fait dire, et c'est dommage,
  Que par moment
  Pour un amant
Tu te mets trop en mouvement :
Sois plus calme; attends son hommage.
Mais, la belle, hélas ! que veux-tu ?
Moi, je serai toujours rebelle...
Quand on n'a plus, etc.

Mais tu m'écoutes d'une oreille ;
  Tu vas toujours,
  Dans tes atours,
Tu vas à la chasse aux amours...
Va, continue, et fais merveille !
Mais, la belle, hélas ! que veux-tu ?
Un autre minois m'ensorcelle...
Quand on n'a plus, etc.

F. FERTIAULT.

REGARDEZ, MAIS N'Y TOUCHEZ PAS.

Air : *Du vaudeville de la Somnambule.*

Tels objets séduisent la vue,
Qui ne souffrent pas d'examen,
Et notre espérance est déçue
Lorsque nous y portons la main :
L'œil aisément croit au mensonge ;
Laissons la règle et le compas ;
Pour que notre erreur se prolonge,
Regardons, mais n'y touchons pas !

Quand la nature se réveille,
Lasses de vos plaisirs mondains,
Mesdames, ainsi que l'abeille,
Vous butinez dans nos jardins.
Ne détruisez pas le prestige
De ces jeunes et frais lilas.
La fleur est si bien sur sa tige...
Regardez, mais n'y touchez pas.

Enfants, qui deviendrez des hommes,
Oh ! n'élevez jamais la main
Pour attirer à vous les pommes
Qui viennent au bord du chemin.
Manger le fruit que l'on enlève
C'est faire un bien triste repas ;
Soyez plus obéissants qu'Ève...
Regardez, mais n'y touchez pas !

Aéronautes intrépides,
Jouets des vents capricieux,
Vous voulez, de science avides,
Faire la conquête des cieux.
Dans ces régions inconnues
Craignez un funeste trépas ;
Laissez l'aigle planer aux nues...
Regardez, mais n'y touchez pas !

Aimons, et que pour nous la femme
Soit un culte de chaque jour ;
Mais ne salissons pas notre âme
Au contact d'un impur amour.
Que de Laïs, sous leurs dentelles,
Cachent de perfides appas !
Jeunes gens qui passez près d'elles...
Regardez, mais n'y touchez pas !

Aux jours donnés à la folie,
N'oublions pas de soulager
Le pauvre honteux qui supplie
A la porte du boulanger.
Quand il souffre de la disette,
Il faut encor lui dire : hélas !
Le pain se donne à qui l'achette...
Regardez, mais n'y touchez pas !

Votre ivresse est-elle assouvie,
Vous tous qui, partis les derniers,
Au terme fatal de la vie
Voulez arriver les premiers ?
Quel délire affreux vous agite !
Pourquoi précipiter vos pas ?
L'aiguille, hélas ! marche assez vite...
Regardez, mais n'y touchez pas !

Loin du monde et dans le silence,
Seul artisan de mon bonheur,
J'ai su me faire une existence
Pleine de charme et de douceur.
Jaloux, respectez mon ouvrage ;
Comme les œuvres d'ici-bas,
C'est un fragile échafaudage...
Regardez, mais n'y touchez pas !

EUGÈNE DÉSAUGIERS.

Imprimerie de J. Belin-Leprieur fils, rue de la Monnaie, 11.

MAM'SELLE PIMBÈCHE.

Aveu naïf.

bien, Vraiment, j'peux bien Offrir mon cœur et ma main.

1ᵉʳ COUPLET.

Comment trouvez-vous ma figure? Je m'plais à croir' qu'ell' vous plaira. J'tez un coup d'œil sur ma tournure... On n'en a jamais vu comm'

Si je n'étais pas si timide, je vous dirais tout de suite que je suis d'une bonne famille... Maman, a été longtemps dans l'aisance, et Papa, un *cardeur*... de matelas... en gros... ce qui fait que j'ai reçu une éducation un peu ficelée.. Imazinez-vous, d'abord, que je pince de la serinette et du trombonne un peu proprement... même que les voisins ont fait une pétition en ma faveur, pour que je n'en pincisse plus dans la maison... ensuite, je danse la cracovienne et la tarentelle... et puis, je peins... Oui, j'ai mis à l'exposition une toile, représentant : Un bras de mer... vue prise dans la Manche... c'est un peu vague... c'est vrai... mais, c'est de la peinture à l'eau... vous sentez qu'avec cette botte de talents, et ce chic de tournure, je puis dire, sans orgueil... :

>Que voulez-vous?... J'veux un époux,
>Qui soit gentil..., etc.

2me Couplet.

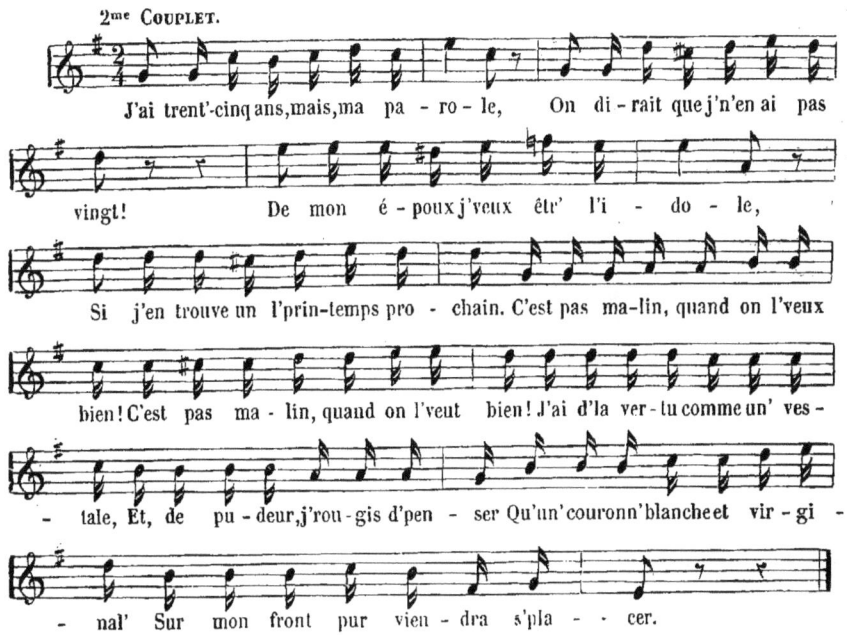

J'ai trent'-cinq ans, mais, ma pa-ro-le, On di-rait que j'n'en ai pas vingt! De mon é-poux j'veux êtr' l'i-do-le, Si j'en trouve un l'prin-temps pro-chain. C'est pas ma-lin, quand on l'veux bien! C'est pas ma-lin, quand on l'veut bien! J'ai d'la ver-tu comme un' ves-tale, Et, de pu-deur, j'rou-gis d'pen-ser Qu'un' couronn' blanche et vir-gi-nal' Sur mon front pur vien-dra s'pla-cer.

(*Minaudant*) : Ah! vrai!... pour moi, voyez-vous, ce sera une terrible chose que le jour de mes noces! je vais vous dire en confidence, mesdames, le costume que j'ai rêvé... je veux une robe à queue!... ça ne se porte plus mais c'est très comme il faut... et puis, dans mes cheveux, une branche d'acacia... rose... avec les feuilles... une couronne de petits choux de Bruxelles, avec de la giroflée, un peu de thym et une pincée de réséda... avec quatre branches de lilas... plus il y en aura, mieux ça fera... c'est si distingué, les fleurs!... enfin, j'aurai un vrai costume de lionne... aussi, quelle émotion pour les voisins, lorsqu'ils me verront, moi, jeune citadine, monter dans le fiacre nuptial... et puis, le soir, au bal, maman Pimbêche viendra me dire avec mystère (*avec émotion et doucement*) : Azéma, mon enfant, il ne faut pas rougir... c'est pour ton bonheur!... (*avec énergie :*) Je le crois fichtre bien!... (*se reprenant :*) Oh... pardon...

Que voulez-vous?... J' veux un époux,
Qui soit gentil..., etc.

3me Couplet.

On dira que j' suis un peu sèche,
Que j'ai l'air d'un manche à balai;
Que j'ai l' caractèr' très revêche,
Et qu' mon physique est un peu laid!...
  Ce n'est pas vrai!...
  J' l'ai très bien fait!...

Les homm's pour moi consum't leur âme !...
Tant pis pour eux, je m' moqu' de tous !...
Et j' caus' du dépit à leur femme,
Qui me regard' d'un œil jaloux !...

Oh ! la jalousie !... c'est affreux ! voyez-vous ?... Tenez !... mes voisines s'en vont disant partout que je demande un mari à cor et à cris !... Eh ! bien, oui !... j'en demande un !... j'en demande deux !... j'en demande trois ! ! !... j'en demande six ! ! ! !... mais pourquoi ?... pour avoir le droit de choisir !... Si le mariage est une loterie, je veux employer toutes les chances... et pourquoi donc, s'il vous plaît, ne serait-il plus permis à une frêle jeune fille de faire valoir sa pudeur, sa fraîcheur, sa candeur, et la fleur de son cœur ?... Aussi, pas plus tard que demain, j'emploie toutes les voies, même celles des *Petites Affiches*... et vous y lirez, une fois pour toutes, à l'article 14,997, que moi, Azéma Crinoline Pimbêche :

A M. Marc Fournier.

Monsieur,

Ce n'est pas sans surprise, je vous l'avoue, que je lis votre article sur le *Prince des Trouvères* (1), comme il vous plaît d'appeler l'ancien collaborateur de madame Pauline Duchambge. Libre à vous d'exalter à votre guise les œuvres formidables et la personne de M. Myrtil Barboteau ; je n'ai pas l'intention de chicaner sur vos sympathies à cet égard. Mais que vous donniez ainsi, sans plus de gêne, à votre poëte préféré, la principauté des rimes de toute espèce, depuis la rime croisée, jusqu'à la rime plate, voilà, ce me semble, agir un peu cavalièrement envers une foule d'autres troubadours, qui ont des droits incontestables à l'estime de quiconque égratigne une guitare, grince de l'épiglotte, ou tapote sur un piano.

En vérité, Monsieur, l'on n'est pas plus injuste et désobligeant que vous l'avez été à l'endroit de ces dignes émules de M. Myrtil Barboteau. Sérieusement, pensez-vous que le hantre des *Toi* et des *Moi*, soit seul en possession d'atteindre au sublime dans ce genre pincé, musqué, parfumé, pommadé et recroquevillé, qu'on nomme la romance, et que de mauvaises langues appellent, je crois, le pataquès à refrain ? Certes, je n'ai pas l'inten-

(1) Le lecteur est prié de ne pas oublier que cet ouvrage a paru par livraisons séparées.

tion d'être ici l'organe de tous les *paroliers* que vous avez si légèrement traités, car ils sont aussi nombreux que les étoiles au ciel, ou les hannetons au mois de mai. Toutefois, je vais citer deux ou trois noms qui serviront à vous prouver combien votre apologie de M. Barboteau est dénuée de mesure et de fondement.

Vous ne connaissez donc pas M. Crevel de Charlemagne? Tant pis pour vous, Monsieur, car M. Crevel de Charlemagne est bien autrement fécond que M. Myrtil Barboteau. On n'estime pas à moins de quatorze romances par jour la puissance productive de M. Crevel de Charlemagne. Il est malheureusement un peu passé de mode, mais tel qu'il est encore, je vous le donne comme valant au moins dix Barboteau. Si M. Crevel de Charlemagne appelait M. Myrtil en combat singulier, j'offre de parier cent contre un que M. Crevel improviserait tout de suite dix à douze barcaroles sur les eaux bleues, avec autant d'horizons bleus, et de jeunes filles aux yeux bleus, avant que M. Myrtil ait tant seulement taillé sa plume de colibri, et que M. Crevel serait déjà dans le ciel bleu que M. Émile se promènerait encore sur les *toi*. C'est un rude jouteur que M. Crevel de Charlemagne. Depuis que la vogue inconstante s'est un peu retirée de ses romances, il a déposé le flageolet et le galoubet pour emboucher la trompette lyrique, et s'occupe à traduire des opéras italiens : on pense communément qu'il fait son petit opéra avant de déjeuner. Le vers lui est tellement familier, qu'il rime jusqu'à ses mémoires de blanchisseuses; il n'écrit, il ne parle, il ne rêve qu'en vers, et je crois qu'il ne penserait qu'en vers, si, pour se soustraire à cette oppression poétique, il n'avait pris le parti prudent de ne plus penser du tout.

Mais vraiment, plus j'y songe, plus je vous trouve adorable avec votre M. Barboteau. Et M. Bérat, s'il vous plaît? Que direz-vous de M. Bérat, je vous prie? Ah! vous condamnez à l'oubli l'inventeur de la Normandie. Qu'est-ce à dire? M. Alexandre Dumas passerait à la postérité pour avoir découvert la Méditerranée, M. Jules Janin s'en irait devers l'Institut à petites journées pour avoir inventé Versailles, M. Th. Gautier a eu la croix d'honneur à condition qu'il inventerait l'Espagne, M. Victor Hugo deviendrait pair de France pour avoir imaginé le Rhin, et M. Bérat qui a trouvé, qui a créé, qui a conçu la Normandie, M. Bérat n'aurait pas même une petite place dans un petit article de fort médiocre tournure où vous princiez M. Myrtil Barboteau! Allons donc! Et puis, M. Bérat qui a inventé les petits normands, les fiancés normands, le ciel normand, les jeunes filles normandes, le sol normand, et qui eût inventé les soles normandes, s'il s'en fût donné la peine, a bien inventé autre chose, vraiment! Il a inventé les prairies artificielles. C'est ainsi que je vous le dis. La chose s'est faite comme se font toutes les grandes choses, à l'improviste, et presque sans y penser. La *Valse dans la Prairie* constitue la plus belle trouvaille de prairie artificielle qui se puisse imaginer, attendu qu'il est moralement, géologiquement et physiologiquement impossible à des jeunes filles bien élevées de valser dans une prairie ordinaire, à moins qu'elles ne tiennent de la nature des willis, lesquelles valsent sur le sommet de toute espèce de trèfles et de graminées, sans les courber plus que ne le ferait le plus caressant des zéphyrs. La prairie de M. Bérat est donc bien évidemment une prairie qui doit tout à l'art et rien à la nature, une prairie d'un genre tout particulier, d'un aspect tout nouveau, une prairie originale, folichonne, bizarre et fantastique; une invention, quoi!

M. Bérat n'eût-il mis au monde que sa *Valse dans la Prairie*, ce serait déjà un fort grand homme; mais ce qui lui assure dès à présent la reconnaissance des siècles futurs, c'est d'avoir pris Béranger sous sa protection. Il lui a ressuscité sa *Lisette*, qui ne vivait plus guère que dans nos mémoires. Car le poëte, le vrai poëte, est ainsi fait; son souffle ranime tout ce qu'il effleure. Lisette était morte, Lisette a revécu. Seulement nous ferons un reproche à M. Bérat. Puisqu'il était en rage de grandeur d'âme pour le vieil Anacréon de Passy, que lui en eût-il coûté de plus pour faire bien les choses? Il y a deux trahisons bien évidentes envers Béranger dans la *Lisette* de M. Bérat. La première perfidie, c'est d'avoir montré Lisette sous les traits de Frétillon. Un peu plus de respect pour les poétiques amours de notre Horace n'eût pas nui précisément au bon goût de M. Bérat. Mais passons. Qui de nous n'a pas connu Lisette, cette vive et délirante Lisette, ce type d'éternelle jeunesse et d'éternelle beauté? Cette incarnation poétique des folles amours, des amours qui ne sauraient vieillir, puisque le souvenir en demeure toujours frais et parfumé dans le cœur? Eh bien! voyez la noirceur de M. Bérat. La Lisette, telle qu'il a *consenti* à nous l'exhumer, est une Lisette au chef branlant, une Lisette rattatinée, une Lisette rabougrie, en mitaines de vieille fille, avec une voix cassée, de faux cheveux, des rides, et près de soixante-dix hivers... Si M. Bérat avait eu la fantaisie de nous faire voir à la place l'une des maîtresses de Catulle, il nous l'eût donc montrée à l'état de momie, entortillée dans des bandelettes, avec les ongles et les dents couleur de safran! — Et puis, voyez comme cette Lisette, ainsi vaincue par les années, serre le cœur autant qu'elle attriste les yeux. Quoi! se dit-on, les amours aussi, la poésie aussi, la gloire aussi! Tout se décolore, tout se flétrit, tout passe! Béranger comme Lisette, la muse comme le poëte, les voilà donc tous deux à la mode de l'âge dernier, les voilà vieux, radoteurs, finis!... Ah! M. Bérat, vous pouviez être généreux, et vous avez été cruel, — cruel pour tout le monde, pour le pauvre vieux poëte dont vous comptez ainsi brutalement les années, et cruel pour nous, qui aimions encore Lisette, et qui savons aujourd'hui qu'il n'y faut plus rêver!

M. Bérat n'en demeure pas moins un fort grand personnage, à qui Béranger a cru devoir écrire une lettre de remerciement. Ceci est historique. M. Bérat a reçu cet hommage, dit-on, avec une noble et gracieuse condescendance; et vous, Monsieur, je vous trouve impardonnable de n'en avoir pas dit un mot.

C'est comme pour M. Gustave Lemoine. Vraiment, vous êtes précieux dans vos dédains! Oublier M. Gustave Lemoine et mademoiselle Pujet, pour aller nous parler de madame Duchambge et de M. Barboteau, des choses du siècle dernier! Gustave Lemoine est aussi un Christophe-Colomb, Monsieur. Il a découvert la Bretagne à peu près vers la même époque où M. Bérat découvrait la Normandie. Il a aussi inventé quelque chose d'aussi formidable, d'aussi excentrique, d'aussi fabuleux que les prairies artificielles : il a inventé *le Soleil de la Bretagne*, et il a même fait un procès à des impertinents qui s'étaient imaginé que *le soleil d'Afrique* devait l'emporter sur le Phœbus de Saint-Malo, ce fameux Saint-Malo, que l'on voit sur l'eau, comme chacun sait.

M. Gustave Lemoine est célèbre de toutes sortes de manières. Il est célèbre d'abord par sa constance pour mademoiselle Loïsa Puget. Philémon et Baucis ne sont que de jeunes volages auprès de ce couple mélodieux qui, l'un portant l'autre, descend en roucoulant le fleuve de la vie, et que Jupiter, s'il est juste, placera un jour parmi ses constellations, sous la figure de deux ramiers. Mais, au fait, pourquoi ne pas avoir parlé de Loïsa Puget? Loïsa Pujet, Monsieur, est une grosse mère, bien en point, grasse, fraîche, qui frappe sur la table en parlant, qui adore le bœuf aux choux, qui n'a jamais voulu être décorée, qui demeure à Passy, mais qui ne sait pas l'adresse de Béranger. Ne souriez pas ; cela est comme je vous le dis. Le Cygne et la Fauvette logent à cinquante pas l'un de l'autre ; et un jour, moi qui vous parle, voulant aller voir le Cygne, je demandai ma route à la Fauvette, qui ne sut pas me l'indiquer. Il est vrai qu'elle était en train de gazouiller une petite ritournelle qu'elle a gazouillée depuis devant la reine des Belges, devant le roi de Hollande, et beaucoup d'autres princes du nord. Cette ritournelle commence ainsi :

Cinq sous (bis),
Pour monter notre ménage.

C'est avec ces *Cinq sous* là qu'elle a rapporté de la cour de Belgique des bracelets et des tabatières, plein ses poches. Elle chante elle-même ses romances avec un aplomb étourdissant et une voix de mousquetaire en goguette. L'un des éléments du génie de mademoiselle Pujet, c'est l'aplomb. Ainsi, lorsqu'elle a pris l'air tout fait de *ma Commère quand je danse* pour en habiller *le Nom de celui que j'aime* ; quand elle a mis son : *Mire dans mes yeux les yeux* sur l'air de *Ça ira* ; quand elle s'est emparé de l'air national du Portugal pour composer sa *Retraite*, elle a déployé tout ce qu'il y a de mieux en fait d'assurance et de sans-façon. L'autre soir, à la première représentation de *Dom Sébastien*, on a cru pendant un instant que Donizetti avait pillé mademoiselle Pujet. Il y avait un chœur qui ressemblait furieusement à la *Retraite*, et les amis de l'auteur ont eu toutes les peines du monde à faire comprendre aux épiciers du cintre que le chœur chantait la *Parisienne* de Portugal. Après cela, il est juste de dire que M. Adam a trouvé son :

Ah ! ah ! ah ! ah !
Qu'il était beau,
Le postillon de Lonjumeau.

dans un cri de Paris assez à la mode au mois de juin :

Ma botte d'asperges,
Ma botte d'asperges.

Mais je m'aperçois que nous perdons de vue les mérites de M. Gustave Lemoine. Nous y revenons. Ce qu'il y a sans contredit de plus méritoire chez ce poëte, c'est de s'être plié à tous les caprices de sa Fauvette avec une patience plus qu'évangélique. Une des excentricités pittoresques de mademoiselle Pujet, c'est d'aimer tout à la fois les anges et les mousquetaires, les gardes françaises et les chérubins. Le mysticisme, le vin de champagne, les ailes de Raphaël et les longues moustaches du major Schlagman sont pour elle des objets de prédilection. Il a fallu que ce pauvre M. Lemoine écrivît *Mater dolorosa* le matin, et le soir les *Pupilles de la Garde*, ou bien *Don Juan aux enfers*, ou bien l'*Ave Maria*, ou bien le *Diable ermite*, ou bien *Matines*, et après *Matines*, *Leone Leoni*, et après *Leone Leoni*, la *Boîte aux agnus*, et après la *Boîte aux agnus*, les *Bohémiens de Paris* ; qu'il chantât le ciel, les brigands, les saints et les Bayadères, l'amour, la prière, le tabac et la confession. C'était une rude époque, et si les vers de M. Lemoine n'ont pas toujours une lucidité irréprochable, ni une allure bien grammaticale, je vous conseille de ne pas lui en vouloir. Dans une de ses dernières romances, il dit, par exemple,

Vois-tu cette maison qui penche
Comme un nid sur la branche.

Voilà sans doute une merveilleuse architecture et qui rappelle un peu celle de la tour de Pise; mais qu'y faire? mademoiselle Loïsa Pujet est un démon aussi capricieux pour le moins qu'une jolie femme, et ce démon-là ferait perdre l'esprit à une plus forte tête que celle de M. Lemoine. Soyons charitables.

Et maintenant, Monsieur, faites-moi le plaisir de rentrer un peu en vous-même, et de ne pas vous obstiner à croire que la romance n'a qu'un dieu et le refrain qu'un prophète. Il y a, par le monde, plus de *Barboteaux* qu'on ne pense.

Agréez, etc.

AMÉDÉE PARENT.

LA VISION.

PAROLES D'ALFRED DES ESSARTS. — MUSIQUE DE LA HAUSSE.

DEUXIÈME COUPLET.

Oui, je rêvais... ô vision étrange,
Et qui soudain disparut sans retour
    Au jour :
J'ai vu sortir de la sainte phalange
Un chérubin chantant de sa voix d'ange
    L'amour.

TROISIÈME COUPLET.

D'un vain regret l'extase fut suivie.
Ange léger, vois de mon front pâli
    Le pli.
Si vers ton ciel tu ne m'as point ravie,
Fais que du moins je trouve dans la vie
    L'oubli !

Imprimerie de GUSTAVE GRATIOT, rue de la Monnaie, 11.

LES ADIEUX DE L'ANGE.

Mélodie.

Paroles de M. Alfred Des ESSARTS — Musique de D. MARTIN.

DEUXIÈME COUPLET.

Quand ta mère cherchait, les yeux baignés de larmes,
Un rayon sur ton front, qui penchait comme un lys,
Elle ne savait pas que les mêmes alarmes
Guidaient l'ange gardien au berceau de son fils.

TROISIÈME COUPLET.

Est-ce toi qu'il faut plaindre? Aux sources éternelles
Tu boiras à longs traits la force et le bonheur.
On te pleure ici-bas, cher trésor, et mes ailes
Te porteront bientôt jusqu'aux pieds du Seigneur.

AUX BUVEURS ET AUX MARCHANDS DE VIN.

Air : *Ah! si madame le savait*, etc.

Çà, ne pourrons-nous donc enfin
Jamais garder quelque mesure?
A plus d'une rouge figure
Chaque jour on répète en vain :
Mettez plus d'eau dans votre vin.
Et puis, retournant la satire,
Aux marchands puisant au ruisseau
Le public s'évertue à dire :
Dans votre vin mettez moins d'eau. *bis.*

Gourmets, viveurs au gosier fin,
Pour vous éviter tout mécompte,
Dans nos grands restaurants, sans honte,
Quand on verse aï, chambertin,
Mettez plus d'eau dans votre vin ;
Et vous, gens à triste besogne,
Qui la nuit, dans quelque caveau,
Fabriquez bordeaux et bourgogne,
Dans votre vin mettez moins d'eau. *bis.*

Le dimanche, dès le matin,
Bon prolétaire, à la barrière
Tu vas égayer ta misère ;
Mais songe bien au lendemain ;
Crois-moi, mets plus d'eau dans ton vin.
Marchands, qui pour le pauvre diable,
La pompe toujours au tonneau,
Brassez un breuvage effroyable,
Dans votre vin mettez moins d'eau. *bis.*

Lorsque vous vous sentez en train,
Pacha de la Liste civile,
Pour moins vous échauffer la bile,
Et pour vous tenir l'esprit sain,
Mettez plus d'eau dans votre vin.
Et vous dont les drogues traîtresses,
En pleine table, quel tableau !
Font déraisonner nos altesses,
Dans votre vin mettez moins d'eau. *bis.*

Députés que d'un ton câlin
Un ministre invite à sa table,
A devenir moins intraitable
L'esprit au dessert est enclin :
Mettez plus d'eau dans votre vin.
Pour qu'il reste à nos mandataires
Un peu de bon sens au cerveau,
Vous, fournisseurs des ministères,
Dans votre vin mettez moins d'eau. *bis.*

Pour nos courtisans quel chagrin !
A la Liste qui les supplie
Les chambres répondent : Ma mie,
Si votre avoir est trop mesquin,
Mettez plus d'eau dans votre vin.
Pour la Liste civile en peine
L'épargne est un devoir fort beau ;
Vous, marchands, dont la bourse est pleine,
Dans votre vin mettez moins d'eau. *bis.*

Quand au prétendu jus divin
L'homme trop fortement s'adonne,
Hélas ! une heure triste sonne
Où, par ordre du médecin,
On emplit d'eau son verre à vin.
Vous dont la fraude est la ressource
Et dont la Seine est le coteau,
Pour qu'ils retournent à leur source,
On fait couler vos vins à l'eau. *bis.*

LUCIEN.

LES GRANDS BOHÉMIENS DE PARIS.

AIR CONNU.

Seul, de sa province
Arriver nu comme la main,
Sur un pied de prince
S'établir dès le lendemain ;
-Aller droit au centre,
Auprès de messieurs tels et tels,
Qui du dieu du ventre
Par goût encensent les autels.

Flouer la patrie,
Avoir nos gros sous pour tout bien,
Telle est l'industrie
Du grand bohémien
Parisien.

Sur la sainte enclume
Forger tout... dans son intérêt,
Du feu qu'on allume
Tirer le plus flambant cotret ;
Encenser le maître,
Qu'il ait ou non de la valeur ;
Toujours se soumettre,
Sans cesse changer de couleur.
Flouer la patrie, etc.

Si papa Royaume
Donne un masculin rejeton,
Pour bercer le *môme*
Il tend son bonnet de coton.
Pour payer les courses
De ce moutard nouveau-venu,
Il prend dans nos bourses
De quoi lui faire un revenu...
Flouer la patrie, etc.

Il songe à son père,
Il pense à ses petits-neveux ;
Son cousin prospère,
Son oncle voit combler ses vœux.
La troupe est contente ;
Chacun marche *ab hoc* et *ab hac;*
Il donne à sa tante
Un royal débit de tabac.
Flouer la patrie, etc.

Le budget s'épuise
En tronçons de fer, en canaux ;
Gaîment il y puise
Des voix, des chemins vicinaux.
On crie : Au pillage !
Sans s'émouvoir et sans broncher,
Lui, de son village
Fait rebâtir le vieux clocher.
Flouer la patrie, etc.

Il promet sa boule
Au dieu Mercure, à son tripot ;
D'un sol qui s'éboule
Il aime à voir jaillir l'impôt.
Comme un jeu de quilles
Retenu par de forts anneaux,
Les saintes bastilles,
Grâce à lui, montent leurs créneaux.
Flouer la patrie, etc.

Après la refonte
Des impôts, des mœurs et des lois,
Il reprend sans honte
Et sa besace et ses exploits.
Désertant la plage
Des monarchiques entrechats,
Il rentre au village
Couvert de croix et de crachats.

Flouer la patrie,
Avoir nos gros sous pour tout bien,
Telle est l'industrie
Du grand bohémien
Parisien.

LABIE.

DORMEUSE.

Mélodie.

PAROLES DE F. FERTIAULT — MUSIQUE DE PITRE MICHEL-VILLEBLANCHE.

Accompagnement de Mademoiselle Zoé Dreux.

J'aime, ô belle in-do-len-te, Ta voix dor-meuse et len-te, Tes yeux de-mi fer-més ; J'ai-me ton front qui lais-se Tom-ber

a - vec mol - les - se, Tes che - veux par - fu - més.

J'aime ta main soyeuse
Laissant sur ta causeuse
Glisser ton livre d'or,
Et ton haleine pure
Qui doucement murmure,
Et dont le charme endort.

Alors, ô ma chérie!
La molle rêverie
Plane et descend sur moi;
Un long bonheur s'achève,
Car c'est bien plus qu'un rêve
Que rêver près de toi!

AUX ILES MARQUISES.

Air ; *De l'Apothicaire.*

Vous qui régnez au sein des eaux
De la mer qui vous environne,
Conservez bien de vos roseaux
La sauvage et verte couronne ;
D'un monde auguste en vétusté
N'envahissez pas les sottises ;
Gardez bien votre liberté,
Nobles et piquantes Marquises. *bis.*

On fait l'amour sur vos gazons
Tout aussi bien que sur la toile ;
Ne bâtissez pas de maisons,
Et couchez à la belle étoile.
On vendrait vos lits à l'encan,
Les huissiers sur vous auraient prises,
Et vous danseriez... le cancan,
Nobles et piquantes Marquises. *bis.*

Ne gênez pas par le lacet
Les tours d'une taille naissante,
N'enfermez pas sous un corset
Votre poitrine bondissante.
A quoi vous sert le fourniment
De toutes nos modes exquises ?
Vénus s'habillait autrement,
Nobles et piquantes Marquises. *bis.*

Vous fixez le soleil levant
Qui du creux de la mer s'élance,
La voile qui, soumise au vent,
Flotte, s'emplit et se balance.
De l'air pur que vous respirez
La taxe envahira les brises ;
Le jour, enfin, vous le paîrez,
Nobles et piquantes Marquises. *bis.*

La Liberté, fille des cieux,
N'existe plus au sein des villes ;
On la retrouve aux bords joyeux
Où vit l'archipel de vos îles.
En vous traînant à nos genoux
Vous perdrez toutes vos franchises,
Et serez plus bêtes que nous,
Nobles et piquantes Marquises. *bis.*

Des voluptés de l'âge d'or
Vous faut-il varier le thème ?
Appelez, appelez encor
Les bienfaits de notre système.
D'un vieil empire en désarroi
Il vous dira toutes les crises,
Et comment meurt un peuple-roi,
Nobles et piquantes Marquises. *bis.*

Les Bâtons flottants.

Air *du Vaudeville de Fanchon.*

Bâtons de La Fontaine,
Vous flottez par centaine
Dans ce temps corrrupteur
    Et menteur !
Tout s'y métamorphose,
En dépit de l'opticien,
Car de loin quelque chose
De près souvent n'est rien. *bis.*

Au fond de ma province,
Chacun parlait d'un prince,
D'un esprit si fécond
    Qu'il confond.
J'ai mesuré la dose,
Et dois dire en historien :
De loin c'est quelque chose,
Et de près ce n'est rien. *bis.*

A Londre un personnage
Reçoit maint témoignage,
Et dans son désarroi
    Joue au roi.
J'en vais sonder la cause,
Et ne lui trouve aucun soutien.
De loin c'est quelque chose,
Et de près ce n'est rien. *bis.*

Vers la fin de décembre,
Nous irons à la chambre,
Où de fort beaux discours
    Auront cours.
Là plus d'un virtuose
Paraîtra peu logicien.
De loin c'est quelque chose,
Et de près ce n'est rien. *bis.*

Pour juger la faconde
Que vante un certain monde,
Je suis mené chez Thiers
    Par un tiers.
En grand homme il se pose,
Quoiqu'il soit Lilliputien.
De loin c'est quelque chose,
Et de près ce n'est rien. *bis.*

Son rival, plus rigide,
Me prend sous son égide.
J'admirais sa vertu :
    Qu'en dis-tu ?
Mais la vertu morose
De l'austère luthérien,
De loin c'est quelque chose,
Et de près ce n'est rien. *bis.*

Voyons l'Illustre-Épée :
De gloire elle est trempée ;
Peut-être ce barbon
    A du bon.
Or, son passé m'expose
Au mécompte d'un entretien :
Jadis ce quelque chose
Aujourd'hui n'est plus rien. *bis.*

Le reste de l'ensemble
En tout point se ressemble :
Teste, Mackau, Cunin,
    Et Martin.
Pour eux, dont chacun glose,
Servons-nous d'un terme moyen :
De loin c'est peu de chose,
Et de près ce n'est rien. *bis.*

On fait bruit d'un bellâtre
Qui dut mettre au théâtre
Certains bâtons flottants
    De ce temps.
En écoutant sa prose,
Le public aurait dit : Eh bien !
Quoi ! c'était quelque chose,
Et puis ce n'est plus rien ? *bis.*

NE M'AIMEZ PAS (*).

Romance.

PAROLES DE F. FERTIAULT. — MUSIQUE DE PITRE MICHEL-VILLEBLANCHE.

Chantée par M. Richelmi.

Oh! non, ne m'aimez pas d'amour, Car mon amour coûte la vie : Le cœur souffre, l'âme est flétrie Au vent mortel de mon amour. Celle qui m'aima la première, Hélas! a fui notre séjour, Sans m'arracher une prière... Oh! non, ne m'aimez pas d'amour!

Oh! non, ne m'aimez pas d'amour!
Ce qu'on reçoit il faut le rendre,
Et pour votre âme pure et tendre
La mienne n'aurait plus d'amour.
Dans mon cœur s'amasse un nuage
Qui le consume chaque jour ;
L'amour détruit comme l'orage...
Oh! non, ne m'aimez pas d'amour!

Oh! non, ne m'aimez pas d'amour!
Le doute a glacé ma paupière,
Et j'ai du fiel pour la misère
Où jette un trop violent amour.
Le dévoûment qu'amour entraîne
N'aurait que chagrins en retour...
Et pour ne pas avoir ma haine,
Oh! non, ne m'aimez pas d'amour!

(*) Cette romance se trouve, avec accompagnement pour piano, chez M. LEDUC, éditeur, passage Choiseul, 18, et chez tous les marchands de musique.

LE BONHEUR.

Mélodie.

Paroles de F. FERTIAULT (*) — Musique d'ALEXANDRE MARCHAND.

Quand un bai-ser s'im-pri-me Sur un front qui rou-git;
Quand un re-gard ex-pri-me Le mot qu'on n'a pas dit; Quand u-ne
main d'a-man-te Vient, ti-mide et tremblan-te, Vient, ti-mide et tremblante,
Se po-ser sur un cœur, Ah! c'est là le bon-heur! Oui, c'est là
le bon heur! Ah! c'est là le bon-heur! C'est là le bon-heur!

DEUXIÈME COUPLET.

Quand on voit la prairie
Sous ses pas s'émailler,
Quand près d'une eau chérie
L'oiseau vient gazouiller,
Quand la voix qu'on adore
Vient, brûlante et sonore,
Ébranler votre cœur,
Ah! c'est là le bonheur!

TROISIÈME COUPLET.

Quand on sent sa pensée
S'envoler vers les cieux,
Quand elle est cadencée
En sons mélodieux,
Quand on entend redire
Les accords de sa lyre
Aux amis de son cœur,
Ah! c'est là le bonheur!

QUATRIÈME COUPLET.

Quand un beau jour se lève
Après tous nos beaux jours,
Quand, vieux, on fait le rêve
De ses jeunes amours,
Et qu'au bord de la tombe
Une larme qui tombe
Nous révèle un bon cœur,
Ah! c'est là le bonheur!

(*) Ces paroles sont extraites du LION, *almanach des Salons*, Paris, A. Royer.

IMPRIMERIE DE GUSTAVE GRATIOT, RUE DE LA MONNAIE, 11.

www.ingramcontent.com/pod-product-compliance
Lightning Source LLC
Chambersburg PA
CBHW070646170426
43200CB00010B/2137